Mensch sein,
statt Untertan

Henry David Thoreau
Ralph Waldo Emerson
Christina Schieferdecker

Schieferdecker, BoD, 2021

Bibliografische Information der Deutschen Nationalbibliothek: Die Deutsche Nationalbibliothek verzeichnet diese Publikation in der Deutschen Nationalbibliografie; detaillierte bibliografische Daten sind im Internet über www.dnb.de abrufbar.

Ausgabe März 2021

© Christina Schieferdecker 2021

Herstellung und Verlag:
BoD – Books on Demand, Norderstedt

ISBN: 978-3-753-45880-9

Ich denke, wir sollten zuerst Menschen sein und danach Untertanen.
Es ist nicht erstrebenswert, einen Respekt vor dem Gesetz zu kultivieren,
sondern viel mehr davor, das Richtige zu tun.

(H.D. Thoreau in *Über die Pflicht zum Ungehorsam*, Absatz 4)

Inhaltsverzeichnis

Vorwort

Vorwort

ZU DIESEM BUCH

(Autorin: Christina Schieferdecker)

Liebe Leserin, lieber Leser,

unsere Welt hat sich seit der Zeit Henry Thoreaus, seit Mitte des 19. Jahrhunderts, in manchen Bereichen wenig verändert, was wir vor allem in der Schrift "Sklaverei in Massachusetts" sehen, die ich Ihnen besonders ans Herz legen möchte. Der Titel ist etwas irreführend: Es gab keine Sklaverei in Massachusetts. Henry Thoreau wollte durch diese Überschrift die Menschen neugierig machen, er wollte, dass sie sich empören über diese Behauptung und sich dadurch damit auseinandersetzten. Es geht in "Sklaverei in Massachusetts" darum, wie Menschen etwas unterstützen, von dem sie behaupten, dagegen zu sein. Da sie es nicht schaffen, sich zuzugestehen, dass sie selbst dieses ungerechte System unterstützen und erzeugen, demütigen und erniedrigen sich die Menschen dadurch mehr, als es jeder Sklavenhalter könnte. Doch es gibt Hoffnung:

> *"Der faulige Schleim [in dem die Wasserlilie wächst] steht für die Trägheit und das Laster des Menschen, den Verfall der Menschheit; die duftende Blume, die aus ihm entspringt, für die Reinheit und den Mut, welche unsterblich sind."*[1]

In "Leben ohne Prinzipien" geht es vor allem um die Würde des Menschen, die er verloren hat, weil er keine Prinzipien mehr kennt. Es ist ihm nur noch wichtig, seine Meinung mit der Mode zu wechseln und möglichst das gut zu finden, was alle gut finden. Er möchte Geld verdienen, aber nicht würdevoll leben und arbeiten. Dabei übersieht er, dass der Mensch im Innern reich ist, dass es etwas Höheres gibt, für das es sich zu leben lohnt. Nicht das Geld macht uns reich, sondern die Erkenntnis der wahren inneren und äußeren Natur.

---

[1] Sklaverei In Massachusetts, Absatz 56

Die bekannteste Schrift, "Über die Pflicht zum Ungehorsam" beschäftigt sich vor allem mit der Beziehung des Menschen zum Staat und was der Staat eigentlich ist. Brauchen wir überhaupt einen Staat - und falls "ja", wozu? Wann habe ich das Recht auf Widerstand, wann wird er zur Notwendigkeit? Dieses Essay beeinflusste vor allem Mohandas K. Ghandi, der aus ihm den Begriff "ziviler Ungehorsam" übernahm, aber auch Martin Luther King berichtet davon, wie bedeutet der Widerstand Henry David Thoreaus für die Bürgerrechtsbewegung und ihn selbst war.

Dies alles schrieb Henry Thoreau vor einem bestimmten historischen Hintergrund. Um Satzteile und Aussagen zu verstehen und sie in den richtigen Zusammenhang zu bringen, war es für mich wichtig, viel über den historischen Zusammenhang und verschiedene Gesetze zu recherchieren. Diese Informationen befinden sich alle in den Anmerkungen, doch ist es gut, sie bereits zu haben, während man einen Satz liest, um ihn bereits beim Lesen richtig einordnen zu können. Deshalb habe ich ein eigenes Kapitel über die Zeit Henry David Thoreaus und die Entwicklung der Sklavereigesetze geschrieben ("Das Amerika des Henry David Thoreau" ab Seite 41). Es lohnt sich, dies zu lesen, bevor man sich den "Essays" (es sind eigentlich Reden) widmet.

Deren Übersetzung ist nicht so einfach, wie man vielleicht denkt. Fast jeder Satz bietet eine gewisse Variationsmöglichkeit an Übersetzungen. Dadurch ist das, was wir als Übersetzung lesen, immer die Deutung, für die sich der Übersetzer oder die Übersetzerin entschieden hat. Es gibt keinen übersetzten Text, der nur die Gedanken des ursprünglichen Verfassers wiedergibt, er enthält auch immer die der Übersetzerin oder des Übersetzers. Um meine Übersetzungen möglichst transparent und nachvollziehbar zu gestalten und eine kritische Auseinandersetzung zu ermöglichen, gehe ich in vielen Anmerkungen auf Übersetzungsvariationen ein und beschreibe die Probleme noch etwas ausführlicher im Kapitel "Einige Worte zur Übersetzung". Um zusätzlich das kritische Hinterfragen meiner Übersetzungen zu ermöglichen, habe ich die Originaltexte gleichfalls beigefügt.

Mein erster Entwurf dieses Buches enthielt die Absicht, einen Lebenslauf von Henry David Thoreau diesem Buch beizufügen. Doch dann stieß ich auf den Text von Ralph Waldo Emerson ("Ralph Waldo Emerson über Henry David Thoreau"), den man ab Seite 29 lesen kann. In ihm erfahren wir viel über die Persönlichkeit und den Charakter von Henry David Thoreau, was ich interessanter und als eine wichtigere Information empfinde, als einen bloßen Lebenslauf, den man überall nachlesen kann. Den ursprünglichen Text habe ich deutlich gekürzt.

Da dieses Werk insgesamt drei Autoren hat, kann es zu Unklarheiten kommen, wer die einzelnen Kapitel verfasste, weshalb ich bei jedem Kapitel zusätzlich den Autor, bzw. die Autorin angegeben habe.

Auch wenn ich in jedem Kapitel die Autorin oder Übersetzerin bin, ohne Hilfe ging es nicht. Manchmal saß ich an einer Übersetzung und verzweifelte fast, weil ich nicht wusste, wie ich die Bedeutung gut ins Deutsche rette. Für die Hilfe hierbei geht mein Dank an Jeanette Baumann. Kim Schicklang half mir mit kritischen Anmerkungen zum vorliegenden Buch, die ich dankbar verarbeitet habe und übernahm die Gestaltung des Covers.

Dieses Buch erscheint bei BoD (Books on Demand), weil mir diese Veröffentlichungsweise die größtmögliche Freiheit bietet. Darüber hatte ich eine lange Diskussion. BoD wird wohl nicht gerne bei wissenschaftlichen Arbeiten zitiert, da in Deutschland das Cover wichtiger ist, als der Inhalt, die Schale wichtiger, als das Fleisch, der Gehorsam wichtiger, als die Seele. Manche Dinge ändern sich leider nie. Ich glaube nicht, dass ich von solchen Menschen beachtet werden möchte. Es ist beschämend, was als hochwertig angesehen wird. Ich denke, es ist im Sinne Thoreaus, sich hier zu verweigern und nicht mit zu spielen.

Während meines Studiums suchte ich ein Buch über klassische chinesische Philosophie. Schon damals musste ich feststellen, dass es sich bei den Büchern der "renommierten" Verlage um Übersetzungsschund handelt, dem jedes Verständnis für asiatisches Denken fehlt. Mein größtes Glück war ein

DDR-Druck eines Buches von Ralph Moritz[2], das nach der "Wende" nicht wieder herausgebracht wurde, wahrscheinlich weil es ein "DDR-Buch" ist. Das ist der Wert, den man in Deutschland guten Büchern aus den "falschen" Verlagen zollt: Sie landen im Antiquariat. Wer sich also für Henry David Thoreau interessiert, lese bitte das vorliegende Buch. Wer sich für ihn nicht interessiert, darf sich auf die "etablierten" Verlage konzentrieren.

Wer Henry Thoreaus Werke in Englisch, also im Original, studieren möchte, dem empfehle ich die Ausgaben der Yale-Universität mit den Überarbeitungen von Jeffrey S. Cramer, die man auch unter den Literaturangaben findet. Vor allem seine zwei mit reichlich Anmerkungen versehenen Werke[3], sollten in jedem Regal stehen (als gebundene Bücher).

Doch nun halte ich Sie nicht länger auf, es ist alles gesagt. Ich hoffe, dieses Buch schafft es, Sie ein wenig zu beeinflussen.

Christina Schieferdecker

---

[2]   (Moritz 1990)

[3]   (Thoreau und Cramer 2004; 2013)

EINIGE WORTE ZUR ÜBERSETZUNG

(Autorin: Christina Schieferdecker)

Übersetzen ist Deuten

Man kann einen Text nicht übersetzen, ohne ihn zu deuten und ihm dadurch etwas von sich selbst zu geben. Meist lesen wir Übersetzungen in der Illusion, genau das zu lesen, was der ursprüngliche Autor oder die Autorin uns sagen wollte. Doch dies ist selten so. Besonders bei philosophischen Texten oder Poesie macht sich dies bemerkbar.

Vielleicht ein einfaches Beispiel. Die Übersetzung von "*Don't go!*" scheint oberflächlich einfach. Doch im Englischen gibt es keine Mehrzahl bei den Verben. "*Don't go!*" bedeutet also "*Gehe nicht!*", wie auch "*Geht nicht!*". Noch komplexer wird es, wenn ein "*you*" dazu kommt. "*You can't do this!*". "*You*" kann *man, du, Sie, ihr* bedeuten. Es geht aus dem Satz nicht hervor, ob mehrere angesprochen werden, oder nur eine Person. Auch wissen wir nicht, ob das höfliche "*Sie*" angemessener wäre, oder das eher formlose "*du*", oder soll es vielleicht eine allgemeingültige Aussage sein, dann müsste "*man*" verwendet werden. Es ist ein großer Unterschied zwischen "*Sie können das nicht tun!*", "*Ihr könnt das nicht tun!*" oder "*Man kann das nicht tun!*". Wenn Thoreau so etwas äußert, muss ich als Übersetzerin entscheiden, ob er eine allgemeingültige Aussage machen, oder sein Publikum direkt ansprechen möchte.

Wirklich übel wird es, wenn Henry David Thoreau Wortspiele verwendet, die man nicht ins Deutsche übertragen kann. Versuche ich das Wortspiel zu retten, weil es wichtig ist, oder übersetze ich es "korrekt" und niemand erfährt von diesem rhetorischen Kniff? So bezeichnet Thoreau zum Beispiel einen Goldgräber ohne Moral, der mit hoher Geschwindigkeit gegen einen

Baum reitet, als "*fast man*"[4]. Das bedeutet zwar "*schneller Mann*", es bezeichnet aber auch jemanden ohne Prinzipien, bzw. mit rasch wechselnder oder nicht vorhandener Moral. Ich rettete mich hier mit "*schnelllebig*", was Sinn und Doppeldeutigkeit einigermaßen wiedergibt, aber eigentlich nicht ganz korrekt ist.

Auch dieses Wortspiel ist kaum ins Deutsche zu retten: "*They speak of moving society, but have no resting-place without it.*"[5] Hier stellt er "*moving*" (Bewegung) und "*resting*" (Ruhe) gegenüber. Doch durch das Wortspiel "*bewegen*" sie nur noch Gesellschaften, wollen aber einen "*Ruheplatz*" haben. Er wollte wohl sagen: "*Sie wollen die Gesellschaft verändern, aber dennoch die Sicherheit der Gesellschaft für sich in Anspruch nehmen.*" Ich bin nahe am Originalsatz geblieben, habe aber – wie so oft – in der Fußnote auf das Wortspiel und die Bedeutung hingewiesen.

Doch auch dieses Problem kann man toppen und Übersetzerinnen zur Verzweiflung treiben. Beginnen wir mit dem einfachen Satz "*This ist taxation without representation*"[6]. Eigentlich einfach zu übersetzen: "*Das ist Besteuerung ohne Repräsentation!*" Doch gibt das den Sinn wirklich wieder? Thoreau sagt an dieser Stelle eigentlich viele unausgesprochene Worte. Genaugenommen bedeutet dieser Satz: "*Ihr verhaltet euch genauso, wie unsere einstigen Unterdrücker! Ihr seid nicht besser, als König George!*" Doch das steht da nicht. Die Frage ist nun: Schaffe ich es, dies irgendwie in die Übersetzung hineinzupacken, ohne allzu weit weg vom Originaltext zu gehen? Muss ich es, oder verstehen das Menschen 2021 in Deutschland auch so? Mein Ziel ist es ja, Henry David Thoreau und sein Denken Menschen nahe zu bringen. Wie weit darf ich dafür in einer Übersetzung gehen?

---

[4] Leben ohne Prinzipien, Absatz 22

[5] Über die Pflicht zum Ungehorsam, Absatz 44

[6] Leben ohne Prinzipien, Absatz 40

Weiter schreibt Henry David Thoreau: "*We quarter troops, we quarter fools and cattle of all sorts upon ourselves. We quarter our gross bodies on our poor souls, till the former eat up all the latter's substance.*" Wörtlich übersetzt bedeutet dies: "*Wir quartieren Truppen, wir quartieren Narren und Vieh aller Art auf uns. Wir quartieren unsere groben Körper auf unsere armen Seelen, bis die ersteren die ganze Substanz der letzteren auffressen.*" Diese Übersetzung ist natürlich Unsinn - aber so steht es da. Auch dies ist ein Satz, den man nur verstehen kann, wenn man die amerikanische Geschichte etwas kennt. Zu den Hauptvorwürfen an König George, und somit an das englische Königreich, gehörte nicht nur "*taxation without representation*", sondern auch die Stationierung von Truppen auf amerikanischem Boden und die dadurch ausgehende Bedrohung.

Henry David Thoreau geht es in diesem Satz nicht um die Stationierung von Truppen, sondern vor allem um die Bedrohung der Bevölkerung durch die Regierung. Dabei ist die amerikanische Regierung schlimmer als einst König George, denn er stationierte nur Truppen ("*quarter troops*") um die Amerikaner zu bedrohen, doch die amerikanische Regierung bedroht ihr Volk darüber hinaus noch mit Narren und Vieh ("*fools and cattle*"), was man auch mit "*und alles Mögliche*" (oder "*und jeden Scheiß*") übersetzen könnte. Die Bedrohung frisst die Amerikaner auf, nämlich sie Selbst ("*ourselves*") und am Ende ihre Seelen ("*our poor souls*"). Die Amerikaner zerstören damit sich selbst und letzten Endes die amerikanische Seele, die Gedanken und Ideale des Unabhängigkeitskampfes - aber auch die Seele eines jeden Einzelnen. Doch wie übersetzt man das sinnvoll?

Da die Bedrohung der Neuengländer durch das englische Königreich vor allem über verschiedene Steuergesetze geschah, die man versuchte, mit militärischer Gewalt durchzusetzen (siehe Kapitel "Der Weg in die Unabhängigkeit" ab Seite 41), habe ich mich dazu entschieden, "*quarter*" im weitesten Sinne mit "*besteuern*" zu übersetzen (Näheres dazu: Fußnote 348 auf Seite 144). Da auch Henry David Thoreau gerade die Steuerzahlung häufig kritisiert, als Bedrohung empfindet und auch im Satz zuvor es um Besteuerung ("*taxation*") ging, erhalte ich so einen in sich logischen Absatz und die

Bedrohung und Übermäßigkeit sind enthalten. Der Text wird flüssig lesbar. Es werden zudem keine falschen Assoziationen geweckt, da man ja tatsächlich für all das Steuern zahlen musste, wie ich in der dazugehörigen Fußnote nochmals darlege. Zwar ist die Übersetzung dadurch "falsch", doch ich konnte etwas vom Geiste dieses Satzes retten und ihn mit dem vorhergehenden und den nachfolgenden gut verbinden.

Einen Absatz habe mit "*rhetorische Fragen*" überschrieben[7]. Die hier vorliegenden Texte sind Reden, die als "*Essays*" veröffentlicht wurden – aber genaugenommen keine sind. Der Sinn rhetorischer Fragen ist es, etwas auszusagen, ohne es zu sagen. Die Aussagen sollen sich in den Köpfen der Zuhörer bilden. Anschließend geht man in der Rede auf die Sätze, von denen man hofft, dass sie sich in den Köpfen der Menschen gebildet haben, ein, nicht auf die Fragen. Rhetorische Fragen wirken in einem Fließtext nicht. Um den korrekten Sinn wieder zu geben, müsste man diese geistigen Antworten der Zuhörer dazuschreiben. Doch welche Antworten erwartete Henry David Thoreau? Wie dachten die Amerikaner vor fast 200 Jahren? Was machte sie wie und warum betroffen?

Einmal kritisiert Henry David Thoreau die Einberufung einer Versammlung in Baltimore[8], indem er dazu rhetorische Fragen stellt. Seine Kritik daran bleibt leider unklar, weil wir nicht wissen, welche Antworten er auf die Fragen erwartete und warum diese Antworten eine Kritik sind. Dadurch war es auch schwierig, die Fragen korrekt zu übersetzen, damit diese Kritik verstanden wird. Natürlich habe ich dies in den Fußnoten vermerkt.

Die Texte sind ursprünglich von 1849, 1854 und 1862. Also etwa 160 bis über 170 Jahre alt. Mit Worten wird auch immer ein Denken verbunden, das dem der jeweiligen Zeit entspricht und sich im Laufe der Zeit ändern kann.

---

[7] Leben ohne Prinzipien, Absatz 43

[8] Über die Plicht zum Ungehorsam, Absatz 13

Das selbe Wort kann so zwar die selbe oberflächliche "Bedeutung" haben, aber der Geist des Wortes könnte sich ändern, also die mitgedachte Bedeutung.

Ein Beispiel, das mir mein Professor im Studium nannte und das ich nie vergessen habe, ist folgendes: Das amerikanische Wort "*horizon*" kann man einfach mit "*Horizont*" übersetzen. Ein Horizont ist prinzipiell im Deutschen das Gleiche, wie im Amerikanischen. Doch die mitgedachte Bedeutung ist völlig verschieden. Im Deutschen sagen wir z.B. "*einen beschränkten Horizont haben*". Der "*Horizont*" ist somit eine Grenze, die jemanden einschränkt. "*Man sieht nur bis zum Horizont*". Doch im Amerikanischen, einer Kultur der Siedler, ist ein Horizont, "*horizon*", etwas, das Möglichkeiten bietet, da vielleicht noch niemand hinter dem Horizont war und man dort auf neues Land stoßen könnte. Der Horizont ist somit der Anfang von etwas und nicht das Ende.

An einer Stelle verwendet Thoreau den Begriff "*dirt bug*" für "*Mistkäfer*"[9]. Nun bedeutet "*dirt bug*" aber auch "*dreckiger Süden*". Doch ich entschied mich, dass der Käfer diese Bedeutung wohl erst nach der Zeit Thoreaus bekam und die Doppeldeutigkeit deshalb unbeabsichtigt ist. Oder an anderer Stelle bezeichnet er die Neuengländer als "*Jonathans*"[10]. Cramer (Thoreau und Cramer 2013) meint, er verwende dies im Sinne von *Bauerntölpel*, ich denke aber, es ist eher im klassischen Sinne gemeint, als "*dumme Gefolgsleute*", da Henry David Thoreau ja eine hohe Meinung von der Landbevölkerung und den Bauern hatte[11]. Das Gute an dieser Stelle war, dass ich sie nicht übersetzen musste, doch erwähne ich die Bedeutung in der Fußnote.

---

[9] Sklaverei in Massachusetts, Absatz 21

[10] Leben ohne Prinzipien, Absatz 41, siehe auch die dazugehörigen Fußnoten

[11] "*Ich weiß, dass die Menschen auf dem Land ausreichend durchschnittlich sind, aber ich möchte glauben, dass es einen kleinen Unterschied zu ihren Gunsten gibt. [...] Lasst uns, die ländlichen Bewohner, Selbstachtung kultivieren. Lassen Sie uns [uns selbst] nicht in die Stadt schicken, um etwas, das wichtiger ist, als unsere Wäsche und Lebensmittel, zu besorgen; oder, wenn wir die Meinungen der Stadt lesen, lassen Sie uns unsere eigenen Meinungen haben.*" (Sklaverei in Massachusetts, Absatz 27)

In vielen Sätzen und Wörtern schwingen Bedeutungen mit, die wir heute nur erahnen können. Und gerade auf Grund der Änderungen, die evtl. stattgefunden haben im Denken oder der Bedeutung mancher Wörter, könnte es zu Missverständnissen bei Übersetzungen kommen.

Wenn jemand einen leidenschaftlichen Text schreibt, dann schreibt er diesen, weil es Geschehnisse gab, die ihm klarmachten: "Ich muss etwas schreiben!" Der Impuls dazu, einen Text zu verfassen, wird also durch Ereignisse ausgelöst. Diese Ereignisse werden in Texten oft nicht als Auslöser beschrieben, doch ist es manchmal notwendig, diese zu kennen, um einen Text richtig zu verstehen. Die Menschen, an die der Text (meist als Rede) damals gerichtet war, wussten was gerade passierte. Sie kannten die Probleme in ihrer Stadt oder ihrem Land. Sie wussten, was gerade aktuell in den Zeitungen stand. Wir wissen das nicht mehr. Wir wissen nicht, warum Thoreau manche Textteile schrieb. Ob sie geschrieben wurden unter dem Eindruck eines bestimmten Ereignisses, oder ob sie nur ein Gedanke waren, der ihm in den Sinn kam. Bezogen auf eine aktuelle Situation, können Texte eine völlig andere Bedeutung bekommen. Besonders bei den – oben schon erwähnten – rhetorischen Fragen spielt dies eine große Rolle.

Auch könnte es sein, dass sich das Verständnis von Grammatik und Satzbau änderte. Festgeschriebene grammatikalische Regeln, die für alle englisch sprechenden Menschen gelten, gibt es, soweit ich weiß, bis heute nicht. Die USA war damals schon das Land der Einwanderer und Flüchtlinge. Viele Menschen kamen in die USA und sprachen ihre eigene Grammatik. Henry David Thoreau war zum Beispiel Akadier, also ein Nachfahre französischer Einwanderer. Zu Thoreaus Zeiten gab es Spannungen zwischen den Nordstaaten und den Südstaaten auf Grund des Sklavenhandels. Kurz vor seinem Tod kam es zum amerikanischen Bürgerkrieg. Man war sich in nichts einig, Einwanderer brachten zudem neue Wörter, eine eigene Grammatik und Zeichensetzung mit und verwoben die Regeln ihrer Muttersprache mit dem Englischen. Ich denke, man war froh, wenn man es schaffte, sich untereinander zu verständigen. Da blieb keine Zeit oder Möglichkeit sich innerhalb der USA auf gemeinsame Sprachregeln, wie Grammatik und Kommasetzung zu einigen. So schrieb wahrscheinlich jeder so, wie ihm der Schnabel gewachsen war und setzte Kommas und andere Satzzeichen, wo immer er wollte. Dies macht es für uns zusätzlich schwer und wir müssen tatsächlich manchen Satzbau und manche Zeichensetzung deuten – und Thoreau liebt Satzzeichen und Schachtelsätze.

Manchmal ist es schwierig, Subjekt und Prädikat eines Satzes zu finden. Man muss bedenken, dass diese sogenannten "*Essays*" eigentlich keine Essays sind, sondern Reden. Die Bedeutung eines Satzes wird in einer Rede durch die Betonung des Redners klar, die man jedoch in einem Fließtext nicht erkennen kann. Viele Stellen werden unsinnig, wenn man sie wörtlich übersetzt.

Thoreau lässt – so vermute ich – manchmal Satzzeichen weg, die notwendig wären um klarzumachen, worauf sich welches Verb oder welches Subjekt bezieht. So scheinen ab und zu Sätze ohne Kommas – oder mit viel zu vielen Kommas – hintereinander zu stehen, wobei nicht jeder Satz ein vollständiger ist, weil sich Subjekt oder Verb auf mehrere Satzteile beziehen.

Ein Beispiel: Der Satz "*I have contemplated the imprisonment of the offender, rather than the seizure of his goods*"[12] bedeutet übersetzt: "*Ich habe die Inhaftierung des Täters in Betracht gezogen, weniger die Beschlagnahme seiner Güter.*" Nun wird Thoreau selbst ja nicht eine Inhaftierung in Betracht ziehen. Denkt man sich nach "*contemplated*" ein Satzzeichen, dann bekommt der Satz bereits eine andere Bedeutung, doch fehlt dann im zweiten Satzteil ein Verb; "*Ich habe darüber nachgedacht, die Inhaftierung des Täters und nicht die Beschlagnahme seiner Güter*", doch macht dies mehr Sinn. Eine nicht wortgetreue, doch sinnvolle Übersetzung wäre dann: "*Ich habe darüber nachgedacht, warum die Inhaftierung des Täters und nicht die Beschlagnahme seiner Güter in Betracht gezogen wird*". Da "*to contemplate*" auch "*in Betracht ziehen*" bedeutet, könnte es sein, dass Thoreau die-

---

[12] Über die Pflicht zum Ungehorsam, Absatz 24

ses Verb für beide Satzteile verwenden wollte, doch auf Grund eines Fehlers oder Missverständnisses, oder vielleicht sogar weil dies damals normal war, dieses unterließ.

Während ich dieses Vorwort fertigstelle, fällt mir "*Walden*" in einer von Jeffrey S. Cramer[13] editierten Ausgabe von 2006 in die Hände[14]. Ab Seite 379 weist Cramer darin auf zahlreiche Änderungen hin, die sie in "*Walden*" vornahmen, wie auch eine Korrektur zahlreicher Kommas und der Rechtschreibung (zum Beispiel "s*ight*" statt "*right*"[15]). Rechtschreibfehler konnte ich leider nicht berücksichtigen, aber auch sie können natürlich einem Satz eine ganz andere Bedeutung geben.

Weitere Hinweise

In den Zeiten Thoreaus wurden Frauen nicht an Entscheidungen beteiligt. Wenn es also darum ging, wichtige Entscheidungen zu treffen, so wurden diese ausschließlich von Männern getroffen. Wenn Thoreau "*men*" schreibt, dann meint er auch wirklich nur *Männer*. Doch Thoreau ging es um Menschlichkeit, um Gewissen und Moral. Das ist geschlechtsunabhängig, auch wenn das Ziel seiner Schrift die Entscheidungsträger – und somit die Männer – waren. Heute wären alle erwachsenen Menschen sein Ziel. Heute werden auch Frauen Bundeskanzlerinnen und haben ihren Weg in die Politik gefunden. Da man das englische Wort "*man*" auch mit "*Mensch*" übersetzen kann, ist es deshalb zeitgemäßer es auch meist mit "*Mensch*" zu übersetzen. Nur an den Stellen, an denen Thoreau ein eher stereotypes Männlichkeitsbild zeichnet, also wenn die Verwendung "*Mensch*" irritieren könnte, habe ich es bei "*Mann*" belassen. Seine Mitmenschen bezeichnet er übrigens stets als "*Nachbarn*".

---

[13] Wer sich intensiv mit Thoreau beschäftigen möchte, sollte sich unbedingt die von Jeffrey S. Cramer editierten und mit Anmerkungen versehenen Ausgaben zulegen.

[14] (Thoreau und Cramer 2006)

[15] (Thoreau und Cramer 2006, 389)

Henry David Thoreau verwendet häufig Personalpronomen, bei welchen man sich fragen muss, auf wen sie sich genau beziehen. Leider ist die englische Grammatik etwas ungenauer als die deutsche. Dadurch muss ich manchmal raten, wen Thoreau mit "*he*", "*his*" "*it*" etc. meint. Auch ist auffällig, dass er selten "*it*" verwendet und auch Sachen mit "*she*" oder "*him*" bezeichnet. Wenn ich es allzu verwirrend fand, schrieb ich deshalb hinter die Personalpronomen in eckigen Klammern, auf wen oder was er wahrscheinlich Bezug nehmen will.

Die Lösung mit den eckigen Klammern habe ich sehr oft angewendet, auch dann, wenn ich eine Ergänzung machen wollte, die nicht im Originaltext war, den Satz oder den Zusammenhang dadurch aber verständlicher machte.

"*Mind*" ist ein Begriff, den man eigentlich nicht ins Deutsche übersetzen kann. Damit ist – bei Thoreau – das reine Denken, der reine Geist gemeint. "*Geist*" hat leider im Deutschen eine religiöse Bedeutung, die über die "*Geistigkeit*" hinausgeht (die hier gemeint ist). Übersetzt man "*mind*" mit Vernunft, so beinhaltet dies bereits eine Wertung oder Handlung – man ist vernünftig, handelt vernünftig, etc. Doch "*mind*" ist hier der reine Geist, das reine Denken, ohne Wertung, ohne Handlung. Ich entschloss mich, es meist mit "*Denken*" zu übersetzen, weil dies die am wenigsten missverständliche Bedeutung ist. Henry David Thoreau hat Plotins Schrift "*The Divine Mind*"[16] gelesen[17] und verwendet "*mind*" deshalb wahrscheinlich auch im philosophischen Sinne. Doch dazu mehr in den Anmerkungen an den betreffenden Stellen im Text.

So weit zu meinem kleinen Ausschnitt dazu, warum Übersetzen immer auch Deuten ist und warum man einer Übersetzung nie vollständig trauen sollte. Ihr werdet sehr viele Hinweise in meinen Anmerkungen zu Übersetzungsproblemen und Übersetzungsvarianten finden. Ich hoffe, euch damit nicht zu viel aufzubürden, doch war es mir wichtig, dass man meine Übersetzung

---

[16] (Plotinus 1918)

[17] Das wissen wir von Ralph Waldo Emerson.

vergleichen und nachvollziehen kann. Leider fand ich keine gute Möglichkeit die Übersetzungshinweise von den Hinweisen auf die Hintergründe zu trennen. Doch habe ich mich bemüht, die Texte so zu übersetzen und mit eckigen Klammern zu erweitern, dass eine Beachtung der Fußnoten für das Verständnis nicht unbedingt nötig ist.

Beim Korrekturlesen stellte ich übrigens fest, dass man die Fußnoten und den Haupttext durchaus getrennt, wie zwei verschiedene Texte, lesen kann. Probieren Sie es aus!

Um eine Vergleichsmöglichkeit mit den Originaltexten zu ermöglichen, sind diese gleichfalls im vorliegenden Band enthalten. Außerdem wurden alle Texte mit Zwischenüberschriften in eckigen Klammern versehen und die Absätze durchnummeriert. So ist ein Vergleichen der Übersetzungen mit den Originaltexten problemlos machbar.

Christina Schieferdecker

Thoreau und seine Zeit

RALPH WALDO EMERSON ÜBER HENRY DAVID THOREAU

(Autor: Ralph Waldo Emerson, Übersetzung und Fußnoten: Christina Schieferdecker)

Anmerkung (C. Schieferdecker):
Der vorliegende Text ist stark gekürzt. Es ist eine Rede, die Ralph Waldo Emerson, Thoreaus bester Freund, nach seinem Tode gehalten hatte (Emerson und Emerson 1903) *Sie wurde im August 1862 in der Zeitschrift "The Atlantic" veröffentlicht und war überschrieben mit …*

Biographical Sketch

HENRY DAVID THOREAU war der letzte männliche Nachkomme eines französischen Vorfahren, der von der Insel Guernsey in dieses Land kam. [...] Er wurde in Concord, Massachusetts, am 12. Juli 1817 geboren. Sein Studium am Harvard College schloss er 1837 ab, allerdings ohne jegliche literarische Auszeichnung. [...] Nachdem er die Universität verlassen hatte, schloss er sich seinem Bruder als Lehrer an einer Privatschule an, die er aber bald wieder aufgab. Sein Vater war ein Hersteller von Bleistiften, und Henry widmete sich eine Zeit lang diesem Handwerk, da er glaubte, einen besseren Bleistift herstellen zu können, als damals in Gebrauch war. Nachdem er seine Experimente abgeschlossen hatte, stellte er sein Werk Chemikern und Künstlern in Boston vor, und nachdem er ihre Bescheinigungen erhalten hatte, dass es hervorragend sei und mit der besten Londoner Manufaktur gleichwertig, kehrte er zufrieden nach Hause zurück. Seine Freunde beglückwünschten ihn, dass er sich nun den Weg zum Reichtum gebahnt habe. Aber er erwiderte, dass er nie wieder einen Bleistift herstellen würde. *"Warum sollte ich? Ich würde nicht noch einmal tun, was ich einmal getan habe."* Er nahm seine endlosen Wanderungen und vielseitigen Studien wieder auf und machte jeden Tag eine neue Bekanntschaft mit der Natur, obwohl er noch nie von Zoologie oder Botanik sprach, da er zwar sehr fleißig in Bezug auf natürliche Tatsachen war, aber der technischen und textlichen Wissenschaft gegenüber uninteressiert war. [...] Er war ein geborener Protestant. Er lehnte es ab, seinen großen Ehrgeiz des Wissens und Handelns für irgendein enges Handwerk oder einen Beruf aufzugeben und strebte nach einer viel umfas-

29

senderen Berufung, der Kunst, gut zu leben. [...] Niemals müßig oder selbstverliebt, zog er es vor, wenn er Geld brauchte, es durch irgendeine ihm angenehme Handarbeit zu verdienen, wie ein Boot oder einen Zaun zu bauen, zu pflanzen, zu veredeln, zu vermessen oder andere kurze Arbeiten, als irgendwelche langen Verpflichtungen einzugehen. [...] Eine natürliche Fähigkeit zur Vermessung, die aus seinen mathematischen Kenntnissen und seiner Gewohnheit erwuchs, die Maße und Entfernungen von Objekten, die ihn interessierten, zu ermitteln, [...] ließ ihn in den Beruf des Landvermessers driften. Das hatte für ihn den Vorteil, dass es ihn immer wieder in neue und abgelegene Gebiete führte und seine Naturstudien förderte. [...] Er hatte keine Berufsausbildung[18]; er heiratete nie; er lebte allein; er ging nie in die Kirche; er wählte nie; er weigerte sich, eine Steuer an den Staat zu zahlen; er aß kein Fleisch, er trank keinen Wein, er kannte nie den Gebrauch von Tabak; und, obwohl er ein Naturforscher war, benutzte er weder Fallen noch Gewehre.

[...] Er hatte kein Talent für Reichtum und verstand es, arm zu sein, ohne den geringsten Anflug von Elend oder Ungepflegtheit. [...] Er hatte keine Versuchungen, gegen die er kämpfen musste, keine Begierden, keine Leidenschaften, keinen Geschmack für elegante Kleinigkeiten. Ein feines Haus, Kleidung, die Manieren und das Gerede hochkultivierter Menschen waren ihm völlig gleichgültig. [...] Einladungen zu Dinnerpartys lehnte er ab, weil dort jeder jedem im Weg war und er den Einzelnen nicht sinnvoll begegnen konnte. [...]

Auf seinen Reisen benutzte er die Eisenbahn nur, um so viel Land zu überqueren, wie für den gegenwärtigen Zweck unwichtig war, er ging hunderte von Meilen zu Fuß, vermied Tavernen und kaufte sich eine Unterkunft in den Häusern von Bauern und Fischern, weil es billiger und angenehmer für ihn war, und weil er dort die Männer und die Informationen, die er wollte, besser finden konnte.

---

[18] Im Original: "*He was bred to no profession*" = wörtlich: "*Er wurde zu keinem Beruf ausgebildet*""

Es lag etwas Militärisches in seinem Wesen, das sich nicht unterkriegen ließ, immer männlich und tüchtig[19], aber selten zärtlich, als ob er sich nicht anders fühlte als in der Opposition. Er wollte einen Trugschluss [entdecken], um ihn zu entlarven, einen Fehler, um ihn anzuprangern, ich könnte sagen, er brauchte ein kleines Gefühl des Sieges, einen Paukenschlag, um seine Kräfte in vollem Umfang zu mobilisieren. Es kostete ihn nichts, Nein zu sagen; in der Tat fand er es viel einfacher, als Ja zu sagen. Es schien, als ob sein erster Instinkt, wenn er einen Vorschlag hörte, darin bestand, ihn zu widerlegen, so ungeduldig war er mit den Beschränkungen unseres täglichen Denkens. Diese Angewohnheit ist natürlich ein wenig abschreckend für die sozialen Zuneigungen; [...] "*Ich liebe Henry*", sagte einer seiner Freunde, "*aber ich kann ihn nicht mögen; und was das Nehmen seines Armes betrifft, so würde ich eher daran denken, den Arm einer Ulme zu nehmen.*"

Dennoch, Einsiedler und stoisch, wie er war, war er wirklich gern sympathisch, und warf sich herzlich und kindlich in die Gesellschaft von jungen Menschen, die er liebte, und die er gerne so gut er konnte unterhielt, mit den vielfältigen und endlosen Anekdoten seiner Erfahrungen durch Feld und Fluss: und er war immer bereit, eine Heidelbeer-Party[20] oder eine Suche nach Kastanien oder Trauben zu führen. [...]

Er setzte sich mit Worten und Taten für die Wahrheit ein[21], als solcher geboren, und geriet aus diesem Grund immer wieder in dramatische Situationen. Bei jedem Umstand interessierte es alle Umstehenden, welche Rolle Henry einnehmen und was er sagen würde; und er enttäuschte die Erwartungen nicht, sondern wandte bei jedem Notfall ein originelles Urteil an. 1845 baute er sich ein kleines Fachwerkhaus am Ufer des Walden Pond und lebte dort zwei Jahre lang allein, ein Leben voller Arbeit und Studium. Diese Handlung war ganz natürlich und passte zu ihm. [...] Sobald er die Vorteile dieser Ein-

---

[19] Im Original: "*able*", was viele verschiedene Bedeutungen haben kann, wie *fähig, begabt, tüchtig*, usw.

[20] Gemeinsames Pflücken von Heidelbeeren

[21] Im Original: "*He was a speaker and actor of the truth*". Wörtlich etwa: "*Er war ein Sprecher und Akteur der Wahrheit*".

samkeit erschöpft hatte, gab er sie auf. Im Jahr 1847 weigerte er sich, seine Gemeindesteuer[22] zu zahlen, da er einige Verwendungszwecke der öffentlichen Ausgaben nicht guthieß, und wurde ins Gefängnis gesteckt. Ein Freund bezahlte die Steuer für ihn, und er wurde freigelassen. Das gleiche Ärgernis drohte ihm im nächsten Jahr. Aber da seine Freunde die Steuer trotz seines Protestes bezahlten, hörte er, glaube ich, auf, sich zu widersetzen. Kein Widerspruch oder Spott hatte bei ihm Gewicht. Er legte seine Meinung kühl und vollständig dar, ohne den Anschein zu erwecken, dass es die Meinung der Gesellschaft war. Es spielte keine Rolle, wenn alle Anwesenden die gegenteilige Meinung vertraten. [...]

Es gab keinen wahrhaftigeren Amerikaner als Thoreau. Seine Vorliebe für sein Land und seinen Zustand war echt, und seine Abneigung gegen englische und europäische Sitten und Geschmäcker erreichte fast Verachtung. [...]

[...] Mr. Thoreau war mit einem höchst angepassten und brauchbaren Körper ausgestattet. Er war von kleiner Statur, kräftig gebaut, von hellem Teint, mit starken, ernsten blauen Augen und einem ernsten Gesichtsausdruck, sein Gesicht [war] in den späten Jahren mit einem passenden Bart bedeckt. Seine Sinne waren scharfsinnig, sein Körperbau gut gestrickt und widerstandsfähig, seine Hände stark und geschickt im Umgang mit Werkzeugen. Und da war eine wunderbare Fitness von Körper und Geist. Er konnte sechzehn Ruten genauer schreiten, als ein anderer Mann sie mit Rute und Kette messen konnte. Er konnte seinen Weg im Wald bei Nacht, wie er sagte, besser mit den Füßen als mit den Augen finden. Er konnte das Maß eines Baumes sehr gut mit seinem Auge abschätzen; er konnte das Gewicht eines Kalbes oder eines Schweins schätzen, wie ein Händler. Aus einer Kiste, die einen Scheffel oder mehr an losen Bleistiften enthielt, konnte er mit seinen Händen schnell genug ein Dutzend Bleistifte bei jedem Griff aufnehmen. Er war ein

---

[22] Im Original "*town tax*", was man auch als "*Stadtsteuer*" übersetzen könnte. Da Emerson hier Thoreaus Gefängnisaufenthalt erwähnt, meint er wohl die Steuer, die Thoreau "*poll-tax*" nennt, was "*Wahlsteuer*" oder "*Kopfsteuer*" bedeutet. Man bekommt durch ihre Zahlung das Recht zu wählen.

guter Schwimmer, Läufer, Schlittschuhläufer, Bootsfahrer und würde wahrscheinlich die meisten Landsleute in einem Tagesmarsch überholen. Und das Verhältnis von Körper und Geist war noch feiner, als wir angedeutet haben. [...]

Er hatte einen starken gesunden Menschenverstand. [...] Er hatte immer eine neue Ressource. Als ich Waldbäume pflanzte und mir einen halben Haufen Eicheln besorgt hatte, sagte er, dass nur ein kleiner Teil davon gesund sei, und ging daran, sie zu untersuchen und die gesunden auszuwählen. Als er aber feststellte, dass dies einige Zeit in Anspruch nahm, sagte er: "*Ich glaube, wenn du sie alle ins Wasser legst, werden die guten untergehen*", was wir mit Erfolg ausprobierten. Er konnte einen Garten, ein Haus oder eine Scheune planen; er wäre fähig gewesen, eine "Pazifik-Erkundungsexpedition" zu leiten; er konnte in den schwersten privaten oder öffentlichen Angelegenheiten kluge Ratschläge geben.

Er lebte für den Tag, seine Erinnerungen belasteten nicht sein Gewissen[23]. Wenn er Ihnen gestern einen neuen Vorschlag brachte, würde er Ihnen heute einen anderen bringen, der nicht weniger revolutionär ist. Er war ein sehr fleißiger Mann und legte, wie alle hochorganisierten Menschen, großen Wert auf seine Zeit, er schien der einzige Mann der Muße in der Stadt zu sein, immer bereit für jeden Ausflug, der Gutes versprach, oder für ein Gespräch, das sich bis in die späten Stunden hinzog. [...]

Er verstand die Sache, um die es ging, mit einem Blick und sah die Begrenztheit und Armut derer, mit denen er sprach, so dass nichts vor solch schrecklichen Augen verborgen schien. Ich habe wiederholt junge, sensible Männer erlebt, die in einem Augenblick zu dem Glauben bekehrt wurden, dies sei der Mann, den sie suchten, der Mann der Männer, der ihnen alles sagen könne, was sie tun sollten. Sein eigener Umgang mit ihnen war nie liebevoll, sondern überlegen, didaktisch, ihre Kleinlichkeit verachtend, sehr

---

[23] Im Original: "*He lived for the day, not cumbered and mortified by his memory*". Wörtlich etwa: "*Er lebte für den Tag, nicht belastet oder gedemütigt durch seine Erinnerungen*".

langsam oder gar nicht das Versprechen seiner Gesellschaft in ihren Häusern oder sogar in seinem eigenen zugestehend. [...] Nichts war ihm so wichtig wie seine Wanderungen; es gab keine Wanderung, auf die er für Gesellschaft verzichtet hätte[24]. [...]

Mr. Thoreau widmete sein Genie mit so viel Liebe den Feldern, Hügeln und Gewässern seiner Heimatstadt, dass er sie allen lesenden Amerikanern und den Menschen jenseits des Meeres bekannt und interessant machte. [...] Das Ergebnis der jüngsten Untersuchung der vom Staat Massachusetts ernannten Wasserkommissare, hatte er schon einige Jahre zuvor durch seine privaten Experimente herausgefunden. Alles, was im Bett, an den Ufern oder in der Luft darüber vorkommt; die Fische und ihr Laichen und ihre Nester, ihre Gewohnheiten, ihre Nahrung; die Maifliegen, die einmal im Jahr an einem bestimmten Abend die Luft füllen und die von den Fischen so gefräßig verschlungen werden, dass viele von ihnen an Sättigung sterben; die kegelförmigen Haufen kleiner Steine auf den Flussufern, die riesigen Nester kleiner Fische, von denen eines manchmal einen Karren überfüllt; die Vögel, die den Strom bevölkern, Reiher, Ente, Schellente, Erpel, Seetaucher, Fischadler; die Schlange, Bisamratte, Otter, Murmeltier und Fuchs an den Ufern; die Schildkröte, der Frosch, die Hyla und die Grille, die die Ufer zum Klingen bringen, - sie alle waren ihm bekannt, und sozusagen Stadtbewohner und Mitgeschöpfe; [...] Er liebte es, von den Manieren des Flusses zu sprechen, als [sei dieser] selbst ein [...] Geschöpf [...].

Er war der Anwalt der einheimischen Pflanzen und besaß eine Vorliebe für das Unkraut gegenüber den importierten Pflanzen, wie der Indianer gegenüber dem zivilisierten Menschen, und bemerkte mit Vergnügen, dass die Weidenbohnenstangen seines Nachbarn mehr gewachsen waren als seine Bohnen. "*Sehen Sie diese Unkräuter*", sagte er, "*die von einer Million Bauern den ganzen Frühling und Sommer über gehackt worden sind, und doch haben sie sich durchgesetzt, und kommen gerade jetzt triumphierend über*

---

[24] Im Original: "*he had no walks to throw away on company.*" Auch: "*Es gab keine Wanderung, die er für Gesellschaft unterlassen hätte.*"

alle Gassen, Weiden, Felder und Gärten heraus, so stark ist ihre Kraft. Wir haben sie auch mit niedrigen Namen beleidigt, wie Pigweed (Schweinkraut), Wormwood (Wurmholz), Chickweed (Kükenkraut), Shad-blossom (Blaufisch-blüte)." Er sagt: "Sie haben auch tapfere Namen – Ambrosia (Beifuß), Stel-laria (Dickblättrige Sternmiere), Amelanchier (Felsenbirne), Amaranth (Tausendschön) usw."[25]

Ich denke, dass seine Vorliebe, alles auf den Meridian von Concord zu bezie-hen, nicht aus irgendeiner Unkenntnis oder Abwertung anderer Längen- oder Breitengrade erwuchs, sondern eher ein spielerischer Ausdruck seiner Über-zeugung von der Gleichgültigkeit aller Orte war, und dass der beste Ort für jeden dort ist, wo er steht. Er drückte es einmal so aus: *"Ich glaube, es ist nichts von euch zu hoffen, wenn euch dieses Stückchen Schimmel[26] unter euren Füßen nicht süßer zu essen ist als irgendein anderes in dieser Welt oder in irgendeiner Welt."*

Die andere Waffe, mit der er alle Hindernisse in der Wissenschaft bezwang, war Geduld. Er verstand es, unbeweglich zu sitzen, ein Teil des Felsens, auf dem er ruhte [zu sein], bis der Vogel, das Reptil, der Fisch, der sich von ihm zurückgezogen hatte, zurückkam und seine Gewohnheiten wieder aufnahm, ja, von Neugierde bewegt, zu ihm kam und ihn beobachtete.

Es war ein Vergnügen und ein Privileg, mit ihm zu wandern. [...] Unter dem Arm trug er ein altes Notizbuch zum Pressen von Pflanzen; in der Tasche sein Tagebuch und seinen Bleistift, einen Vogelspion, ein Mikroskop, ein Klappmesser und Bindfaden. Er trug einen Strohhut, dicke Schuhe und eine kräftige graue Hose, um Busch-Eichen und Smilax zu trotzen und auf einen Baum zu klettern, um das Nest eines Falken oder Eichhörnchens zu suchen.

---

[25] Die Klammern sind von mir gesetzt. Im ersten Teil sind es die Übersetzungen der Slangnamen, im zweiten die deutschen Wörter für die lateinischen Begriffe.

[26] Im Original steht "*mould*", was einerseits Schimmel, aber auch Humusboden meint. Thoreau könnte damit ausdrücken wollen, dass die Erde Wunderbares hervorbringt. Aus dem Schimmel, oder Humus-boden, werden Früchte und Gemüse, die man essen kann.

[...] Er zog sein Tagebuch aus der Brusttasche und las die Namen aller Pflanzen vor, die an diesem Tag blühen sollten, worüber er Buch führte wie ein Bankier, wenn seine Banknoten fällig werden.[27] [...]

[...] Doch so viel Wissen über das Geheimnis und den Genius der Natur besaßen nur wenige andere; keiner in einer größeren und religiöseren Synthese. Denn nicht ein Teilchen Respekt hatte er vor den Meinungen irgendeines Mannes oder einer Körperschaft, sondern huldigte allein der Wahrheit selbst; und da er überall unter den Ärzten eine gewisse Neigung zur Höflichkeit entdeckte, brachte er sie in Verruf. Er wurde von seinen Mitbürgern verehrt und bewundert, die ihn anfangs nur als Sonderling kannten. Die Farmer, die ihn als Landvermesser anstellten, entdeckten bald seine seltene Genauigkeit und Geschicklichkeit, sein Wissen über ihre Ländereien, über Bäume, über Vögel, über indianische Überreste und dergleichen, das ihn befähigte, jedem Farmer mehr zu sagen, als er zuvor von seiner eigenen Farm wusste; so dass er ein wenig das Gefühl bekam, als hätte Mr. Thoreau bessere Rechte an seinem Land als er. Sie fühlten auch die Überlegenheit des Charakters, der alle Menschen mit einer einheimischen Autorität ansprach.

Indianische Relikte gibt es in Concord im Überfluss [...]. Diese und jeder andere Umstand, der die Indianer betraf, waren in seinen Augen wichtig. Seine Besuche in Maine erfolgten vor allem aus Liebe zu den Indianern. Er hatte die Genugtuung, die Herstellung des Rindenkanus zu sehen und sich in der Handhabung des Kanus auf den Stromschnellen zu versuchen. [...] Gelegentlich besuchte eine kleine Gruppe von Penobscot-Indianern und schlug seine Zelte für einige Wochen im Sommer am Flussufer auf. Er versäumte es nicht, mit den besten von ihnen Bekanntschaft zu machen [...]

Er war an jeder natürlichen Tatsache gleichermaßen interessiert. Die Tiefe seiner Wahrnehmung fand in der ganzen Natur Ähnlichkeit mit dem Gesetz, und ich kenne kein Genie, das so schnell von einer einzigen Tatsache auf ein

---

[27] Ich vermute, hier ist das Fälligwerden der Schulden der Schuldner gemeint. Ich habe es wörtlich übersetzt.

universelles Gesetz geschlossen hätte. [...] Sein Auge war offen für die Schönheit und sein Ohr für die Musik. Er fand sie, nicht unter seltenen Umständen, sondern wo immer er hinging. Er dachte, das Beste der Musik sei in einzelnen Strophen zu finden; und er fand poetische Suggestion im Brummen des Telegrafendrahts. [...]

Während er in seinen Schriften eine gewisse Gereiztheit in Bezug auf Kirchen oder Kirchenmänner an den Tag legte, war er ein Mensch von seltener, zarter und absoluter Religion, ein Mensch, der zu keiner Entweihung fähig war, weder durch Taten noch durch Gedanken. [...] Aristoteles hat es schon vor langer Zeit erklärt, als er sagte: "*Einer, der seine Mitbürger an Tugend übertrifft, gehört nicht mehr zur Stadt. Ihr Gesetz ist nicht für ihn, denn er ist sich selbst ein Gesetz.*"

Thoreau war die Aufrichtigkeit selbst und konnte durch sein heiliges Leben die Überzeugungen der Propheten in den ethischen Gesetzen festigen. Es war eine bejahende Erfahrung, die sich weigerte, beiseite gelegt zu werden. Er war ein Redner der Wahrheit, fähig zu den tiefsten und strengsten Gesprächen; ein Arzt für die Wunden einer jeden Seele; ein Freund, der nicht nur das Geheimnis der Freundschaft kannte, sondern von den wenigen Personen, die sich an ihn als ihren Beichtvater und Propheten wandten, fast verehrt wurde und den tiefen Wert seines [eigenen] Verstandes und seines großen Herzens kannte. Er dachte, dass ohne Religion oder Hingabe irgendeiner Art nichts Großes jemals vollbracht wurde [...].

Seine Tugenden liefen natürlich manchmal ins Extreme. [...] Selbst von vollkommener Rechtschaffenheit, verlangte er nicht weniger von anderen. Er hatte einen Abscheu vor Verbrechen [...]. Er erkannte Betrügereien bei vornehmen und wohlhabenden Personen ebenso leicht wie bei Bettlern, und zwar mit gleicher Verachtung. Eine so gefährliche Offenheit lag in seinem Umgang, dass seine Bewunderer ihn "*den schrecklichen Thoreau*" nannten, als ob er sprach, wenn er schwieg, und noch anwesend war, wenn er gegangen war. Ich glaube, die Strenge seines Ideals hat ihm ein gesundes Maß an menschlicher Gesellschaft vorenthalten.

[...] Für ihn gab es so etwas wie Größe nicht. Der Teich war ein kleiner Ozean; der Atlantik, ein großer Walden Pond. Er bezog jede winzige Tatsache auf kosmische Gesetze. [...]

[...] mit seiner Energie und praktischen Fähigkeit schien er für große Unternehmungen und für das Kommando geboren zu sein; und ich bedaure den Verlust seiner [unter Menschen] seltenen Handlungsfähigkeit so sehr, dass ich nicht umhin kann, es als einen Fehler an ihm zu betrachten, dass er keinen Ehrgeiz hatte. Da er diesen vermissen lies, war er, statt Ingenieur für ganz Amerika zu werden, der Kapitän einer Heidelbeer-Party. Bohnen stampfen ist gut, um eines Tages Reiche zu zerstampfen; aber wenn es am Ende der Jahre immer noch nur Bohnen sind!

Aber diese Schwächen, ob echt oder scheinbar, verschwanden schnell in dem unaufhörlichen Wachstum eines so robusten und weisen Geistes, der seine Niederlagen mit neuen Triumphen auslöschte. Sein Studium der Natur war eine immerwährende Zierde für ihn und inspirierte seine Freunde mit Neugier, die Welt mit seinen Augen zu sehen und seine Abenteuer zu hören. [...]

Seine Sinne waren scharfsinnig [...]. Er mochte den reinen Duft des Steinklees. Bestimmte Pflanzen verehrte er mit besonderer Hochachtung, vor allem die Teichlilie, dann den Enzian und die Mikania scandens [(Kletter Mikanie)] [...] Der Duft verrät natürlich, was den anderen Sinnen verborgen bleibt. Durch ihn entdeckte er Erdigkeit. Er erfreute sich an Echos, und sagte, sie seien fast die einzige Art von verwandten Stimmen, die er hörte. [...] Die Axt zerstörte ständig seinen Wald. "*Gott sei Dank*", sagte er, "*können sie die Wolken nicht fällen!*" [...]

Das Land weiß noch nicht, oder nicht im geringsten, wie sehr es einen Sohn verloren hat. Es scheint eine Verletzung [des Landes] zu sein, dass er mitten in seiner begonnenen Aufgabe[28], die kein anderer vollenden kann, zurückbleibt, [das ist wie] eine Art von Demütigung für eine so edle Seele, dass er

---

[28] Im Original: "*in the midst his broken task*", was etwa "*in der Mitte einer angebrochenen Aufgabe*" bedeutet.

aus der Natur weggeht, bevor er seinen Altersgenossen wirklich als das gezeigt wurde, was er ist. Aber er ist wenigstens zufrieden. Seine Seele ist für die edelste Gesellschaft geschaffen; er hat in einem kurzen Leben die Möglichkeiten dieser Welt erschöpft; wo immer es Wissen gibt, wo immer es Tugend gibt, wo immer es Schönheit gibt, wird er eine Heimat finden.

Ralph Waldo Emerson über Henry David Thoreau

DAS AMERIKA DES HENRY DAVID THOREAU

(Autorin: Christina Schieferdecker)

Ein Kind seiner Zeit

Auch Henry David Thoreau war ein Kind seiner Zeit. Was um ihn herum geschah, beeinflusste ihn und fand seinen Weg in seine Reden und Schriften. Häufig verweist er direkt auf ein Ereignis, ein Gesetz oder die Taten einer Person und setzt sich mit diesen auseinander. Vieles, was er schreibt, ist zeitlos, doch einige Gedanken sind nur zu verstehen, wenn man den geschichtlichen und gesellschaftlichen Hintergrund kennt.

Diesen Text über die Geschichte der USA muss man nicht gelesen haben, um die Essays Thoreaus zu lesen, da diese mit reichlich Anmerkungen versehen sind, doch erleichtert es das Verständnis ungemein, wenn man vieles Wissen in den Anmerkungen schon zuvor erworben hat.

Das junge Amerika war sehr stolz auf seine Geschichte und seine Unabhängigkeit - und Henry David Thoreau war stolzer Amerikaner mit einer unerschütterlichen Vaterlandsliebe.

Der Weg in die Unabhängigkeit

1763 beendete der Vertrag von Paris den Krieg zwischen Frankreich und Großbritannien. Als Ergebnis des Krieges trat Frankreich alle seine nordamerikanischen Besitzungen östlich des Mississippi an Großbritannien ab. Die Kosten des Krieges trugen dazu bei, dass die britische Regierung beschloss, ihren amerikanischen Kolonien neue Steuern aufzuerlegen.

Und so kam es 1764 zum *Sugar Act* (Zuckersteuer) und 1765 zum *Stamp Act* (Stempelsteuer). Mit letzterer besteuerte man alles, was irgendwie einen offiziellen Stempel bekommen sollte, wie zum Beispiel juristische Schriftstücke und Frachtbriefe - aber auch Zeitungsanzeigen, Karten- und Würfelspiele mussten von nun an mit einer Steuermarke versehen und besteuert werden. Das führte zu Aufständen, dem Verbrennen von Stempeln, so wie der Einschüchterung von kolonialen Stempelhändlern.

1765 tagte als Reaktion auf diese neuen Steuern der Erste Kontinentalkongress, in dem sich Abgesandte aus allen amerikanischen Kolonien trafen. Sie verabschiedeten eine Erklärung über die Rechte und Pflichten der Kolonien ("*Declaration of Rights and Grievances*"). Doch statt auf die Kolonisten zuzugehen, sah Großbritannien die Reaktionen der Kolonisten als Bedrohung und reagierte darauf ab Juni 1767 mit den so genannten *Townshend Acts*, einer Serie von vier Gesetzen mit dem Ziel, jeden Widerstand in den amerikanischen Kolonien im Keime zu ersticken und noch mehr Gelder aus ihnen herauszupressen - unter anderem über mehr Steuern, Zölle und schärfere Gesetze. Gleichzeitig wurde jeder Versuch der Mitbestimmung durch die amerikanischen Kolonien unterbunden, bzw. zunichte gemacht.

Diese Ignoranz ihrer Rechte und dass sie einerseits an Großbritannien Steuern zahlen mussten, aber andererseits keine Vertreter in das britische Parlament wählen und ihre Interessen selbst vertreten konnten, schürte die Wut in den Kolonien.

Im Februar 1768 erschien der Satz "*No taxation without representation*" ("*Keine Besteuerung ohne Vertretung* [im britischen Parlament]") als Überschrift eines Artikels des *London Magazine* über die Rede von Charles Pratt, dem ersten Earl Camden, im *House Of Lords*, dem britischen Oberhaus. Seine Rede ist bekannt als "*Rede zur Deklaration über die Oberhoheit Großbritanniens über die Kolonien*" ("*Speech on the Declaratory Bill of the Sovereignty of Great Britain over the Colonies.*"). Diese Rede schloss er mit folgenden Sätzen:

> "*Meine Position ist dies - ich wiederhole es - ich werde es bis zu meiner letzten Stunde behaupten - Besteuerung und [parlamentarische] Vertretung sind untrennbar; - diese Position ist auf den Gesetzen der Natur gegründet; es ist mehr als das, es ist ein ewiges Gesetz der Natur; was auch immer ein Mensch sein Eigen nennt, ist absolut sein Eigen; kein*

Mensch hat das Recht, es von ihm ohne seine Zustimmung zu nehmen, weder selbst noch über Vertreter; wer auch immer versucht, es zu tun, versucht [dieses Recht] zu verletzen[29]; wer auch immer es tut, begeht einen Raub; er verwirft[30] und zerstört die Unterscheidung zwischen Freiheit und Sklaverei. Besteuerung und [parlamentarische] Vertretung sind schon immer Teil der Verfassung und essentiell für diese[31]. [...] Kurz, meine Herren, sie werden feststellen, dass [...] von der frühesten Zeit an, Besteuerung und Vertretung immer vereint waren".[32]

"*No taxation without representation*" wurde zum verbreiteten Slogan. Er gehört bis heute zu den Grundwerten des amerikanischen Selbstverständnisses. Die *Townshend Acts* und alle Arten der Besteuerung und Repression wurden überall im Land auf verschiedenste Art und Weise bekämpft und hintergangen. Als Reaktion darauf entsandte das britische Parlament im Oktober 1768 zwei Regimenter der britischen Armee nach Boston. Die Situation eskalierte weiter, da diese Regimenter die Steuergesetze mit Gewalt durchsetzen sollten.

Am 16. Dezember 1773 wurden bei der so genannten *Boston Tea Party* Kisten mit Tee der *East India Company*, einem Unternehmen der britischen Krone, im Bostoner Hafen ins Meer geworfen aus Protest gegen ungerechte Steuern und Zwangsmaßnahmen des englischen Parlaments.

Doch trotz aller Proteste lenkte Großbritannien nicht ein, gab den Kolonisten kein Mitspracherecht und beharrte auf sein Recht, die Kolonien ausbeuten und unterwerfen zu dürfen. Ab März 1774 kam es deshalb zu weiteren Gesetzen, den sogenannten *Intolerable Acts* (Zwangsgesetzen). Doch jeder Einschüchterungsversuch verstärkte nur mehr den Widerstand in den Kolo-

---

[29] Im Original: "*attempts an injury*", was etwa "*unternimmt eine Verletzung*" bedeutet, im Sinne von "*verletzt jemanden*"

[30] Im Original: "*throws down*" = "*wirft weg*"

[31] Im Original: "*Taxation and representation are coeval with and essential to this constitution.*" = "*Besteuerung und Repräsentation sind gleichzeitig mit und wesentlich für diese Verfassung.*"

[32] (Bell 2013)

nien und so wurden die ungerechten Gesetze und Steuern zur Rechtfertigung für die erneute Einberufung des Ersten Kontinentalkongresses im September 1774 (der schon seit 1765 auf Grund des *Stamp Acts* tagte und durch die *Townsend Acts* verboten wurde) in Philadelphia genutzt. Er erneuerte nochmals seine Forderungen, die er bereits 1765 über die Rechte und Pflichten der Kolonien ("*Declaration of Rights and Grievances*") verabschiedet hatte. Die neue Erklärung untermauerte und erweiterte diese und wurde zusätzlich als Petition an das britische Königshaus gesandt. Um die Forderungen zu untermauern, rief der Kongress zu einem Boykott britischer Waren und zum Verzicht auf den Export amerikanischer Produkte - denn auch dafür mussten sie Steuern zahlen - in das britische Commonwealth auf. Doch auch diese Forderungen blieben erfolglos.

Am 23. März 1775 hielt Patrick Henry in Richmond seine berühmte "*Gebt mir die Freiheit oder gebt mir den Tod*"-Rede vor 120 Abgeordneten aus Virginia, zu denen unter anderem auch George Washington und Thomas Jefferson gehörten. Im letzten Absatz der Rede heißt es:

> "*Es ist vergeblich, meine Herren, die Sache abzumildern. Die Herren mögen schreien: Frieden, Frieden - aber es gibt keinen Frieden. Der Krieg hat tatsächlich begonnen! Der nächste Sturm, der aus dem Norden kommt, wird uns das Klirren der Waffen zu Gehör bringen! Unsere Brüder sind bereits im Feld! Warum stehen wir hier untätig herum? Was ist es, was die Herren wünschen? Was wollen sie haben? Ist das Leben so teuer oder der Friede so süß, dass man ihn mit Ketten und Sklaverei erkauft? Verbiete es, allmächtiger Gott! Ich weiß nicht, was andere tun, aber was mich betrifft, gib mir die Freiheit oder gib mir den Tod!*"[33]

Mit diesen Worten verteidigte Patrick Henry die Bewaffnung der Virginia-Miliz für den Kampf gegen die Briten. Am 15. Mai 1776 erklärte sich Virginia für unabhängig von Großbritannien, Patrick Henry wurde zum ersten Gouverneur von Virginia gewählt.

---

[33] (Henry 1775)

Doch nicht in Virginia, sondern in Massachusetts nahe des Städtchens Concord sollte der erste Kampf zwischen den Truppen der Briten und den amerikanischen Milizen stattfinden. In der Nacht vom 18. auf den 19. April 1775, also einen Monat nach der Rede von Patrick Henry, planten britische Truppen ein Waffenlager der Kolonisten in Concord einzunehmen. Doch sie wurden von über 700 Milizen empfangen und mussten sich nach einem kurzen Kampf geschlagen geben. Die britische Armee trat den Rückzug an. Die Kolonien erkannten, dass sie gewinnen konnten, dass ein Widerstand Erfolg haben kann.

Der Ort, auf welchem der Großteil der Schlacht stattfand, wird als *Lexington Battle Green* (auch *Lexington Common*) bezeichnet. Es handelt sich dabei um ein etwa ein Hektar großes Gebiet. Die britischen Truppen kamen über die Concorder Nordbrücke und zogen weiter nach Ost-Süd-Ost in Richtung Lexington. Die erste Schlacht fand deshalb an der Nordbrücke in Concord am 19. April 1775 statt und endete zwischen Lexington und Concord auf dem *Lexington Battle Green*.

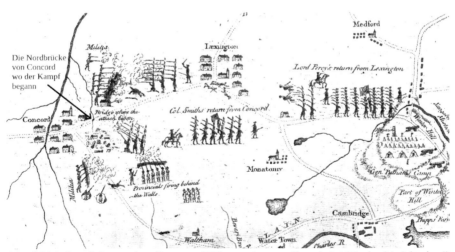

Schaubild 1: Ausschnitt aus einer Karte von 1775, von mir etwas überarbeitet (Norden ist nicht oben!) Quelle (Library Of Congress, De Costa, und Hall 1775)

Am 4. Juli 1776 kam es zur Veröffentlichung der Unabhängigkeitserklärung der Vereinigten Staaten ("*The unanimous Declaration of the thirteen united States of America*"). Sie wurde vom Zweiten Kontinentalkongress in Philadelphia, Pennsylvania, verabschiedet. Zuvor war ein Komitee gebildet worden, das diese Erklärung ausarbeiten sollte. John Adams schlug vor, Thomas Jefferson mit der Aufgabe zu betrauen und ihn dabei mit vier weiteren Kongressmitgliedern zu unterstützen.

Thomas Jefferson ist der Hauptautor der Unabhängigkeitserklärung der USA. Er war Kongressabgeordneter aus Virginia. Thomas Jefferson gilt auch (zusammen mit James Madison) als der Gründervater der Demokratisch-Republikanischen-Partei, auf die sich heute noch die amerikanischen Demokraten berufen.

Die Unabhängigkeitserklärung enthält vor allem die Gründe dafür, warum die Unabhängigkeit von Großbritannien nötig war und welche üblen Taten König George verübt hatte. Der Krieg war zwar schon vor dieser Erklärung im Gange, aber nun gab es mit ihr auch eine Art offizielle Kriegserklärung an Großbritannien und es galt einige Kämpfe und Schlachten zu gewinnen, bei welchen der General George Washington eine herausragende Rolle spielte.

George Washington war ein General und Politiker. Er hatte den Vorsitz bei der ersten Verfassungsgebenden Versammlung 1787 und war der erste Präsident der neu gegründeten Vereinigten Staaten von Amerika, von 1789 bis 1797. Als General gilt er als derjenige, der die Amerikaner zum Sieg über die Engländer führte, als der Vater der USA. Er war Sklavenhalter, wollte seinen Sklaven jedoch kurz vor seinem Tod die Freiheit schenken, was jedoch auf Grund der Gesetze nicht möglich war.

Am 6. Februar 1778 schloss Frankreich eine Allianz mit den USA und erklärte Großbritannien im Juni 1778 formell den Krieg. Dieser dauerte noch weitere fünf Jahre an und am 3. September 1783 wurde die USA unabhängig von Großbritannien.

Erste Artikel einer Verfassung waren bereits nach der Unabhängigkeitserklärung ausgearbeitet und 1781 beschlossen worden. Doch nun, nach dem Ende des Krieges, galt es, weiter an die Zukunft zu denken und daran zu arbeiten, wie die einzelnen Staaten der USA gemeinsam ein Land werden konnten. Und so trat 1787 der Verfassungskonvent, die verfassungsgebende Versammlung der Vereinigten Staaten, in Philadelphia zusammen. Leider wurde geschachert, so gut es ging, da sich der Norden mit dem Süden und der Osten mit dem Westen einig werden musste. Und so war diese Verfassung der kleinste gemeinsame Nenner aller. Menschenrechte hatten darin keinen Platz, Sklavenhaltung war ausdrücklich überall erlaubt und wurde tatkräftig von allen Staaten unterstützt. Schließlich lebten viele Südstaaten von der Baumwollproduktion und der Norden verdiente daran, indem er aus der billigen Baumwolle aus dem Süden Kleidung in seinen Fabriken herstellte. Außerdem konnte die Regierung am Sklavenhandel über Steuern mitverdienen.

Und so hieß es in dieser Verfassung:[34]

Artikel 1 Abschnitt 2:

"Repräsentanten und direkte Steuern werden unter den verschiedenen Staaten, die in diese Union aufgenommen werden können, nach ihrer jeweiligen Anzahl aufgeteilt, die bestimmt wird, indem zur Gesamtzahl der freien Personen, einschließlich derer, die für einen [bestimmten] Zeitraum von Jahren zum Dienst verpflichtet sind, und unter Ausschluss der nicht besteuerten Indianer, drei Fünftel aller anderen Personen [= Sklaven] addiert werden."

---

[34] (Randall 2012)

Artikel 1, Abschnitt 9, Satz 1:

"Die Einwanderung oder Einfuhr solcher Personen [= Sklaven], die jeder der jetzt bestehenden Staaten für angemessen hält, wird vom Kongress vor dem Jahr eintausendachthundertacht [1808] nicht verboten, aber es kann eine Steuer oder ein Zoll auf eine solche Einfuhr erhoben werden, der zehn Dollar für jede Person nicht übersteigt."

Artikel 4, Abschnitt 2:

"Keine Person [= Sklave], die in einem Staat nach dessen Gesetzen zum Dienst oder zur Arbeit verpflichtet ist und in einen anderen Staat flieht, wird aufgrund eines dortigen Gesetzes oder einer dortigen Verordnung von diesem Dienst oder dieser Arbeit entbunden, sondern wird auf Antrag der Partei, der dieser Dienst oder diese Arbeit zusteht, ausgeliefert."

Dennoch war es einigen unwohl bei diesen Passagen in der Verfassung, denn das Land der Freien hatten sich viele anders vorgestellt und so blieben weitere Spannungen nicht aus.

Die Sklavengesetze

Auch wenn nach der Verfassung von 1787 Staaten ohne Sklaverei entflohene Sklaven auf Verlangen ihrer Besitzer einfangen und zurückschicken mussten, waren viele Staaten des Nordens mit diesen Regelungen nicht einverstanden und boten entflohenen Sklaven Schutz. Und so kriselte es erneut in den Beziehungen der Staaten und es kam 1793 zum ersten *Fugitive Slave Act*, der einem Sklavenhalter das Bundesrecht garantierte, einen entkommenen Sklaven wiederzubekommen und eine Geldstrafe für jeden vorsah, der einen entflohenen Sklaven versteckte.

Doch Gesetze hin oder her: Die Gegner der Sklaverei (so genannte *Abolitionisten*) ruhten nicht. Es gab anständige Menschen in den USA und sie wollten in einer anständigen Welt leben - ohne Sklaven. Doch für den zukünftigen Fall, wenn neue Staaten zur Union hinzukamen, musste eine Lösung gefunden werden, ob diese nun Sklaven halten durften oder nicht. Viele Nordstaaten verlangten ein Verbot, doch die Südstaaten hielten an der Sklavenhaltung fest, um so billig Baumwolle anbauen zu können.

Als der damals extrem große Staat Missouri, der vom Süden bis weit in den Norden reichte, der USA beitreten wollte, musste eine Lösung gefunden werden, damit er beitreten konnte, ohne die Seite der Sklavereigegner oder Sklavereibefürworter zu verärgern. Man beschloss festzulegen, nach welchen Regeln zukünftig Staaten Sklaven halten durften und wann nicht. Dadurch wollte man auch ein Gleichgewicht im Kongress erreichen, damit keine der beiden Seiten zu mächtig wurde.

Der Missouri-Kompromiss vom 3. März 1820 war eine Vereinbarung, die Missouri als Sklavenstaat anerkannte, im Austausch gegen Gesetze, die die Sklaverei nördlich des 36°30'-Breitengrads - mit Ausnahme von Missouri – bei künftigen Neumitgliedern untersagten. Gleichzeitig wurden auch noch Beschlüsse zu anderen Staaten gefällt. Maine wurde als Freistaat in die Union aufgenommen (in einer separaten Gesetzgebung) und Missouri kam als Sklavenstaat hinzu, wodurch das empfindliche Gleichgewicht zwischen den Gegnern und Befürwortern der Sklaverei im Senat erhalten blieb. Ein ähnliches Problem ergab sich wieder 1854 beim *Kansas-Nebraska-Act*.

Die Einwohner von Massachusetts waren nie wirklich glücklich über den *Fugative Slave Act*. Dies zeigte sich besonders im März 1843. Das so genannte *Latimer-Gesetz* (*Personal Liberty Act*) kam zustande, nachdem Massachusetts auf Grund des *Fugative Slave Acts* von 1793 einen ehemaligen Sklaven mit dem Namen George Latimer gefangen genommen hatte und er in die Sklaverei zurück gebracht werden sollte. Es gab heftige Proteste in er Bevölkerung gegen dieses Vorgehen, so dass man sich genötigt sah, ein Gesetz zu erlassen, das es verbot, im Staat Massachusetts entflohene Sklaven gefangen zu nehmen und zu ihrem Sklavenhalter zurück zu schicken.

Henry David Thoreau erwähnt dieses Gesetz in "*Sklaverei in Massachusetts*" (Absatz 9) und schreibt:

"Ich habe ein kürzlich erlassenes Gesetz dieses Staates gelesen, das es für jeden Beamten des 'Staates' überall innerhalb seiner Grenzen strafbar ist, 'irgendeine Person festzuhalten oder bei der Festnahme zu helfen, [...] wenn der Grund dafür ist, dass sie als flüchtiger Sklave beansprucht wird.'"

Schaubild 2: Karte der USA und Mexikos um 1820, von mir etwas überarbeitet (public domain) (Stoll 1967)

Weiter erzählt Henry David Thoreau noch von einem Konflikt mit Carolina, der sich Anfang 1844 zutrug. Es gab mehrere Vorfälle, bei denen "schwarze", freie Seeleute, nachdem sie in einem Hafen ankamen, dort verhaftet und zu Sklaven gemacht wurden, auf Grund der dort herrschenden Gesetze über Sklaverei. Cramer schreibt[35]:

---

[35] (Thoreau und Cramer 2013, 366)

"Charles Lyell (1797- 1875) berichtete in seinem A Second Visit to the United States of North America: 'Vor einigen Jahren legte ein Schiff aus Massachusetts in Charleston an, das einige freie Schwarze an Bord hatte, darunter den Steward und den Koch. Bei ihrer Landung wurden sie aufgrund eines nicht sehr alten Gesetzes von South Carolina sofort ins Gefängnis gesteckt. Die Regierung von Massachusetts war sehr entrüstet und schickte einen Anwalt, um den Fall zu untersuchen und zu remonstrieren. [...] Einige Tage nach seiner Ankunft wurde das Hotel [in dem er wohnte] [...] von einem Mob von 'Gentlemen' umzingelt, die entschlossen waren, den Gesandten aus Neuengland zu ergreifen. [...] Die Aufregung dauerte fünf Tage, und fast jeder Nordstaatler in Charleston musste sich in persönlicher Gefahr fühlen. Schließlich gelang es Mr. H. durch den Mut und die Energie einiger führender Bürger, zu entkommen. [...] Dasselbe Gesetz hat zu einigen sehr unangenehmen Streitigkeiten mit den Kapitänen englischer Schiffe geführt, deren farbige Matrosen auf die gleiche Weise inhaftiert wurden."

Der erwähnte Anwalt war ein gewisser Samuel Hoar, ein Anwalt und Kongressabgeordneter aus Concord, aus Henry David Thoreaus Heimatstadt, zusammen mit seiner Tochter. Er wurde vom Staat Massachusetts im November 1844 nach Charleston in South Carolina geschickt und sollte eine Einigung aushandeln. Hoar wurde unter Androhung von Gewalt zurück auf sein Schiff gedrängt und flüchtete daraufhin unverrichteter Dinge wieder zurück nach Massachusetts.

Die Amerikanische Industrie brauchte mehr Baumwollplantagen in wärmeren Ländern des Südens. Auf Grund des Missouri Kompromisses war ein weiterer Ausbau schwierig, da der Süden der USA im Westen an Mexiko grenzte. Damals gehörte der ganze Westen der heutigen USA, von Texas bis hinauf nach Kalifornien, zu Mexiko. Man musste also Land von Mexiko rauben, aber wie?

Da die Westgrenze von Texas (aus Sicht der USA) umstritten war, befahl Präsident Polk 1846 der US-Armee so weit Richtung Mexiko vorzurücken, bis Mexiko darauf reagierte, dies als Bedrohung sah und die amerikanische Armee angriff. Dies wertete Präsident Polk als Kriegshandlung Mexikos und nötigte den Kongress, einem Krieg zuzustimmen. Der Krieg dauerte bis 1848 und führte dazu, dass die USA in den Grenzen, wie wir sie heute kennen, entstand.

In dieser Zeit (1848) wurde "*Über die Pflicht zum Ungehorsam*" als Vortrag im Concord Lyceum[36] gehalten, noch vor Ende des Amerikanisch-Mexikanischen-Krieges. 1849 wurde diese Schrift zum ersten Mal anonym veröffentlicht in den *Aesthetic Papers* unter dem Titel "*Resistance to Civil Government*". Darin nimmt er auf Präsident Polk Bezug und schreibt:

> "*Diese amerikanische Regierung – was ist sie anderes als eine Tradition, wenn auch eine jüngere, die sich bemüht, sich der Nachwelt unbeeinträchtigt zu übermitteln, aber jeden Augenblick etwas von ihrer Rechtschaffenheit verliert? Sie hat nicht die Vitalität und Kraft eines einzigen lebenden Menschen; denn ein einziger Mensch kann sie nach seinem Willen beugen.*"

Nicht nur Massachusetts, auch viele weitere Staaten des Nordens hatten mit der Zeit Gesetze erlassen, die es verboten, Sklaven zurück in den Süden zu schicken. Die Südstaaten waren verärgert und drohten die Union zu verlassen. Und so musste man wieder zu einer neuen Lösung kommen. Auch sie hieß wieder *Fugitive Slave Act*. Er wurde 1850 verabschiedet, damit die Südstaaten die Union nicht verließen. Es wurde vereinbart, dass die Nordstaaten die Sklaven einfangen und an die Südstaaten wieder zurückgeben mussten. Außerdem musste jeder, der einem geflüchteten Sklaven half, mit einer Geldstrafe von 1000$ rechnen oder mit 6 Monaten Gefängnis (Das Gesetz von 1793 enthielt "nur" eine 500$ Strafe - und keine Gefängnisandrohung).

---

[36] In des USA gab es eine Lyceum-Bewegung. Deren Ziel war es, Bildung für alle Menschen, vor allem Erwachsene, zugänglich zu machen. Ein Lyceum ist etwas Ähnliches, wie eine Volkshochschule. Hier wurden Vorträge zu bestimmten Themen angeboten, für die die Redner bezahlt wurden.

Thomas Sims war einer der ersten Sklaven, die nach dem *Fugitive Slave Act* von 1850 gewaltsam aus Boston in die Sklaverei zurückgebracht wurden. Er floh 1851 aus der Sklaverei in Georgia nach Boston und wurde dort am 4. April 1851 verhaftet. Nach einer Gerichtsverhandlung wurde er zur Wiederversklavung zurückgebracht. Es regte sich großer Widerstand in der Bevölkerung, so dass Soldaten das Gerichtsgebäude bewachen mussten.

Im Februar 1854 floh Anthony Burns aus der Sklaverei in Alexandria, Virginia, indem er sich auf einem Schiff in Richtung Norden versteckte und kam Ende März in Boston an. Es dauerte nicht lange, bis sein Besitzer, ein Mr. Suttle, von seinem Aufenthaltsort erfuhr und ihn zurückforderte. Und so wurde Anthony Burns am 24. Mai 1854 verhaftet. Mehrere Männer hatten daraufhin versucht Anthony Burns zu befreien und wurden dabei festgenommen.

Dazu schreibt Henry David Thoreau in "*Sklaverei in Massachusetts*" (Absatz 46):

"Mit Schande bedeckt, hat sich der Staat kühl hingesetzt, um die Menschen für ihr Leben und ihre Freiheit vor Gericht zu stellen, die versucht haben, ihre Pflicht für ihn zu tun. Und das nennt man Gerechtigkeit! Diejenigen, die gezeigt haben, dass sie sich besonders gut benehmen können, werden vielleicht für ihr gutes Benehmen unter Kaution frei gelassen[37]. Diejenigen, von denen die Wahrheit derzeit verlangt, dass sie sich schuldig bekennen, sind, von allen Einwohnern des Staates [diejenigen], [die] herausragend unschuldig [sind]. Während der Gouverneur, der Bürgermeister und zahllose Beamte des Staates auf freiem Fuß sind, sind die Verfechter der Freiheit inhaftiert."

Als 1854 neue Staaten im "Norden" gegründet werden sollten, Kansas und Nebraska, die zuvor zu Louisiana im "Süden" gehörten, musste wieder eine Einigung gefunden werden, wie einst 1820 beim Missouri Kompromiss. Und

---

[37] Im Original: "*be put under bonds for their good behavior.*" Eigentlich steht hier "*werden unter Kaution gestellt*", aber das ist nicht deutsch.

so wurde im Mai 1854 der *Kansas-Nebraska Act* beschlossen. Er stellte es den künftigen Einwohnern von Kansas und Nebraska frei, ob sie Sklaven halten wollten oder nicht. Und das bewegte natürlich die Gemüter. Diese zwei Staaten gehörten zuvor zu Louisiana, also einem Sklavenstaat, lagen durch die Abspaltung von Louisiana jedoch im Norden, in der "*Sklavenverbotszone*" nördlich des 36°30' Breitengrades (siehe Missouri Kompromiss).

Auch die Rede "*Sklaverei in Massachusetts*", die am 4. Juli 1854 in Framingham, Massachusetts, auf der "*Anti-Sklaverei-Feier*" gehalten wurde, war von diesem Ereignis überschattet.

> *"[...] ich war überrascht und enttäuscht, als ich feststellte, dass das, was meine Stadtbewohner zusammengerufen hatte, das Schicksal von Nebraska und nicht von Massachusetts war, und dass das, was ich zu sagen hatte, völlig unangebracht gewesen wäre. Ich hatte gedacht, dass das Haus brennt und nicht die Prärie[38]"*

Bis zum Beginn des Amerikanischen Bürgerkrieges (1861 bis 1865) änderte sich nichts mehr an den Sklavereigesetzen der USA.

---

[38] Nebraska ist ein Präriestaat. Er besteht aus zwei großen Landregionen, den *Dissected Till Plains* und den *Great Plains*. Die *Dissected Till Plains* bestehen aus sanft geschwungenen Hügeln. Der Name bedeutet etwa "*Zerteiltes-Geröll-Ebene*" und entstand durch Gletscherbewegungen in der Eiszeit. Die Region *Great Plains* (*Die große Ebene*), die den größten Teil des westlichen Nebraska einnimmt, ist von baumloser Prärie geprägt.

Drei politische Essays und ein Gedicht

Drei politische Essays und ein Gedicht

ZU DEN DREI ESSAYS

(Autorin: Christina Schieferdecker)

Teile aus *"Leben ohne Prinzipien"* wurden von Henry David Thoreau schon in anderen Vorträgen verwendet und existieren in verschiedenen Versionen. Kurz vor seinem Tode überarbeitete er einen Vortrag unter dem Titel *"What Shall It Profit?"* nochmals für eine offizielle Veröffentlichung, die jedoch erst nach seinem Tode (1862) stattfand. *"Leben ohne Prinzipien"* wurde erstmals in der Oktober-Ausgabe des *Atlantic Monthly* veröffentlicht (Band 12, Ausgabe 71, S. 484–495.), wo der Text seinen heutigen Titel *"Life without Principle"* erhielt.

Alle drei in diesem Buch enthaltenen Essays wurden von Henry David Thoreau vor seinem Tode nochmals geringfügig überarbeitet und 1866 in dem Buch *"A Yankee in Canada, with Anti-slavery and reform papers"*[39] veröffentlicht. In dieser Version finden sie sich im vorliegenden Buch.

"Über die Pflicht zum Ungehorsam" erhielt erst bei der Veröffentlichung in *"A Yankee in Canada, with Anti-slavery and reform papers"* ihren heutigen Titel *"On The Duty Of Civil Disobedience"* (zuvor wurde sie 1849 als *"Resistance to Civil Government"* veröffentlicht). Die Ausgabe von 1866 enthält drei kleine Erweiterungen des Textes von 1849:

1. In Absatz 25 wurde folgendes Zitat hinzugefügt:
    "Confucius said: "If a state is governed by the principles of reason, poverty and misery are subjects of shame; if a state is not governed by the principles of reason, riches and honors are the subjects of shame."

2. In Absatz 30 wurde ein Satz leicht erweitert. Aus der ursprünglichen Version
    "I was shown quite a long list of young men"

---

[39] (Thoreau u. a. 1866)

wurde:

"I was shown quite a long list of verses which were composed by some young men".

3. Absatz 41 wurde um ein Zitat aus George Peels *"Battle of Alcazar"* erweitert:

    "We must affect our country as our parents,
    And if at any time we alienate
    Our love or industry from doing it honor,
    We must respect effects and teach the soul
    Matter of conscience and religion,
    And not desire of rule or benefit."

Bei den anderen beiden Texten sind keine Abweichungen zu den früheren Veröffentlichungen bekannt.

ÜBER DIE PFLICHT ZUM UNGEHORSAM GEGEN DEN STAAT

[Originaltitel: On The Duty Of Civil Disobedience]

(Autor: Henry David Thoreau, Übersetzung und Fußnoten: Christina Schieferdecker)

[Was sind Regierungen?]

[1] Ich akzeptiere von ganzem Herzen das Motto: "Die beste Regierung ist die, die am wenigsten regiert"[40]; und ich würde mir wünschen, dass dieses Motto schneller und systematischer umgesetzt wird. Tut man dies[41], läuft es schließlich darauf hinaus, wovon ich gleichfalls überzeugt bin: "Die Regierung ist die beste, die gar nicht regiert"[42]; und wenn die Menschen darauf vorbereitet sind, wird das die Art von Regierung sein, die sie haben werden. Eine Regierung ist im besten Falle nur zweckdienlich; Aber gewöhnlich sind die meisten Regierungen - und alle Regierungen sind es manchmal -

---

[40] Laut *Washington Post* (Volokh 2017) stammt das Motto, auf das sich Thoreau hier bezieht, aus der "*United States Magazine and Democratic Review*", welche 1837 gegründet wurde. "*In ihrer ersten Ausgabe, auf den Seiten 6-7, hat die Review diese Passage eingefügt.*"

[41] Original: "*carried out*", eigentlich "*durchgeführt*", "*erfüllt*", etc.

[42] Dies könnte eine Abwandlung des ersten Zitates sein, oder aber ein Zitat unbekannten Ursprungs. Thoreau setzt Zitate, oder Hinweise auf Doppeldeutigkeiten (z.B. "*Odd-Fellows*") immer in Anführungszeichen. Da wir wissen, dass er sich viel mit asiatischer Philosophie beschäftigte, könnte dies ein Zitat aus einem Buch über chinesische Philosophie sein. Ein Grundgedanke in der chinesischen Philosophie ist das "*Wu Wei*", das "*Nichts-tun*". Es findet sich unter anderem im Konfuzianismus und Daoismus. Im Daoismus geht man davon aus, dass die Welt so, wie sie ist, in Ordnung ist und wir Menschen durch unser Tun diese oft zum Negativen verändern. Das Daodejing wurde zwar erst 1868 zum ersten Mal ins Englische übersetzt, doch könnten Teile daraus bereits früher in Büchern aufgetaucht sein. Im Abschnitt 57 des Daodejing (Laozi, Schlüter, und Alquiros o. J.) heißt es (sinngemäß):
"*Je mehr Gesetze es gibt, desto mehr Räuber und Diebe gibt es.*
Darum sagen weise Menschen:
Ich handle ohne einzugreifen und so wird das Volk sich von selbst entfalten.
Ich bevorzuge die Ruhe und das Volk wird von selbst rechtschaffen."
Auch Konfuzius äußert sich positiv gegenüber diesem Konzept (Konfuzius und Wilhelm o. J.). So sagt er über Kaiser Shun:
"*Er unternahm nichts und alles war geregelt*" (Analekten 15.5)

unzweckmäßig. Die Einwände, die gegen ein stehendes Heer vorgebracht worden sind - und sie sind zahlreich und gewichtig und verdienen es, sich durchzusetzen - können endlich auch gegen eine feste Regierung vorgebracht werden. Das stehende Heer ist nur ein Arm der festen Regierung. Die Regierung selbst, die nur die Art und Weise ist, die das Volk für die Ausführung seines Willens gewählt hat, kann ebenso missbraucht und pervertiert werden, bevor das Volk durch sie handeln kann. Der gegenwärtige Krieg gegen Mexiko[43] zeigt es: Er ist das Werk von vergleichsweise wenigen Personen, die die ständige Regierung als ihr Werkzeug benutzen, denn das Volk hätte dieser Maßnahme von Anfang an nicht zugestimmt.[44]

[2] Diese amerikanische Regierung – was ist sie anderes als eine Tradition, wenn auch eine jüngere, die sich bemüht, sich der Nachwelt unbeeinträchtigt zu übermitteln, aber jeden Augenblick etwas von ihrer Rechtschaffenheit verliert? Sie hat nicht die Vitalität und Kraft eines einzigen lebenden Menschen; denn ein einziger Mensch kann sie nach seinem Willen beugen.[45] Sie ist eine Art hölzernes Gewehr für das Volk selbst. Dafür ist sie aber nicht weniger notwendig; denn das Volk braucht irgendeine komplizierte Maschinerie und muss ihren Lärm hören, um die Regierungsidee, die es hat, zu befriedigen. Regierungen zeigen also, was man Menschen zu ihrem eigenen Vorteil erfolgreich aufbürden kann, ja sogar was sie sich selbst aufbürden können. Es funktioniert ausgezeichnet, das müssen wir alle zugestehen. Doch diese Regierung hat nie von sich aus irgendeinen Unternehmensgeist

---

[43] Als diese Schrift 1849 erschien, war der Krieg bereits vorbei, er endete im Februar 1848. Doch ist dieser Essay, wie alle Essays Thoreaus, eine Ausarbeitung einer seiner Reden, die er schon zuvor häufiger gehalten hatte und die dann als Artikel in einer Zeitung (*Asthetic Papers*) erschien. Die Folgen des Krieges waren immer noch spürbar, denn Kalifornien, Utah, Nevada und Arizona gehörten zuvor zu Mexiko, so dass die "*Amerikaner*" dort immer noch Besatzungsmacht waren.

[44] Präsident Polk hatte die USA quasi gezwungen, einen Krieg mit Mexiko 1846 zu beginnen. Da die Westgrenze von Texas umstritten war, befahl Präsident Polk der US-Armee (unter General Taylor) so weit Richtung Mexiko vorzurücken, bis Mexiko darauf reagierte und die amerikanische Armee angriff. Dies wertete er als Kriegshandlung Mexikos und nötigte den Kongress, einem Krieg zuzustimmen.

[45] siehe vorherige Fußnote

gezeigt, außer dem Eifer, diesem aus dem Weg zu gehen. Sie bewahrt die Freiheit des Landes nicht. Sie besiedelt den Westen nicht. Sie erzieht nicht. Der dem amerikanischen Volk innewohnende Charakter hat alles erreicht, was erreicht worden ist; und er hätte noch mehr erreicht, wenn die Regierung ihm nicht manchmal in die Quere gekommen wäre. Denn Regierungen sind ein Hilfsmittel, durch das Menschen gerne erreichen würden, von einander in Ruhe gelassen zu werden; und wie ich schon gesagt habe, ist sie[, die Regierung,] am nützlichsten, wenn die Regierten von ihr alleine gelassen werden. Handel und Gewerbe würden es niemals schaffen, wenn sie nicht aus Gummi wären, über Hindernisse zu springen, die ihnen der Gesetzgeber ständig in den Weg legt[46]; und wenn man diese Männer ganz nach den Auswirkungen ihrer Handlungen und nicht zum Teil nach ihren Absichten beurteilen würde, dann würden sie es verdienen, zu jenen bösartigen Personen gezählt und wie jene bestraft zu werden, die Hindernisse auf die Schienen der Eisenbahnen legen.

[3] Aber, um praktisch und als Bürger zu sprechen, im Gegensatz zu denen, die sich gegen jede Regierung aussprechen[47], fordere ich nicht, sofort keine Regierung, sondern sofort eine bessere Regierung. Lassen Sie jeden Menschen sagen, welche Art von Regierung seinen Respekt verdienen würde, und das wird ein Schritt dahin sein, diese [Regierungsform] zu erlangen.

[Mehrheiten und Untertanen]

[4] Der praktische Grund dafür, dass, wenn die Macht einmal in den Händen des Volkes ist, eine Mehrheit regieren darf, und zwar für einen langen Zeitraum, ist nicht, weil sie am ehesten im Recht ist, noch weil dies der Minderheit am gerechtesten erscheint, sondern weil sie physisch die Stärkste ist. Aber eine Regierung, in der die Mehrheit in allen Fällen regiert, kann sich nicht auf Gerechtigkeit gründen, auch nicht, wenn die Menschen dafür Ver-

---

[46] Thoreau benutzt hier das Bild eines Gummiballs, bzw. Flummis.

[47] Im Original: "*who call themselves no-government men*" = "*Die sich keine-Regierung Männer nennen*".

ständnis haben[48]. Kann es nicht eine Regierung geben, in der nicht die Mehrheit faktisch über Recht und Unrecht entscheidet, sondern das Gewissen? In der die Mehrheit nur über die Fragen entscheidet, auf die die Regeln der Zweckdienlichkeit anwendbar sind? Muss der Bürger jemals für einen Augenblick oder auch nur in geringstem Maße sein Gewissen dem Gesetzgeber überlassen? Warum hat dann jeder Mensch ein Gewissen? Ich denke, wir sollten zuerst Menschen sein und danach Untertanen. Es ist nicht erstrebenswert, einen Respekt vor dem Gesetz zu kultivieren, sondern viel mehr davor, das Richtige zu tun[49]. Die einzige Verpflichtung, von der ich das [moralische] Recht habe, sie als gegeben anzunehmen[50], ist die, jederzeit das zu tun, was ich für richtig halte[51]. Es wurde schon oft gesagt, dass ein Unternehmen kein Gewissen hat; aber ein Unternehmen von gewissenhaften Männern ein Unternehmen mit einem Gewissen ist. Das Gesetz hat die Menschen nie gerechter gemacht; und durch ihren Respekt vor dem Gesetz werden selbst die freundlich Gesinnten täglich zu Vertretern der Ungerechtigkeit gemacht. Ein häufiges und natürliches Ergebnis eines unangemessenen Respekts vor dem Gesetz ist, dass Sie eine Reihe von Soldaten, Obersten, Hauptleuten, Gefreiten, Pulveraffen[52] und viele andere sehen können, die in bewundernswerter Ordnung gegen ihren Willen, ja gegen ihren gesunden Menschenverstand und ihr Gewissen, über Stock und Stein zu den Kriegen marschieren, was den Marsch in der Tat sehr steil macht und Herzklopfen erzeugt. Sie haben keinen Zweifel daran, dass es sich um eine verdammens-

---

[48] Im Original: "*undertand it*". Wörtlich: "*es verstehen*".

[49] Original: "*It is not desirable to cultivate a respect for the law, so much as for the right.*" Wörtlich: "*so sehr wie vor dem Richtigen/Recht*".

[50] Original: "*which I have a right to assume*". Es geht nicht um "*das Recht*" im Sinne von gesetzlichem Recht, sondern im Sinne von moralischem Recht, oder "*dem Richtigen*", wobei Thoreau es durchaus im Sinne eines Menschenrechts meint.

[51] Im Original: "*is to do at any time what I think right*". Auch hier, wie in der Anmerkung zuvor, steht "*right*". Thoreau versteht "*right*" hier im Sinne von "*das Richtige*", aber auch im Sinne von "*Menschenrecht*". Thoreau meint nicht, er könne tun, was er wolle, sondern dass er sich einem höheren Gesetz verpflichtet fühlt. Thoreau ist mehr Konfuzianer, als er oft zugibt. Er hat ein inneres Rechtssystem und an das hält er sich. Dieses hat viel mit Anstand und Verantwortung zu tun.

[52] Soldaten, deren Aufgabe es ist, das Pulver zu den Kanonen zu tragen.

werte Angelegenheit handelt, mit der sie sich beschäftigen; denn sie sind alle friedlich gesinnt. Nun, was sind sie? Sind sie überhaupt Menschen? Oder kleine bewegliche Festungen und Waffenlager, im Dienste eines skrupellosen Machthabers? Besuchen Sie die Marinewerft, und sehen Sie sich einen Soldaten an, einen Mann, wie ihn eine amerikanische Regierung machen kann, wie sie ihn mit ihren schwarzen Künsten machen kann – ein bloßer Schatten und eine Erinnerung an die Menschlichkeit, ein Mann, der lebendig und stehend aufgebahrt ist und bereits, wie man sagen kann, unter Waffen begraben ist, mit Grabbeigaben, und es könnte sein:

"Nicht eine Trommel war zu hören, nicht eine Trauernote,
Als wir mit seiner Leiche zum Festungswall eilten;
Kein einziger Soldat gab seinen Abschiedsschuss ab
Über dem Grab, in dem unser Held begraben wurde".[53]

[5] Die Masse der Menschen dient also dem Staat, nicht in erster Linie als Menschen, sondern als Maschinen, mit ihren Körpern. Sie sind das stehende Heer und die Miliz, die Kerkermeister, die Polizisten, die Helfershelfer des Gesetzes usw. In den meisten Fällen zeigen sie kein freies Vorgehen, weder bei der Bildung eines Urteils noch im moralischen Empfinden; sie stellen sich auf eine Stufe mit Holz und Erde und Steinen; wahrscheinlich[54] lassen sich auch hölzerne Menschen herstellen, die diesem Zweck genauso gut dienen. Solche verdienen nicht mehr Respekt als Menschen aus Stroh[55] oder einem Klumpen Erde[56]. Sie haben nur den gleichen Wert wie Pferde und Hunde. Doch solche sind sogar allgemein geschätzte gute Bürger. Andere – wie die meisten Gesetzgeber, Politiker, Anwälte, Minister und Amtsinhaber –

---

[53] Aus: "*The Burial Of Sir John Moore at Caruna*" von Charles Wolfe (Wolfe und Falkiner 1909)

[54] Original: "*perhaps*". "*Vielleicht*" sagen wir auch im Deutschen, aber es erschien mir in diesem Zusammenhang etwas missverständlich und "*wahrscheinlich*" drückt unmissverständlicher und deutlicher aus, was Thoreau sagen möchte.

[55] Eine Strohpuppe, wie man sie als Vogelscheuche oder als Schießfigur verwendet.

[56] Der Golem, ein Mensch aus Lehm gefertigt, um einem Menschen zu dienen, z. B. dem Rabbi Judah Löw, dessen Schilderungen als die bekanntesten galten, bevor 1913 der Roman "*Der Golem*" von Gustv Meyrink erschien.

dienen dem Staat hauptsächlich mit ihrem Kopf; und da sie selten moralische Unterscheidungen treffen, dienen sie dem Teufel, ohne es zu wollen, genauso gut wie Gott. Nur sehr wenige dienen dem Staat – als Helden, Patrioten, Märtyrer, Reformer im weitesten Sinne und [als wahre] Menschen – auch mit ihrem Gewissen und widersetzen sich ihm daher notwendigerweise zum größten Teil; und sie werden von ihm gewöhnlich als Feinde behandelt. Ein weiser Mensch wird nur als Mensch nützlich sein und sich nicht dafür hergeben "Lehm" zu sein und "ein Loch zu stopfen, um den Wind fernzuhalten", sondern er wird zumindest diese Aufgabe seinem Staub überlassen[57]:

"Ich bin zu hochgeboren, um besitzend zu sein,
Oder an zweiter Stelle der Macht,[58]
Oder nützlicher Diener und Instrument
Von irgendeinem souveränen Staat dieser Welt"[59].

[6] Wer sich ganz seinen Mitmenschen hingibt, erscheint ihnen nutzlos und selbstsüchtig; wer sich ihnen aber teilweise hingibt, wird als Wohltäter und Philanthrop bezeichnet.

---

[57] Thoreau zitiert hier Shakespeare: Hamlet, Akt 5.1.209-214 (Shakespeare o. J.):
"[...] Alexander starb, Alexander wurde begraben,
Alexander kehrte in den Staub zurück; der Staub ist Erde; aus
Erde machen wir Lehm; und warum können mit diesem Lehm, in den er
umgewandelt wurde, nicht ein Bierfass abdichten?
Der herrische Cäsar, tot und in Lehm verwandelt,
könnte ein Loch stopfen, um den Wind fernzuhalten."
Selbst Julius Cäsar war am Ende nur ein Stück Lehm, mit dem man ein Loch stopfen konnte.

[58] Im Original: "*a second at control*". Das könnte auch "*eine Sekunde an der Macht*" heißen, doch ist es der Kronprinz, also der Thronfolger, der hier spricht. Er möchte nicht länger an zweiter Stelle sein oder sich von irgend jemandem länger etwas sagen lassen. Er möchte selbst die Macht ergreifen, was er dann auch (im Stück von Shakespeare) tut.

[59] Rede des Kronprinzen von Frankreich, aus: Shakespeare, King John (König Johann), 5. Akt, 2. Szene (Shakespeare 1880). Genaugenommen passt das Zitat hier nicht, es ist aus dem Zusammenhang gerissen. Denn es geht weiter:
"Habe nicht ich hier die besten Karten für das Spiel,
um dieses einfache Spiel um eine Krone zu gewinnen?
Und soll ich jetzt den mir gegebenen Platz abgeben?
Nein, bei meiner Seele, dies wird niemals gesagt werden."

[7] Wie also soll man sich als Mensch heute gegenüber der amerikanischen Regierung verhalten? Ich antworte, dass man nicht ohne Schande mit ihr in Verbindung gebracht werden kann. Ich kann nicht einen Augenblick lang diese politische Organisation als meine Regierung anerkennen, die auch die Regierung der Sklaven ist.[60]

[Das Recht der Revolution]

[8] Alle Menschen erkennen das Recht der Revolution an; das heißt, das Recht, der Regierung die Gefolgschaft zu verweigern und ihr Widerstand zu leisten, wenn ihre Tyrannei oder Ineffizienz groß und unerträglich ist. Aber fast alle sagen, dass dies jetzt nicht der Fall ist. Aber das war der Fall, denken sie, in der Revolution von '75[61]. Wenn man mir sagen würde, dass dies [damals] eine schlechte Regierung war, weil sie bestimmte ausländische Waren, die in ihre Häfen gebracht wurden, besteuerte, ist es augenscheinlich so, dass ich mich nicht darüber aufregen sollte, denn ich kann auf diese [Waren] verzichten.[62] Alle Maschinen haben Reibungskräfte; und möglicherweise sind diese hoch genug[63], um dem Bösen entgegen zu wirken. Auf jeden Fall ist es ein großes Übel, und man muss sich darüber aufregen[64]. Aber wenn die Reibungskräfte ihre eigene Maschine bekommen und Unterdrückung und Raub organisiert werden, dann sage ich: Lasst uns nicht länger

---

[60] Die amerikanische Regierung befürwortete ausdrücklich Sklaverei indem sie sie in den Südstaaten legalisierte und sogar ihre weitere Ausbreitung ermöglichte. So war der Krieg gegen Mexiko auch der Versuch, die Südstaaten weiter auszudehnen, um mehr Land für den Baumwollanbau zu gewinnen.

[61] Ein Versuch englischer Soldaten 1775 ein Waffenlager zwischen Concord und Lexington auszuheben, war der Auslöser des Unabhängigkeitskrieges.

[62] Die hohe Besteuerung von Waren durch das Vereinigte Königreich - und dadurch durch ihre Repräsentanten in den USA - löste 1773 die Boston Tea Party aus (Bostoner Bürger warfen den gelieferten Tee zurück ins Meer) und schließlich 1775 den Unabhängigkeitskrieg.

[63] Original: *"and possibly this does enough good"*. Wörtlich: *"und wahrscheinlich ist das gut genug"*.

[64] Original: *"At any rate, it is a great evil to make a stir about it."* Thoreau verwendet *"to"* häufig wie *"um zu"*. *"To make"* (*machen*) geschieht als Folge des *"evil"* (*bösen*). Nicht das *"Aufregen"* (*to make a stir*) ist das *"Böse"* (*evil*), sondern das *Böse* (*evil*) führt zur *Aufregung* (*to make a stir*). Diese Satzkonstruktion findet sich bei Thoreau häufiger.

eine solche Maschine haben. Mit anderen Worten, wenn ein Sechstel der Bevölkerung einer Nation, die sich verpflichtet hat, Zufluchtsort der Freiheit zu sein, Sklaven sind und ein ganzes Land [(Mexiko)] zu Unrecht von einer fremden Armee überrannt, erobert und dem Militärrecht unterworfen wird, ist es meines Erachtens nicht zu früh für ehrliche Menschen, sich aufzulehnen und zu revolutionieren. Was diese Pflicht umso dringender macht, ist die Tatsache, dass das Land, das so überrannt wird, nicht unser Land ist, sondern unsere Armee ist die, die angreift.

[Paley]

[9] Paley[65], eine allgemeine Autorität in moralischen Fragen, löst in seinem Kapitel über die "Unterwerfungspflicht gegenüber der Zivilregierung" alle zivilen Verpflichtungen in Zweckdienlichkeit auf; und er fährt fort: "Solange es das Interesse der ganzen Gesellschaft erfordert, das heißt, solange man der aktuellen Regierung nicht Widerstand leisten oder sie ändern kann, ohne dadurch Unannehmlichkeiten für alle[66] zu erzeugen, ist es der Wille Gottes …, dass der aktuellen Regierung gehorcht wird – und nicht mehr. Wenn man dieses Prinzip zulässt, reduziert sich die Gerechtigkeit jedes einzelnen Widerstandsfalles auf eine Berechnung der Größe der Gefahr und des Missstandes auf der einen Seite und der Wahrscheinlichkeit und der Kosten der Beseitigung dieses [Missstandes] auf der anderen Seite". Darüber, sagt er, solle jeder für sich selbst urteilen. Aber Paley scheint nie über jene Fälle nachgedacht zu haben, auf die die Regel der Zweckdienlichkeit nicht zutrifft, in denen ein Volk, wie auch ein Einzelner, Gerechtigkeit üben muss, koste es, was es wolle. Wenn ich einem Ertrinkenden zu Unrecht ein Brett abgerungen habe, muss ich es ihm wiedergeben, auch wenn ich dann ertrinke.[67]

---

[65] William Paley (1743 – 1805) war ein britischer Theologe und Philosoph. Die Zitate, die H.D. Thoreau verwendet, stammen aus "*The Principles of Moral and Political Philosophy*" (1785) (Paley 1978)

[66] Original: "*public inconvenience*" = "*öffentliche Unannehmlichkeiten*".

[67] Thoreau nimmt hier Bezug auf das "*Brett des Karneades*", ein Beispiel des griechischen Philosophen Karneades von Kyrene:
"*Man stellt sich die Situation zweier Schiffbrüchiger vor, deren einzige Rettung ein umhertreibendes*

Dies, so Paley, wäre unpassend[68]. Denn derjenige, der in einem solchen Falle ein Leben retten würde, würde es verlieren[69]. Dieses Volk muss aufhören, Sklaven zu halten und Krieg gegen Mexiko zu führen, auch wenn es dadurch seine Existenz als Volk verlieren wird.

[10] In ihrer Praxis stimmen die Nationen mit Paley überein; aber glaubt jemand, dass Massachusetts genau das tut[70], was in der gegenwärtigen Krise richtig ist?

> *"Eine Nutte von einem Staat,*
> *eine Schlampe in silberner Kleidung,*
> *Die ihre Schleppe hoch trägt,*
> *und ihre Seele schleift sie im Dreck".*[71]

Brett ist, welches jedoch nur eine Person tragen kann. Einer der beiden Schiffbrüchigen tötet den anderen, um die rettende Planke für sich zu sichern und anschließend gerettet zu werden." (Wikipedia 2020h)
Cicero greift das Beispiel auf und ändert es etwas ab:
"Angenommen aber, es gibt nur ein Brett, aber zwei Schiffbrüchige, und beide sind weise Männer. Soll es jeder von ihnen an sich zu reißen suchen oder soll es einer dem anderen abtreten?" (ebd.)

[68] Original: *"inconvenient"* = unangenehm, unbequem, ungünstig, unpassend, ungelegen, etc.
Cramer (Thoreau und Cramer 2013) verweist zudem auf Paleys *"The Principles of Moral and Political Philosophy"*, wo er schreibt:
"Da der Untertan kraft eines Vertrages der bürgerlichen Regierung Gehorsam schuldet, folgt daraus, dass er sich an die Regierungsform halten muss, die er eingerichtet findet, sei sie auch noch so absurd oder unbequem. Er ist an seine Abmachung gebunden. Es ist niemandem erlaubt, von seiner Verpflichtung zurückzutreten, nur weil er die Erfüllung als nachteilig empfindet."

[69] Original: *"But he that would save his life, in such a case, shall lose it"* Meiner Ansicht nach, geht es darum, dass derjenige (*he*), der dem anderen das Brett gibt und damit das Leben des anderen (*his*) Leben rettet, sein eigenes verliert. Doch gibt es auch die Auffassung (Thoreau und Cramer 2013), dass Thoreau sich hier auf einen Bibeltext bezieht, und zwar Matthäus 10,39, wo es heißt: "Wer 'sein Leben findet, der wird's verlieren; und wer sein Leben verlieret um meinetwillen, der wird's finden." (bibeltext.com 2020). Thoreau meint es hier nicht im Sinne der Bibel, wie die vorhergehenden Sätze zeigen, doch spielt er mit dem Zitat. In der Bibel ist meist davon die Rede, dass man nach so einer Tat das ewige Leben erreicht (den Himmel). Doch Thoreau geht es darum, das Richtige zu tun, anständig zu bleiben, selbst wenn es das eigene Leben kostet (und keine Wiederauferstehung zu erwarten ist).

[70] Thoreau lebte in Concord, Massachusetts

[71] Aus: The Revengers Tragedy, III,4 (1607) das einst Cyril Tourneur zugeschrieben wurde, doch inzwischen nimmt man Thomas Middleton als Verfasser an.
Es soll das Bild einer "*reinen*" Frau in Weiß, mit glänzendem, silber-durchwebtem Kleid gezeichnet

[Freiheit oder Freihandel]

[11] Praktisch gesehen sind die Gegner einer Reform in Massachusetts nicht hunderttausend Politiker im Süden, sondern hunderttausend Kaufleute und Farmer hier, die sich mehr für Handel und Landwirtschaft interessieren als für Menschlichkeit und die nicht bereit sind, den Sklaven und Mexiko Gerechtigkeit widerfahren zu lassen, koste es, was es wolle. Ich streite mich nicht mit fernen Gegnern, sondern mit jenen, die nahe der Heimat sind und die mit denen in der Ferne zusammenarbeiten und auf deren Geheiß hin handeln, und ohne welche die letzteren harmlos wären. Wir sind es gewohnt, zu sagen, dass die Masse der Menschen ahnungslos[72] ist; aber die Verbesserung [dieses Zustandes] geht nur deshalb langsam voran, weil die wenigen nicht so wesentlich klüger oder besser sind als die vielen. Es ist nicht so wichtig, dass viele so gut sind wie man selbst[73], sondern dass es irgendwo das absolut Gute gibt; denn das wird in der Masse gären[74]. Es gibt Tausende, die ihres eigenen Erachtens nach gegen die Sklaverei und gegen den Krieg sind, die aber in Wirklichkeit nichts tun, um diesem ein Ende zu bereiten; die sich als Kinder von Washington[75] und Franklin[76] betrachten und sich aber mit den Händen in den Taschen hinsetzen und sagen, dass sie nicht wissen, was sie

---

werden, die darauf achtet, dass ihr wunderschönes Kleid keinen Schmutz abbekommt, aber das, was man nicht sieht, ihr Innerstes, ist verdorben und schleift im Dreck.

[72] Original: *"unprepared"* = unvorbereitet, ahnungslos. In manchen Übersetzungen auch mit *"unreif"* oder *"nicht bereit für Veränderungen"* interpretiert. Ich bleibe näher am Original.

[73] Original: *"It is not so important that many should be good as you"* Es ist unklar, worauf sich dieses *"you"* bezieht. Ich denke, er verwendet es hier in einer eher allgemeinen Bedeutung, ähnlich wie *"man"*, und trifft hier eine allgemeine Aussage.

[74] Original: *"will leaven the whole lump"*. Manche verweisen hier auf 1.Korinther 5:6, wo es heißt: *"Your glorying is not good. Know ye not that a little leaven leaveneth the whole lump?"* (bibeltext.com 2020) Und in der deutschen Version: *"Euer Ruhm ist nicht fein. Wisset ihr nicht, dass ein wenig Sauerteig den ganzen Teig versäuert?"* (ebd.).

[75] George Washington (1732 - 1799) war ein General und Politiker. Er hatte den Vorsitz bei der ersten Verfassungsgebenden Versammlung 1787 und war der erste Präsident der neu gegründeten Vereinigten Staaten von Amerika, von 1789 bis 1797. Als General gilt er als derjenige, der die Amerikaner zum Sieg über die Engländer führte. Deshalb gilt er als der Vater der USA. Allerdings war er Sklavenhalter und wollte seinen Sklaven kurz vor seinem Tod die Freiheit schenken.

tun sollen, und [letztendlich] nichts tun; die sogar die Sache der Freiheit der Frage nach einem Freihandel unterstellen und nach dem Abendessen in aller Ruhe die aktuellen Preise und die neuesten Nachrichten aus Mexiko lesen und vielleicht über beidem einschlafen. Was ist der aktuelle Preis für einen aufrichtigen Menschen und Patrioten? Sie zögern, sie bedauern, und manchmal bitten sie; aber sie tun nichts ernsthaft, was eine Auswirkung hätte. Sie werden wohlwollend darauf warten, dass andere das Übel abwenden, damit sie hoffentlich keine Reue werden zeigen müssen. Meist opfern sie nur ihre billige Wählerstimme, und wünschen mit einer gelangweilten Miene der Gerechtigkeit[77] viel Glück, während sie an ihnen vorbeigeht. Es gibt neunhundertneunundneunzig Beschützer der Tugend auf einen tugendhaften Menschen. Aber es ist einfacher, mit dem wirklichen Besitzer einer Sache umzugehen als mit dem zeitweiligen Beschützer der Sache.

[Die Wahl]

[12] Alle Wahlen sind eine Art Spiel, wie Dame oder Backgammon, mit einer leichten moralischen Einfärbung, ein Spiel mit richtig und falsch, mit moralischen Fragen; und das Wetten ist ihr natürlicher Begleiter. Die Persönlichkeit[78] der Wähler wird [in diesem Spiel] nicht eingesetzt. Ich gebe meine Stimme ab, möglicherweise, wie ich es für richtig halte; aber es ist mir nicht wichtig, ob dieses, [was ich für richtig halte,] sich durchsetzt[79]. Ich bin

---

[76] Hier ist Benjamin Franklin (1706 - 1790) gemeint. Er war Politiker, Mathematiker, Herausgeber einer Zeitung und vieles mehr und gehört zusammen mit George Washington zu den Gründervätern der USA. Franklin gilt als *Der erste Amerikaner*, da er sich schon recht früh politisch für die britischen Kolonien einsetzte. Er war ein Gegner der Sklaverei.

[77] Original: "*right*". Würde man hier "dem Richtigen" übersetzen, könnte es missverständlich sein.

[78] Original: "*character*"

[79] Original: *but I am not vitally concerned that that right should prevail.*" Eigentlich wörtlich: "*Ich bin jedoch nicht besonders besorgt darüber (oder: es ist mir nicht wichtig), dass das Richtige sich durchsetzt.*" Hier ist "*das Richtige*" oder "*the right*" im Deutschen wieder etwas schwierig. Thoreau spricht ja davon, dass ich für etwas stimme, es mir jedoch egal ist, ob dieses sich durchsetzt, egal, ob es das Richtige ist oder nicht. Deshalb habe ich mich entschieden, den Satz sinngemäß wieder zu geben, und nicht exakt zu übersetzen und "*right*" weg zu lassen.

bereit, es der Mehrheit zu überlassen. Die Verpflichtung[80] [jedes Einzelnen] geht daher nie über die der Zweckdienlichkeit hinaus. Selbst wenn man für das stimmt, was man für richtig hält[81], bedeutet das nicht, dass man etwas dafür tut. Es ist nur ein schwacher Ausdruck eines Wunsches gegenüber anderen, dass es geschehen möge. Ein kluger Mensch wird die richtige Entscheidung[82] nicht der Gnade des Zufalls überlassen, noch wird er wünschen, dass sie durch die Macht der Mehrheit durchgesetzt wird. Es liegt nur wenig Tugend in den Handlungen von Menschenmassen. Wenn die Mehrheit endlich für die Abschaffung der Sklaverei stimmen wird, dann deshalb, weil ihr die Sklaverei gleichgültig ist oder weil es nur noch wenig Sklaverei gibt, die durch ihre Stimme abgeschafft werden kann. Sie[, die Menschen, die für die Abschaffung der Sklaverei stimmen,] werden dann die einzigen Sklaven sein[, ihre eigenen]. Nur der kann mit seiner Entscheidung die Abschaffung der Sklaverei beschleunigen, wer durch seine Entscheidung[83] seine eigene Freiheit zur Geltung bringt.

[13] Ich höre von einer Versammlung, die in Baltimore oder anderswo abgehalten werden soll, die hauptsächlich aus Redakteuren und Männern besteht, die von Beruf Politiker sind, um einen Kandidaten für die Präsidentschaftswahl auszuwählen[84]; Aber was bedeutet diese Entscheidung, zu der sie kommen werden, für jeden unabhängigen, intelligenten und achtbaren Menschen? Sollten wir nicht auch die Möglichkeit haben, an dieser Weisheit und Ehre teilzuhaben?[85] Können wir nicht auf einige unabhängige Stimmen zäh-

---

[80] "*Verpflichtung*" ist hier "*obligation*", was auch *Schuldigkeit, Bindung, Pflicht* bedeutet. Die Mehrheit fühlt sich nur der Zweckdienlichkeit verpflichtet, nicht den Menschen.

[81] Ich bin hier auch wieder etwas abgewichen, um die Aussage sprachlich an die vorherige (siehe Fußnote 79) anzupassen. Im Original heißt es: "*Even voting for the right*".

[82] Original: "*The right*", übersetzt: "*die richtige Entscheidung*", denn nur "*das Richtige*" klingt im Deutschen seltsam und ist etwas uneindeutig.

[83] Hier steht zweimal "*vote*" im Original. Ein "*vote*" ist auch eine Entscheidung, ein Treffen einer Wahl.

[84] Laut Cramer (Thoreau und Cramer 2013) handelt es sich hier um eine Versammlung der Demokraten, auf welcher Lewis Cass, der Senator von Michigan, zum Präsidentschaftskandidaten ernannt wurde.

len?[86] Gibt es denn nicht viele Menschen in diesem Land, die nicht an Versammlungen [dieser Art] teilnehmen? Aber nein: Ich stelle fest, dass der so genannte ehrbare Mensch sofort seine Ansichten ändert und an seinem Land verzweifelt, wenn sein Land mehr Gründe hat, an ihm zu verzweifeln. Er akzeptiert sofort den einen ausgewählten Kandidaten als den einzig verfügbaren[, egal, welche Ansichten er vertritt] und beweist damit, dass er selbst für alle Zwecke eines Demagogen verfügbar ist.[87] Seine Stimme ist nicht mehr wert als die eines prinzipienlosen Ausländers oder eines einheimischen Tagelöhners, der vielleicht gekauft wurde. Oh ein Mensch, der tatsächlich ein [wahrer] Mensch ist, hat ein Rückgrat, durch das man seine Hand nicht durchstecken kann, wie mein Nachbar sagt. Unsere Statistik hat einen Fehler: Die Bevölkerung wurde zu groß angegeben. Wie viele [wahre] Menschen kommen auf eintausend Quadratmeilen im Land? Kaum einer. Bietet Amerika nicht irgendeinen Anreiz für [wahre] Menschen[88], sich hier niederzulassen? Der Amerikaner ist zu einem "sonderbaren Kauz"[89] geschrumpft, den man an der Entwicklung seines Geselligkeitsorgans und

---

[85]   Dieser Satz ist zweideutig. Entweder fragt Thoreau (beide Male sehr frei dem Sinne nach wiedergegeben): *"Sollen nicht auch wir an dieser Entscheidung beteiligt werden?"* oder er fragt: *"Sollen wir uns nicht freuen, dass andere kluge Entscheidungen für uns treffen?"*

[86]   Auch hier, wie in der Fußnote zuvor erwähnt: Behauptet er, dass die Versammlung diese *"unabhängigen Stimmen"* sind, oder fordert er zusätzlich unabhängige Stimmen?

[87]   Von *"Ich höre von einer Versammlung"* bis hier, war es sehr schwierig den Text korrekt zu übersetzen. Viele Sätze Thoreaus, die eigentlich seine Wut oder Verachtung ausdrücken, sind sehr neutral formuliert. Eine genaue Übersetzung könnte deshalb verwirren. Ich habe versucht nahe am Original zu bleiben, habe mir jedoch gewisse Freiheiten erlaubt.
Im Text (ab *"ich höre.."*) geht es darum, dass jemand eine Versammlung einberufen hat, ohne die Bevölkerung zu fragen, ob dies denn für sie in Ordnung ist, wenn diese Männer entscheiden, wer der Präsidentschaftskandidat wird. Doch wendet Thoreau ein, dass es dem *"ehrbaren"* Menschen sowieso egal ist, weil er seine Prinzipien eh über den Haufen werfen wird und den Kandidaten unterstützen wird, den diese Versammlung ernennt. Denn der Mensch läuft immer in der Herde mit und deshalb auch jedem Demagogen hinterher, wenn er den Anschein erweckt, die Mehrheit wäre für ihn.

[88]   Hier spielt Thoreau auf die vorhergehende Aussage an. Die Statistik ist falsch, laut Thoreau, weil zwar viele als *"Menschen"* bezeichnet werden, aber in Wirklichkeit gar keine *"wahren Menschen"* mit Rückgrat sind. Die meisten sind nur *"Maschinen"*, die tun, was man von ihnen verlangt (wie es Thoreau häufiger schreibt). Allerdings verwendet Thoreau beide Male nur *"men"*, weshalb das Wort *"wahre"* (bis hier drei mal) von mir hinzugefügt wurde, um den Sinn zu verdeutlichen.

einem offenkundigen Mangel an Intellekt und fröhlichem Selbstvertrauen erkennen kann; seine erste und wichtigste Sorge bei seiner Ankunft in der Welt [Amerika] ist es, dafür zu sorgen, dass die Armenhäuser in gutem Zustand sind; und, noch bevor er rechtmäßig volljährig ist, für einen Fonds zur Unterstützung der Witwen und Waisen, die es geben könnte, zu sammeln; kurz gesagt, er wagt es, nur mit der Hilfe der Versicherungsgesellschaft zu leben, die versprochen hat, ihn anständig zu beerdigen.

[Unmoral und Falschheit]

[14] Es ist selbstverständlich nicht die Pflicht eines Menschen, sich ganz der Ausrottung irgendeines, selbst des ungeheuerlichsten Unrechts, zu widmen; Er mag vielleicht noch andere Anliegen haben, die ihn zu Recht beschäftigen; Aber es ist zumindest seine Pflicht, seine Hände vom Unrecht zu säubern[90] und, falls er keine Gedanken mehr daran verschwenden möchte, das Unrecht nicht mehr aktiv[91] zu unterstützen. Wenn ich mich meinen eigenen[92]

---

[89] Im Original: "*Odd Fellow*" (= übersetzt "*sonderbarer Kauz*"). Wahrscheinlich spricht Thoreau hier "*The Independent Order of Odd Fellows*" an. Dies ist ein Orden, der einst in England gegründet wurde, dann sich von New York aus weiter verbreitete. Zu Thoreaus Zeiten gab es ihn in New York, Baltimore, Pensylvania, Maryland und Massachusetts. (The Sovereign Grand Lodge Independent Order of Odd Fellows 2018) Laut Wikipedia (Wikipedia 2020g) sind "*die ethischen Gebote des Ordens [...] 'die Kranken zu besuchen, den Bedrängten zu helfen, die Toten zu bestatten und die Waisen zu erziehen.'*"
Und genau dieses Verhalten wird im weiteren Absatz beschrieben.
Hier habe ich mich dennoch entschieden, *Odd Fellow* zu übersetzen, weil der Text sich dann flüssiger lesen lässt und die enthaltene Anspielung eigentlich nicht für das Verständnis des Textes wichtig ist.

[90] Original: "*to wash his hands of it*" = "*seine Hände davon zu waschen*". Dies ist ein Bezug auf Matthäus 27:24:
"*Da aber Pilatus sah, dass er nichts schaffte, sondern dass ein viel größer Getümmel ward, nahm er Wasser und wusch die Hände vor dem Volk und sprach: Ich bin unschuldig an dem Blut dieses Gerechten, sehet ihr zu!*" (bibeltext.com 2020)

[91] Original: "*practically*", also "*praktisch*", bzw. "*durch Praktiken/Taten*"

[92] Original: "*to other*" Eigentlich spricht Thoreau hier von "*anderen*", aber das macht wenig Sinn, da sich "*andere*" auf etwas beziehen muss und das ist hier nicht gegeben. Ich vermute, dass er "*andere*" im Sinne von "*nicht denen, denen ihr euch widmet*" meint und deshalb habe ich mich für diese Übersetzung entschieden.

Beschäftigungen und Betrachtungen widme, muss ich zunächst zumindest dafür Sorge tragen, dass diese nicht anderen zur Last werden[93]. Ich muss anderen ihre Freiheit geben[94], damit auch sie ihren eigenen Überlegungen nachgehen können. Aber sehen Sie, welche grobe Inkonsequenz hingenommen wird. Ich habe einige meiner Bürger sagen hören: "Ich möchte, dass sie mir befehlen, einen Aufstand der Sklaven niederzuschlagen oder nach Mexiko zu marschieren - dann werden sie sehen, wie ich mich weigere[95]"; und doch haben eben diese Männer, direkt durch ihre Loyalität und indirekt, zumindest durch ihr Geld, einen Ersatz geschaffen. Dem Soldaten, der sich weigert, in einem ungerechten Krieg [gegen Mexiko] zu dienen, wird von denen applaudiert, die sich nicht weigern, die ungerechte Regierung, die den Krieg führt, zu unterstützen; Ihm wird applaudiert von denen, deren eigene Handlung und Autorität er missachtet und in den Wind schlägt; Als ob der Staat in dem Maße reumütig wäre, dass er jemanden anheuert um ihn[, den Staat, als Strafe] auszupeitschen noch während er sündigt, aber nicht in dem Maße [auszupeitschen], dass er [der Staat,] für einen Augenblick mit dem Sündigen aufhört.[96] So sind wir alle unter den Namen "Ordnung" und "Zivilregierung" endlich dazu berufen, unsere eigene Gemeinheit zu ehren

---

[93] Original: "*that I do not pursue them sitting upon another man's shoulders*". Wörtlich etwa: "*dass ich sie nicht auf den Schultern eines anderen Menschen sitzend verfolge.*" Das würden wir im Deutschen nicht sagen, deshalb habe ich es sinngemäß übersetzt.

[94] Eigentlich "*I must get off him first*". Wörtlich übersetzt heißt es etwa "*Ich muss erst von ihm heruntergehen*". Zuvor (Fußnote 93) verwendet Thoreau das Bild, dass ich jemandem auf der Schulter sitze, und ihm dadurch zur Last falle und behindere. Wenn ich ihm aber zur Last falle, kann er nicht seinen Betrachtungen (*contemplations*) nachgehen. Hier habe ich etwas freier übersetzt.

[95] Im Original: "*see if I would go*". Nimmt man diesen Satz, zusammen mit dem nachfolgen, dann erkennt man, dass dies eine Weigerung beinhalten soll, die genannten Befehle auszuführen. Ähnlich, wie wenn wir sagen würden: "*Ja, befiel das nur, du wirst schon sehen ob wir gehorchen!*" und meint damit: "*Wir werden garantiert nicht gehorchen!*" Ich sehe diese Aussage als eine Ironie, doch kommt diese bei einer wortgetreuen Übersetzung nicht rüber, weshalb ich mich für diesen Weg entschieden habe.

[96] Nathaniel Rogers schrieb am 22. Mai 1846 in der Zeitung *Herald Of Freedom*: "*Die Sklaverei kann alles verüben - und Neuengland kann es nicht sehen. Sie kann den alten Staat Massachusetts auspeitschen und seiner Regierung ins Gesicht spucken, und sie [die Regierung] wird es nicht als Vergehen erkennen.*" (Thoreau und Cramer 2013, 157)

und zu unterstützen. Nach dem ersten Erröten über die Sünde kommt die Gleichgültigkeit; und aus der Unmoral wird sozusagen Amoral[97] und das ist nicht ganz nutzlos für das Leben, wie wir es uns eingerichtet haben.

[15] Der weitreichendste und am weitesten verbreitete Irrtum erfordert die selbstloseste Tugend, um ihn aufrechtzuerhalten. Den leichten Vorwurf, dem die Tugend des Patriotismus gemeinhin ausgesetzt ist, werden sich die vornehmen Herren am ehesten gefallen lassen. Diejenigen, die zwar den Charakter und die Maßnahmen einer Regierung missbilligen, ihr aber ihre Loyalität und Unterstützung beugen, sind zweifellos ihre gewissenhaftesten Unterstützer und damit häufig die schwerwiegendsten Hindernisse für Reformen. Einige fordern den Staat [Massachusetts] auf, die Union [USA] aufzulösen und sich über die Forderungen des Präsidenten hinwegzusetzen.[98] Warum lösen sie nicht selbst die Union – die Union zwischen ihnen und dem Staat – auf und weigern sich, ihre Steuern in die Staatskasse einzuzahlen? Stehen sie gegenüber dem Staat nicht in der gleichen Beziehung wie der Staat gegenüber der Union? Und haben nicht die gleichen Gründe den Staat daran gehindert, sich der Union zu widersetzen, die sie daran gehindert haben, sich dem Staat zu widersetzen?

---

[97] Unmoral = *nicht moralisch*. Amoral = *(weit) weg von jeder Moral*. Übertragen bedeutet das: Zuerst verneint man die Moral, dann vergisst man sie völlig.

[98] Laut Cramer (Thoreau und Cramer 2013) überreichte am 24. Januar 1842 der ehemalige Präsident John Quincy Adams dem Repräsentantenhaus eine von sechsundvierzig Bürgern aus Haverhill, Massachusetts, unterzeichnete Petition, die forderte *"die Union dieser Staaten friedlich aufzulösen: Erstens, weil keine Union angenehm oder dauerhaft sein kann, die nicht Aussichten auf gegenseitigen Nutzen bietet; zweitens, weil ein großer Teil der Ressourcen eines Teils der Union jährlich abgezogen wird, um die Ansichten und den Kurs eines anderen Teils zu unterstützen, ohne dass es eine angemessene Gegenleistung gibt; drittens, weil (nach der Geschichte vergangener Nationen zu urteilen) diese Union, wenn sie im gegenwärtigen Lauf der Dinge fortbesteht, sicherlich die ganze Nation in völliger Zerstörung überwältigen wird."*

[Unterwürfigkeit]

[16] Wie kann sich ein Mensch damit zufrieden geben, eine Meinung lediglich zu haben und das zu genießen? Hat er Freude daran, wenn er der Meinung ist, dass er geschädigt ist? Wenn Sie von Ihrem Nachbarn um einen einzigen Dollar betrogen werden, geben Sie sich dann damit zufrieden, zu wissen, dass Sie betrogen wurden, oder damit zu sagen, dass Sie betrogen wurden, oder damit ihn[, den Nachbarn,] sogar zu bitten, Ihnen den geschuldeten Betrag zu zahlen; Oder unternehmen Sie sofort wirksame Schritte, um den vollen Betrag zu erhalten, und sorgen dafür, dass Sie nie wieder betrogen werden? Das Handeln aus Prinzipien heraus (die Ansicht darüber, was richtig ist und die Durchführung des Richtigen)[99], verändert die Dinge und die Beziehungen, ist im Wesentlichen revolutionär und besteht nicht gänzlich aus dem, was war. Es spaltet nicht nur Staaten und Kirchen, es spaltet Familien; ja, es spaltet den Einzelnen, indem es das Teuflische in ihm vom Göttlichen trennt.

[17] Es gibt ungerechte Gesetze: Sollen wir uns damit begnügen, ihnen zu gehorchen, oder sollen wir uns bemühen, sie zu ändern und ihnen so lange gehorchen, bis wir Erfolg haben, oder sollen wir sie sofort übertreten? Im Allgemeinen sind die Menschen unter einer solchen Regierung wie dieser der Meinung, dass sie warten sollten, bis sie die Mehrheit davon überzeugt haben, sie zu ändern. Sie sind der Meinung, dass, wenn sie sich widersetzen würden, das Heilmittel schlimmer wäre als das Übel. Aber es ist die Schuld der Regierung selbst, dass das Heilmittel schlimmer ist als das Übel. Das macht es schlimmer. Warum ist sie nicht eher in der Lage, Reformen vorwegzunehmen und sie vorzusehen? Warum schätzt sie ihre kluge Minderheit

---

[99] Im Original: *"the perception and the performance of right"* (wörtlich: *"die Wahrnehmung und Ausführung des Richtigen"*). Hier könnte *"right"* auch *"Recht"* bedeuten, doch ist Thoreau ja nicht der Ansicht, dass wer das *"Recht"* auf seiner Seite hat, auch immer im Recht ist, bzw. das Richtige tut. Im Deutschen ist es etwas schwierig die Aufzählung als solche wiederzugeben (wörtlich wäre es *"die Annahme und Durchführung des Richtigen"*), weshalb ich *"the perception ... of right"* mit *"die Ansicht darüber, was richtig ist"* übersetzt habe.
Die Klammern wurden von mir zum besseren Verständnis gesetzt.

nicht? Warum weint sie und leistet Widerstand, bevor sie verletzt wird? Warum ermutigt sie ihre Bürger nicht, ihre Fehler[, die Fehler der Regierung,] zu beheben und ihnen[, den Bürgern, dadurch] mehr Gutes zu tun, als sie[, die Regierung] es [sonst] ihnen[, den Bürgern,] getan hätte?[100] Warum kreuzigt sie immer wieder Christus und exkommuniziert Kopernikus und Luther und erklärt Washington und Franklin zu Rebellen?

[Das Übel und Widerstand]

[18] Man könnte meinen, dass eine absichtliche und praktische Verleugnung ihrer Autorität der einzige Angriff[101] wäre, der von der Regierung nie in Betracht gezogen wurde; warum hat sie sonst nicht ihre endgültige, angemessene und verhältnismäßige Strafe festgelegt? Wenn ein Mann, der kein Vermögen besitzt, sich nur einmal weigert, neun Schillinge für den Staat zu verdienen[102], wird er nach jedem Gesetz, das ich kenne, für eine unbestimmte Zeit ins Gefängnis gesteckt, und zwar nur nach dem Ermessen derer, die ihn dorthin gebracht haben; sollte er aber neunzig mal neun Schillinge vom Staat stehlen, darf er bald wieder auf freiem Fuß sein.

[19] Wenn die Ungerechtigkeit Teil der notwendigen Reibung der Regierungsmaschinerie ist, lasst es gut sein, lasst es gut sein: Vielleicht wird sie sich glatt abnutzen – mit Sicherheit wird sich die Maschine abnutzen. Wenn die Ungerechtigkeit eine Feder oder eine Rolle oder ein Seil oder eine Kurbel [als Teil der Maschine] ist, dann muss man sich überlegen, ob das Heilmittel nicht schlimmer ist, als das Übel sein wird[103]; Aber wenn sie so beschaffen ist, dass sie von dir verlangt, dass du die Ursache der Ungerech-

---

[100] Im Original: "*Why does it not encourage its citizens to put out its faults, and do better than it would have them?*" Bei "*and do better*" ist der Bezug nicht ganz eindeutig: Wer soll es besser tun? Was soll besser getan werden? Auch ist "*would have them*" kein sinnvoller Satz. Die Annahme vieler Übersetzer war, dass er meinte "*would have [done better] them*". Dann bleibt die Frage, was "*better*"? Deshalb ist diese Übersetzung eine Interpretation, die Sinn ergibt. Eine sichere originalgetreue Übersetzung ist nicht möglich, weshalb meine auch von manch anderen abweicht.

[101] Original: "*Offense*", auch *Straftat, Beleidigung*

[102] … um seine Steuern zu zahlen?

tigkeit gegenüber einem anderen wirst, dann sage ich, brich das Gesetz. Lass dein Leben den Sand im Getriebe[104] sein, um die Maschine aufzuhalten. Was ich auf jeden Fall tun muss, ist darauf zu achten, dass ich mich nicht für das Unrecht zur Verfügung stelle, das ich verurteile[105].

[20] Was die Wege angeht, die der Staat zur Behebung des Übels beschreiten möchte, so weiß ich nichts von solchen Wegen. Sie dauern zu lange und das Leben eines Menschen wird in dieser Zeit vergehen. Ich muss mich um andere Angelegenheiten kümmern. Ich bin in diese Welt gekommen, nicht in erster Linie, um sie zu einem guten Ort zum Leben zu machen, sondern um in ihr zu leben, sei es gut oder schlecht. Ein Mensch kann nicht alles tun, sondern nur etwas; und weil er nicht alles tun kann, ist es nicht notwendig, dass er [bei dem wenigen, was er tun kann, ausgerechnet] etwas Falsches macht. Es ist nicht meine Sache, den Gouverneur oder die Legislative um etwas zu ersuchen, ebenso wenig, wie es ihre Sache ist, mich um etwas zu ersuchen; und wenn sie meine Petition nicht hören sollten, was soll ich dann tun? Für diesen Fall hat der Staat keine Möglichkeit vorgesehen: Seine Verfassung selbst ist das Übel. Das mag hart und stur und unversöhnlich erscheinen; aber es bedeutet nur die Geisteshaltung mit äußerster Freundlichkeit und Rücksicht zu behandeln, die es wert ist oder es verdient hat[106]. So ist jede Veränderung, die den Körper erschüttert, zum Besseren, wie Geburt und Tod.[107]

---

[103] Thoreau meint damit, dass, wenn man ein Teil der Maschine (= Regierung) "ausschaltet", weil sie von Übel ist, die ganze Maschine (= Regierung) nicht mehr läuft und deshalb muss man abwägen, ob sich eine Aktion in dieser Richtung lohnt, oder ob dann der Schaden größer ist, als das Gute, das man dadurch erreichen möchte.

[104] Original: "counter-friction", also eher: *Gegenreibung*

[105] Original: "*not lend myself to the wrong which I condemn.*". Wörtlich: "*Ich will mich nicht dem Unrecht hingeben, das ich verurteile.*"

[106] Das Original: "*that can appreciate or deserves it*". Im Original heißt es eigentlich, man solle die Verfassung anerkennen, welche "*es wertschätzen oder anerkennen kann*". Allerdings hat dieses "*es*" (*it*) hier keinen direkten Bezug. Thoreau meint, man solle nur die Verfassung, die das eigene moralische Verhalten anerkennen kann, nur diese soll man hochschätzen.

[Bereits ein Mensch ist eine Mehrheit]

[21] Ich zögere nicht zu sagen, dass diejenigen, die sich selbst Abolitionisten[108] nennen, der Regierung von Massachusetts sofort ihre Unterstützung, sowohl persönlich als auch materiell, wirksam entziehen sollten und nicht warten sollten, bis sie die Mehrheit von einer Stimme haben, um das Recht zu haben, ihre Ziele durchzusetzen. Ich denke, es reicht, wenn sie Gott auf ihrer Seite haben, auf die anderen müssen sie nicht warten. Obendrein stellt jeder Mensch, der sich stärker als seine Nachbarn für das Richtige einsetzt[109], bereits eine Mehrheit von einer Stimme dar.[110]

---

[107] Der Satz ist etwas seltsam, aber so ist er tatsächlich im Original. Natürlich verbessert sich nichts in meinem Leben, wenn ich tot bin. "*So is all change for the better, like birth and death, which convulse the body.*" Vielleicht spricht Thoreau hier den Kreislauf des Lebens an?

[108] Eine Bewegung zur Abschaffung der Sklaverei

[109] Original: "*any man more right than his neighbors*". In vielen Übersetzungen steht "*Der mehr Recht hat, als sein Nachbar*". Doch ich denke, das möchte Thoreau hier nicht ausdrücken. Hier ist es schwierig "*right*" mit "*Recht*" zu übersetzen, weil das Recht ja die aktuelle Rechtslage ist. Es geht hier aber darum, sie zu ändern - und zwar dahingehend, die Sklaverei in jeder Form abzuschaffen. Da es hier darum geht, durch eine Stimme Mehrheit das Recht (*right*) zu haben, das Recht (*right*) zu ändern, und zwar dadurch, das Richtige (*right*) zu tun, habe ich mich für diese Übersetzung entschieden. Thoreau meint hier wahrscheinlich folgendes: Er erwähnt immer wieder, dass die Mehrheit eigentlich nur folgsame Maschinen sind, die quasi keine echte Meinung haben, für die sie sich einsetzen. Setzt sich also nur ein einziger Mensch für das Richtige ein, ist er sofort die "*eine Stimme Mehrheit*", weil sich die schweigende Mehrheit ja nicht an Entscheidungen beteiligt, sich für nichts einsetzt.

[110] Richartz (Thoreau und Richartz 2004) verweist hier auf ein bekanntes Zitat, das John Knox zugeschrieben wird:
"*A Man With God Is Always In The Majority.*".
Allerdings vermute ich, dass er falsch liegt und Thoreau sich hier auf Frederick Douglass (1818 - 1895) bezieht. Laut Wikipedia war Frederick Douglass "*ein amerikanischer Sozialreformer, Abolitionist, Redner, Schriftsteller und Staatsmann. Nachdem er der Sklaverei in Maryland entkommen war, wurde er ein nationaler Führer der abolitionistischen Bewegung in Massachusetts und New York und wurde berühmt für seine Reden.*" Im wird das Zitat zugeschrieben "*One and God make a majority.*" (Wikipedia 2020i)
Nimmt man den Satz von Thoreau zuvor dazu "*Ich denke, es reicht, wenn sie Gott auf ihrer Seite haben*" und dazu "*Obendrein stellt jeder Mensch, der sich stärker als seine Nachbarn für das Richtige einsetzt, bereits eine Mehrheit von einer Stimme dar*" haben wir das Zitat von Douglass. Zudem war er ein Zeitgenosse von Thoreau, ein Gegner der Sklaverei und lebte zeitweise in Massachusetts. Sein bekanntestes Werk wurde 1845 veröffentlicht und Thoreau könnte auch eine seiner Reden gehört haben oder kannte ihn persönlich.

[22] Ich treffe mich mit dieser amerikanischen Regierung oder seiner Repräsentanten, der Regierung des Staates, direkt und von Angesicht zu Angesicht, einmal im Jahr – nicht mehr – in der Person ihres Steuereintreibers; dies ist die einzige Art und Weise, in der ein Mann, in meiner Position, ihr notwendigerweise begegnet; und sie [die Staatsregierung] sagt dann deutlich: Erkenne mich an; und die einfachste, wirksamste und, in der gegenwärtigen Lage, die notwendigste Art und Weise, mit ihr umzugehen und unsere geringe Zufriedenheit mit und geringe Liebe zu ihr auszudrücken, ist, sie dann von uns zu weisen [und nicht anzuerkennen]. Mein bürgerlicher Nachbar, der Steuereintreiber, ist genau der Mann, mit dem ich zu tun habe – schließlich streite ich mit Männern und nicht mit Pergament – und er hat sich freiwillig entschieden, ein Vertreter der Regierung zu sein. Wie soll er je wirklich wissen, dass er als Regierungsbeamter oder als Mensch handelt oder einer ist, bis er gezwungen ist, sich zu überlegen, ob er mich, seinen Nachbarn, vor dem er Respekt hat, als Nachbarn und wohlgesonnenen Menschen behandelt oder als Verrückten und Friedensstörer, und selbst sieht, ob er diese Behinderung durch seinen Nachbarn, ohne einen unhöflicheren und unüberlegten Gedanken oder eine seiner Handlung entsprechenden Rede, überwinden kann. Ich bin mir sicher, dass, wenn tausend, wenn hundert, wenn zehn Männer, die ich nennen könnte – wenn nur zehn ehrliche Männer -, wenn ein ehrlicher Mann in diesem Bundesstaat Massachusetts aufhören würde, Sklaven zu halten[111], sich tatsächlich aus dieser Co-Partnerschaft zurückziehen und sich dafür im Kreisgefängnis[112] einsperren ließe, dann wäre das die Abschaffung

---

[111] In 1. Mose 18:26-33 findet sich folgende Geschichte:
"Da sprach der HERR: Wenn ich in Sodom fünfzig Gerechte in der Stadt finde, werde ich ihretwegen dem ganzen Ort vergeben. [...] [Abraham] fuhr fort, zu IHM zu reden: Vielleicht finden sich dort nur vierzig. Da sprach ER: Ich werde es der vierzig wegen nicht tun. Da sagte er: Mein HERR [...]. Vielleicht finden sich dort nur dreißig. ER entgegnete: Ich werde es nicht tun, wenn ich dort dreißig finde. Darauf sagte er: Siehe, [...] Vielleicht finden sich dort nur zwanzig. ER antwortete: Ich werde sie nicht vernichten um der zwanzig willen. Und nochmals sagte er: Mein HERR zürne nicht, wenn ich nur noch einmal das Wort ergreife. Vielleicht finden sich dort nur zehn. ER sprach: Ich werde sie nicht vernichten um der zehn willen." (bibeltext.com 2020)

[112] Concord war eine Art Kreisstadt, deshalb ist das Gefängnis das Kreisgefängnis (siehe auch Fußnote 152 auf Seite 92)

der Sklaverei in Amerika. Denn es spielt keine Rolle, wie klein der Anfang zu sein scheint: Wenn er einmal gemacht ist, ist er für die Ewigkeit gemacht. Aber wir reden lieber darüber [statt zu handeln]: Wir sagen, das ist unsere Mission. Die Reform hält viele Dutzende von Zeitungen in ihren Diensten, aber nicht einen einzigen [wahren] Menschen [mit Rückgrat]. Wenn mein geschätzter Nachbar, der Botschafter des Staates[113], der seine Tage im Rats-saal der Regelung der Menschenrechtsfrage widmen wird, anstatt mit dem Gefängnis in Carolina bedroht zu werden, einmal in Massachusetts einsitzen müsste, jenem Staat [Massachusetts], der so ängstlich bemüht ist, seiner Schwester [Carolina] die Sünde der Sklaverei unterzuschieben[114] – obwohl er derzeit nur einen Akt der Unwirtlichkeit als Grund für einen Streit mit ihr vorzubringen hat -, würde die Legislative dieses Thema im folgenden Winter nicht ganz ausklammern.

[Körper, Eigentum und Freiheit]

[23] Unter einer Regierung, die zu unrecht inhaftiert, ist der angemessene Ort für einen gerechten Menschen das Gefängnis. Der richtige Ort, der ein-zige Ort, den Massachusetts für seine freieren und weniger verzagten Geister

---

[113] Hier ist Samuel Hoar, ein Anwalt und Kongressabgeordneter aus Concord, gemeint. Er wurde vom Staat Massachusetts im November 1844 nach Charleston in South Carolina geschickt. Er sollte eine Einigung in einem alten Streit mit South Carolina aushandeln.
Es gab mehrere Vorfälle, bei denen "schwarze" freie Seeleute, nachdem sie in einem Hafen ankamen, dort verhaftet und zu Sklaven gemacht wurden, auf Grund der dort herrschenden Gesetze über Skla-verei. Cramer zitiert einen Bericht in dem es heißt: "*Vor einigen Jahren berührte ein Schiff aus Massachusetts Charleston und hatte einige freie Schwarze an Bord, [...] Bei ihrer Landung wurden sie aufgrund eines Gesetzes von South Carolina, das nicht sehr alt war, sofort ins Gefängnis gesteckt. Die Regierung von Massachusetts schickte in einem Zustand großer Empörung einen Anwalt, um den Fall zu untersuchen und dagegen zu demonstrieren.*" (Thoreau und Cramer 2013, 366)
Dieser Anwalt war Samuel Hoar. Hoar wurde nach seiner Ankunft unter der Androhung von Gewalt zurück auf sein Schiff gedrängt und flüchtete daraufhin unverrichteter Dinge wieder zurück nach Massachusetts.
Die Tochter von Hoar war übrigens eng mit dem Emersons befreundet und damit auch mit Henry David Thoreau.

[114] Original: "*that State which is so anxious to foist the sin of slavery upon her sister*" Das klingt seltsam, doch bedeutet "*to foist*": andrehen, unterschieben, aufdrängen.

vorgesehen hat, ist in seinen Gefängnissen, um sie durch ihre eigenen Handlungen aus dem Staat zu verbannen und auszusperren, da sie sich bereits durch ihre Prinzipien selbst diesem entzogen. Dort werdet ihr den geflüchteten Sklaven, den mexikanischen Gefangenen mit Freigang und den Indianer, der sich auf das Unrecht seiner Rasse berufen will, finden; auf diesem abgesonderten aber freieren und ehrenvolleren Boden, wo der Staat diejenigen, die nicht mit ihm, sondern gegen ihn sind, unterbringt – dem einzigen Haus in einem Sklavenstaat, in dem ein freier Mann mit Ehre leben kann. Wer meint, dass sein Einfluss dort verloren ginge und seine Stimme nicht mehr das Ohr des Staates bedrängen könne, dass er kein Feind mehr innerhalb dieser Mauern sein könnte, der weiß nicht, um wie viel stärker die Wahrheit als der Irrtum ist und um wie viel wortgewandter und wirksamer jemand[115] gegen Ungerechtigkeit vorgehen kann, die er an sich selbst ein wenig erfahren hat. Gib deiner Stimme[116] ihr ganzes Gewicht, nicht nur auf einem Streifen Papier[117], sondern mit deinem ganzen Einfluss. Eine Minderheit ist machtlos, solange sie sich der Mehrheit anpasst; sie ist dann noch nicht einmal eine Minderheit; aber sie ist unaufhaltsam, wenn sie mit ihrem ganzen Gewicht Widerstand leistet[118]. Wenn die Wahl[119] darin besteht, entweder alle gerechten Menschen ins Gefängnis zu stecken oder Krieg und Sklaverei aufzugeben, wird der Staat nicht zögern, sich zu entscheiden. Wenn tausend Menschen in diesem Jahr ihre Steuerrechnungen nicht bezahlen würden, wäre das keine gewalttätige und blutige Tat, was jedoch die Bezahlung der Steuern wäre, die den Staat in die Lage versetzt, Gewalt zu begehen und unschuldiges Blut zu vergießen. Dies ist in der Tat die Definition einer friedfertigen Revolution, wenn eine solche überhaupt möglich ist. Wenn der

---

[115] Eigentlich "*he*"= er, doch die vielen "*er*" verwirren, deshalb habe ich mich zu dieser Änderung entschieden.

[116] Hier: "*vote*", also *Wählerstimme*, bzw. *Entscheidung*

[117] Hier ist wahrscheinlich der Wahlzettel gemeint.

[118] Original: "*but it is irresistible when it clogs by its whole weight.*" "*Clogs*" ist eigentlich nicht "*Widerstand leisten*", sondern "*behindern*" oder "*verstopfen*". Doch sprechen wir auch davon, dass dadurch ein Widerstand entsteht.

[119] Original: "*alternative*"

Steuereintreiber oder ein anderer Beamter mich dann fragen, was er ja tat [nachdem ich mich weigerte meine Steuern zu bezahlen], "Aber was soll ich jetzt tun?", lautete meine Antwort: "Wenn Sie wirklich etwas tun wollen, treten Sie von Ihrem Amt zurück!" Wenn der Untertan die Treue verweigert und der Beamte sein Amt niedergelegt hat, dann ist die Revolution vollendet. Ist es nicht auch eine Art von Blutvergießen, wenn das Gewissen verwundet ist? Durch diese Wunde fließt die wahre Menschlichkeit und Unsterblichkeit eines Menschen heraus, und er verblutet zu einem ewigen Tod. Ich sehe dieses Blut jetzt fließen.

[24] Ich habe darüber nachgedacht, warum die Inhaftierung des Täters und nicht die Beschlagnahme seiner Güter in Betracht gezogen wird[120] – obwohl beides dem gleichen Zweck dient - denn diejenigen, die am stärksten Wert darauf legen das Richtige zu tun[121] und daher für einen korrupten Staat am gefährlichsten sind, haben im Allgemeinen nicht viel Zeit mit der Anhäufung von Eigentum verbracht. Solchen leistet der Staat vergleichsweise geringe Dienste, und eine geringe Steuer wird ihnen übermäßig groß erscheinen, besonders wenn sie gezwungen sind, sie durch besondere Arbeit mit ihren Händen zu verdienen. Wenn es jemanden gäbe, der gänzlich ohne den Einsatz von Geld lebte, würde der Staat selbst zögern, es von ihm zu verlangen. Aber der Reiche – um keinen schändlichen Vergleich anzustellen – wird immer an die Institution verkauft, die ihn reich macht. Streng gesprochen, je mehr Geld, desto weniger Tugend; denn das Geld steht zwischen dem Menschen und seinen Gegenständen, und besorgt sie für ihn; es war sicher keine

---

[120] Im Original heißt es "*I have contemplated the imprisonment of the offender, rather than the seizure of his goods*". Wörtlich heißt das etwa: "*Ich habe über die Inhaftierung des Täters nachgedacht und nicht über die Beschlagnahme seiner Güter*", doch fängt man den Satz so an, ergibt der Rest keinen Sinn mehr, deshalb die etwas freiere Interpretation des Satzanfangs.

[121] Original: "*who assert the purest right*" = wörtlich: "*Die sich auf das reinste Recht berufen*". Diese Übersetzung ist ungünstig, weil das Rechtssystem sie ja ins Gefängnis gebracht hat. Sich darauf zu berufen ist also keine Gefahr für den Staat. Auch das Wort "*pure*" macht meines Erachtens im Zusammenhang mit "*Recht*" keinen Sinn, es sei denn man nimmt es bildlich, als Gegensatz zum "*schmutzigen Recht*". Deshalb habe ich mich für eine Abwandlung des Satzes entschieden, um so das Ideal, das hinter dem "*pure right*" steht, besser zu betonen.

große Tugend, es[, das Geld,] zu besorgen[122]. Es lässt viele Fragen ruhen, deren Beantwortung ihm besteuert werden würde[123]; während die einzige neue Frage, die es[, das Geld,] aufwirft, die schwere, aber überflüssige ist, wie man es ausgibt. Damit wird ihm der moralische Boden unter den Füßen weggezogen. Die [verschiedenen] Möglichkeiten der Art zu leben werden in dem Maße vermindert, wie die so genannten "Mittel" erhöht werden. Das Beste, was ein Mensch für seine Kultur tun kann, wenn er reich ist, ist sich zu bemühen, jene Pläne auszuführen, die er hatte, als er arm war[124]. Christus antwortete den Herodianern[125] entsprechend ihrem Zustand. "*Zeigt mir das Tributgeld*", sagte er – und man nahm einen Penny aus einer Tasche – "*wenn ihr Geld benutzt, auf dem das Bild Caesars steht und das er einführte und wertvoll gemacht hat, das heißt, wenn ihr Menschen des Staates seid und gerne die Vorteile der Regierung Caesars genießt, dann zahlt ihm etwas von seinem eigenen Geld zurück, wenn er es verlangt. Gebt also dem Caesar, was Caesar gehört, und Gott, was Gott gehört*" – und er lies sie nicht wissender darüber zurück, wem nun was gehörte[126]; denn sie wollten es nicht wissen.[127]

---

[122] Thoreau verwendet zweimal "*obtain*", was so viel wie *bekommen, erlangen, beziehen, besorgen*, etc. bedeutet. Da ich die Wortwiederholung erhalten wollte, entschied ich mich für *besorgen*.

[123] Original: "*It puts to rest many questions which he would otherwise be taxed to answer;*" Was Thoreau damit meint, weiß ich nicht. "*Put to rest*" heißt auch "*verschwinden lassen*". Ursprünglich nahm ich an, dass er die zweifelhafte Herkunft des Geldes meint, die verschwiegen wird. Es kann aber auch sein, dass Geld andere zum Schweigen bringt und ihn vor Steuerzahlungen bewahrt. Er erwähnt ja an anderer Stelle (Absatz 18): "*Wenn ein Mann, der kein Vermögen besitzt, sich nur einmal weigert, neun Schillinge für den Staat zu verdienen, wird er nach jedem Gesetz, das ich kenne, für eine unbestimmte Zeit ins Gefängnis gesteckt, [...] sollte er aber neunzig mal neun Schillinge vom Staat stehlen, darf er bald wieder auf freiem Fuß sein.*"

[124] Ich nehme an, Thoreau meint hier mit "*for his culture*" so etwas, wie "*für sein Seelenheil*". Er sollte die Pläne verwirklichen, die er als armer Mensch hatte, um sich vom Geld nicht korrumpieren zu lassen.

[125] Anhänger von König Herodes, dem damaligen Herrscher über Palästina.

[126] Original: "*as to which was which*", etwa "*zu welchem was gehörte*". "*Which*" bezieht sich eigentlich auf eine Sache, nicht auf eine Person.

[127] Eine sehr freie Interpretation von Matthäus 22, 20-22: "*Und er sprach zu ihnen: Wes ist das Bild und die Überschrift? Sie sprachen zu ihm: Des Kaisers. Da sprach er zu ihnen: So gebet dem Kaiser, was des Kaisers ist, und Gott, was Gottes ist! Da sie das hörten, verwunderten sie sich und ließen ihn und gingen davon.*" (bibeltext.com 2020)

[Sicherheit und Freiheit]

[25] Wenn ich mich mit den freiesten meiner Nachbarn unterhalte, stelle ich fest, dass, [unabhängig davon,] was auch immer sie zu der Frage nach Umfang und dem Ausmaß ihrer Wertschätzung der öffentlichen Seeelenruhe sagen mögen, immer dabei heraus kommt[128], dass sie den Schutz der bestehenden Regierung nicht entbehren können und dass sie die Folgen des Ungehorsams gegen die Regierung für ihr Eigentum und ihre Familien fürchten. Ich für meinen Teil möchte nicht glauben, dass ich mich jemals auf den Schutz des Staates verlassen würde. Wenn ich die Autorität des Staates leugne, sobald er seine Steuerrechnung vorlegt, wird er mir daraufhin mein gesamtes Eigentum wegnehmen und vergeuden und mich und meine Kinder ohne Ende schikanieren. Das ist hart. Das macht es für einen Menschen unmöglich, nach außen hin ehrenvoll[129] und gleichzeitig bequem zu leben. Es wird sich [für anständig lebende Menschen] nicht lohnen, Eigentum anzusammeln; Es würde ihnen wieder weggenommen werden[130]. Man muss mieten oder irgendwo hocken und nur eine kleine Ernte einfahren und diese bald verzehren. Sie müssen in sich selbst leben und sich auf sich selbst verlassen, immer mit angezogenen Beinen[131] [sitzend] und bereit sein für den Aufbruch und dürfen nicht zu viele geschäftliche Verbindungen[132] haben. Ein Mann

---

[128] Original: "*the long and the short of the matter is*," könnte auch heißen: "*kurz gesagt, die Sache ist*" oder "*über kurz oder lang die Sache ist*"

[129] Original: "*honestly*": Ich benötigte einen Begriff, den man dem Recht entgegensetzen kann. "*Anständig*" hätte mir besser gefallen, aber Thoreau spricht ja auch von Menschen mit Rückgrat und das erinnert doch an aufrechten Gang und eher "*ehrenvoll*"

[130] Im Original heißt es lediglich: "*that would be sure to go again.*" Es ist nicht klar, worauf sich dieses "*that*" bezieht. Ich nehme einmal an, dass Thoreau die zwei "Sätze", die hier durch einen Strichpunkt getrennt werden, wie eine Aufzählung versteht und sich beide Sätze deshalb auf den vorangegangen beziehen, also auf die Folgen des Wegnehmens des Eigentums.

[131] Im Original: "*tucked up*". Thoreau zeichnet hier das Bild von einem Menschen, der mit angezogenen Beinen sitzt, weil er sie nie gemütlich ausstrecken und seine Ruhe finden kann. Immer muss er bereit sein aufzubrechen.

[132] Original: "*affairs*", hier mit "geschäftliche Verbindungen" übersetzt. Thoreau selbst war ja der Sohn eines Fabrikbesitzers. Deshalb könnte es gut sein, dass "*affairs*" hier vor allem geschäftliche Verbindungen sind. Was auch gut zum folgenden Satz passt, da es hier um das Geldverdienen geht. Allge-

kann vielleicht in der Türkei reich werden, wenn er in jeder Hinsicht ein guter Untertan der türkischen Regierung ist. Konfuzius sagte: "Wenn ein Staat von den Prinzipien der Vernunft regiert wird, sind Armut und Elend Themen der Schande; wenn ein Staat nicht von den Prinzipien der Vernunft regiert wird, sind Reichtum und Ehre Themen der Schande."[133] Nein: Solange ich nicht will, dass der Schutz, den Massachusetts mir bietet, bis in einen fernen Hafen im Süden ausgedehnt wird[134], wo meine Freiheit gefährdet ist, oder solange ich nur darauf bedacht bin, zu Hause durch friedliches Unternehmertum[135] ein Eigenheim[136] aufzubauen, kann ich es mir leisten, Massachusetts die Treue und sein Recht auf mein Eigentum und Leben zu verweigern. Es kostet mich in jeder Hinsicht weniger, die Strafe des Unge-

---

mein bedeutet "*not have many affairs*", wie es im Original heißt, dass man unabhängig von anderen sein soll, wobei "*affairs*" Geschäfte oder geschäftliche Angelegenheiten sind.

[133] Der Satz von Konfuzius bedeutet: Wenn in einem Staat alles in Ordnung ist und ein anständiger Herrscher auf dem Thron sitzt, dann empfindet er es als Schande, wenn seine Bevölkerung leidet, hungert, verarmt. Wenn jedoch der Herrscher kein guter Herrscher ist, dann begehrt das Volk auf und beschwert sich über die Ansammlung von Reichtum, während sie in Armut leben müssen. Und so wird einmal Armut zum zentralen Problem und das andere Mal Reichtum.
Dieses Zitat erscheint zum ersten Mal 1866 in "*A Yankee in Canada, with Anti-slavery and reform papers*" und war in der Version von 1849 nicht enthalten (Thoreau u. a. 1866).
Bei Gutenberg (Konfuzius und Wilhelm o. J.) findet sich folgende Übersetzung der Aussage des Konfuzius (Konfuzius, Gespräche, 8/13.):
"*Wenn in einem Lande Ordnung herrscht, so ist Armut und Niedrigkeit eine Schande; wenn in einem Lande Unordnung herrscht, dann ist Reichtum und Ansehen eine Schande.*"
Thoreau zitiert hier einen Text, in welchem statt "*Ordnung*" im Englischen "*principles of reason*" verwendet wird, was man allgemein als "*Prinzipien der Vernunft*" übersetzt. Wörtlich bedeutet die englische Übersetzung aber auch, "*nach begründbaren Prinzipien*".
Für Konfuzius herrschte "*Unordnung*" wenn die Prinzipien von Himmel und Erde (dazu gehört auch das *dao/tao*) verletzt werden. Eines der wichtigsten Prinzipien für einen Herrscher ist "*Anstand*". Konfuzius sieht einen Herrscher immer dem Volk gegenüber verpflichtet und eine anständige Herrschaft unter Einhaltung des Anstandes (*de/te*) und der Sitten und Gebräuche (*di/ti*) ist eine gute Herrschaft. Deshalb bedeutet "*Unordnung*", dass die Prinzipien von Himmel und Erde nicht eingehalten werden, während "*principles of reason*" eher den Unterschied zwischen Willkür und Begründbarkeit aufmachen. Beides macht Sinn, denn wer die Prinzipien von Himmel und Erde verletzt, handelt willkürlich.

horsams gegenüber dem Staat auf mich zu nehmen, als wenn ich gehorchen würde, in welchem Falle ich mich so fühlen würde, als wäre ich weniger wert[137].

[Steuern und Unabhängigkeit]

[26] Vor einigen Jahren kam mir der Staat im Namen der Kirche entgegen und befahl mir, eine bestimmte Summe für die Unterstützung eines Geistlichen zu zahlen, an dessen Predigt mein Vater teilnahm, aber nie ich selbst. "Zahlen Sie", hieß es, "oder Sie werden ins Gefängnis gesperrt!" Ich lehnte es ab zu zahlen. Aber leider hielt es ein anderer Mann für angebracht, sie für mich zu bezahlen. Ich sah nicht ein, warum der Lehrer besteuert werden sollte, um den Pfarrer zu unterstützen, oder der Pfarrer den Lehrer[138]; denn ich war nicht Lehrer beim Staat, sondern ich unterstützte mich selbst durch freiwillige Beiträge[139]. Ich verstehe nicht, warum eine Schule nicht genauso

---

[134] Im Original: *"the protection of Massachusetts to be extended to me in some distant Southern port"*. Wörtlich etwa *"den Schutz von Massachusetts in einem entfernten südlichen Hafen auf mich auszudehnen"*. Ich musste den Satz etwas ändern, damit er im Deutschen verständlich bleibt und der deutschen Grammatik gehorcht.

[135] Original: *"by peaceful enterprise"* = wörtlich *"durch friedliche Unternehmung"*, doch *"enterprise"* ist auch *Unternehmungsgeist, Firma, Betrieb*

[136] Original: *"estate"* = *Anwesen, Besitz, Vermögen, Grundbesitz*

[137] Original: *"I should feel as if I were worth less in that case."* Eigentlich sagt Thoreau, er *"sollte"* sich weniger Wert fühlen, quasi als Aufforderung an sich selbst. Doch wäre dies im Deutschen zweideutig, deshalb habe ich mich für *"werde"* entschieden.

[138] Hier weiche ich wieder von der meist üblichen Übersetzung ab. Im Original heißt es *"and not the priest the schoolmaster"*. Das wird in anderen Übersetzungen so gedeutet, dass der Priester den Lehrer unterstützen soll, doch das würde nicht zu Thoreaus Denken passen, zudem macht es keinen Sinn. Warum sollte der Priester mit seinem privaten Geld den Lehrer unterstützen? Ich vermute, dass Thoreau sagen wollte, dass weder der Lehrer verpflichtet ist den Priester zu unterstützen, noch umgekehrt. Der wörtlichen Übersetzung fehlt somit das *"auch"*, bzw. *"also"* und dann würde es heißen, *"and [also] not the priest the schoolmaster"*.

[139] Original: *"for I was not the State's schoolmaster, but I supported myself by voluntary subscription."* Ich habe es wörtlich übersetzt, aber es könnte auch anders gemeint sein. Thoreau leitete in der Zeit, in der dieses Dokument entstand, zusammen mit seinem Bruder eine Schule. Das Schulgeld - und somit der Lohn von Henry David Thoreau - wurde vierteljährlich von den Eltern bezahlt. Cramer (Thoreau

eine Steuerrechnung stellen kann, die dann der Staat für sie eintreibt, wie er es für die Kirche tut.[140] Auf Bitten der Stadträte ließ ich mich jedoch herab, folgende Erklärung schriftlich abzugeben: "Alle Menschen sollen wissen, dass ich, Henry Thoreau, nicht als Mitglied einer eingetragenen Gesellschaft betrachtet werden möchte, der ich nicht beigetreten bin." Dies gab ich dem Stadtschreiber; und er hat es. Der Staat, der auf diese Weise erfahren hat, dass ich nicht als Mitglied dieser Kirche betrachtet werden möchte, hat seitdem nie wieder eine solche Forderung an mich gestellt; obwohl er damals sagte, dass er an seiner ursprünglichen Annahme festhalten müsse. Hätte ich gewusst, wie ich sie benennen sollte, dann hätte ich mich von allen Gesellschaften, denen ich nie beigetreten bin, detailliert abgemeldet; aber ich wusste nicht, wo ich eine so vollständige Liste finden konnte.

[Die Hilflosigkeit des Staates]

[27] Sechs Jahre lang habe ich keine Kopfsteuer[141] bezahlt. Einmal wurde ich aus diesem Grund für eine Nacht in ein Gefängnis gesteckt; und als ich vor den zwei oder drei Fuß dicken Mauern aus massivem Stein, vor der Tür aus Holz und Eisen, die einen Fuß dick war, und vor dem Eisengitter, das das Licht belastete[142], stand, konnte ich nicht anders, [als] zu erkennen, dass ich von der Dummheit dieser Institution geschlagen wurde, die mich behandelte,

---

und Cramer 2013) schreibt in seiner Notiz zu diesem Satz, dass sie sechs Dollar im Quartal zahlen mussten. Es könnte sein, dass die Eltern die exakte Höhe selbst auswählen konnten und daher eine "freiwillige Zuwendung" leisteten. Es könnte aber auch sein, dass "freiwillig" im Sinne von "die Schülerinnen und Schüler hätten auch an die öffentliche Schule gehen können" gemeint ist. Sie zahlen also freiwillig an ihn, da sie ja freiwillig zu ihm kommen, statt an die öffentliche Schule in Concord.

[140] Amerikanische Schulen bekommen kein Geld vom Staat und sind auf freiwillige Spenden oder Schulgelder angewiesen. Thoreau fragt deshalb, warum sie nicht auch Schulsteuern verlangen könnten, so wie die Kirchen Kirchensteuer verlangen.

[141] Eine Steuer, ein fester Betrag, die jeder Mann, denn nur diese waren wahlberechtigt, bezahlen musste. Man "erkaufte" sich dadurch quasi das Wahlrecht. Thoreau war aber nie - soweit bekannt - wählen.

[142] Im Original: "strained the Light" kann man schlecht ins Deutsche übersetzen. "Strain" soll hier wahrscheinlich ausdrücken, dass es das Licht abhalten wollte, einzudringen, denn "strain" bedeutet auch "etwas zu zwingen, große Anstrengungen zu unternehmen". Da man Licht allerdings nicht zwingen kann, soll dies eventuell auch die Lächerlichkeit dieses Versuches ausdrücken.

als wäre ich nur Fleisch und Blut und Knochen, die eingesperrt werden soll-ten. Ich wunderte mich, dass sie zu dem Schluss gekommen war, dass dies der beste Nutzen war, den sie von mir hatte, anstatt daran zu denken, sich meine Dienste in irgendeiner Weise nutzbar zu machen. Ich sah, dass, obwohl eine Steinmauer zwischen mir und meinen Mitbürgern war, diese[, meine Mitbürger,] eine noch schwierigere erklimmen oder durchbrechen mussten, um so frei sein zu können, wie ich. Ich fühlte mich nicht einen Moment lang eingeengt, und die Mauern schienen eine große Verschwen-dung von Stein und Mörtel zu sein. Ich fühlte mich, als hätte ich allein von allen meinen Mitbürgern meine Steuern bezahlt. Sie[, die Staatsdiener,] wussten förmlich nicht, wie sie mich behandeln sollten, sondern verhielten sich wie ungebildete Personen. In jeder Drohung und in jedem Kompliment lag ein grober Fehler, denn sie dachten, mein Hauptanliegen sei es, auf der anderen Seite dieser Steinmauer zu stehen. Ich konnte nicht umhin zu lächeln, als ich sah, wie arbeitsam sie die Tür während meiner Betrachtun-gen[143] verschlossen, die ihnen ungehindert wieder hinaus folgten, und sie waren eigentlich das, was gefährlich war. Da sie[, die Staatsdiener,] mir nicht beikamen, hatten sie beschlossen, meinen Körper zu bestrafen; so wie Jungs, die, wenn sie nicht gegen jemanden ankommen mit dem sie Ärger haben, dessen Hund misshandeln. Ich sah, dass der Staat schwachsinnig war, dass er zaghaft war wie eine einsame Frau mit ihren Silberlöffeln[144] und dass er seine Freunde nicht von seinen Feinden unterschied, und ich verlor mei-nen letzten Respekt vor ihm, und hatte Mitleid mit ihm.

---

[143] Original: "*they locked the door on my meditations*". Wörtlich etwa "*Sie schlossen die Türe bei meinen Meditationen*".

[144] Silberlöffel, "*silver spoons*" stehen für "*vermögend*". Es ist also eine einsame, aber reiche Frau. Wäh-rend man im Deutschen sagt, jemand wird mit einem *goldenen Löffel* im Mund geboren, ist es im Englischen ein *silberner Löffel*.

[28] So bedroht der Staat absichtlich niemals den Intellekt oder die Moral eines Menschen, sondern nur seinen Körper[145]. Er ist nicht mit überlegener Scharfsinnigkeit oder Ehrlichkeit bewaffnet, sondern mit überlegener Körperkraft. Ich wurde nicht geboren, um gezwungen zu werden. Ich werde nach meiner eigenen Art atmen. Lasst uns sehen, wer der Stärkere ist. Welche Macht hat eine Vielzahl? Nur die können mich zwingen, die einem höheren Gesetz gehorchen als ich. Sie zwingen mich, so zu werden wie sie selbst. Ich höre nicht von Menschen, die von einer Masse von Menschen gezwungen werden, so oder so zu leben. Was für ein Leben soll das sein? Wenn ich einer Regierung begegne, die zu mir sagt: "Dein Geld oder dein Leben"[146], warum sollte ich es dann so eilig haben, ihr mein Geld zu geben? Vielleicht ist sie in einer großen Notlage und weiß nicht, was sie tun soll: Daran kann ich nichts ändern. Sie muss sich selbst helfen; so wie ich es auch tue. Es ist nicht der Mühe wert, deshalb zu flennen. Ich bin nicht verantwortlich für das erfolgreiche Funktionieren der Maschinerie der Gesellschaft. Ich bin nicht der Sohn des Ingenieurs. Ich stelle fest, dass wenn eine Eichel und eine Kastanie nebeneinander fallen, die eine nicht träge bleibt, um der anderen Platz zu machen, sondern beide ihren eigenen Gesetzen gehorchen und so gut wie möglich sprießen und wachsen und gedeihen, bis die eine vielleicht die andere überschattet und zerstört. Wenn eine Pflanze nicht im Einklang mit der Natur leben kann, stirbt sie, und so auch der Mensch.

---

[145] Thoreau verwendet in diesem Satz zweimal "*sense*": "*Thus the state never intentionally confronts a man's sense, intellectual or moral, but only his body, his senses.*" Ich vermute, er unterschiedet zwischen den körperlichen Sinnen und den intellektuellen oder moralischen Sinnen. So dass es sinngemäß heißt, dass der Staat niemals den Intellekt oder Moral eines Menschen bedroht, sondern stets den Körper. Wobei ich "*confronts*" in dieser Zusammenhang als das Bedrohliche "*sich Aufbauen vor jemandem*" verstehe.

[146] Ein beliebter Spruch bei Räubern jeder Art.

[Die Nacht im Gefängnis]

[29] Die Nacht im Gefängnis war neu und interessant genug. Die Gefangenen in ihren Hemdsärmeln genossen einen Plausch und die Abendluft in der Tür, als ich eintrat. Aber der Kerkermeister sagte: "Kommt, Jungs, es ist Zeit, abzuschließen"; und so zerstreuten sie sich, und ich hörte das Geräusch ihrer Schritte, die in die hohlen Wohnungen zurückkehrten. Mein Zimmergenosse wurde mir vom Gefängniswärter als "ein erstklassiger Bursche und kluger Mann" vorgestellt. Als die Tür verschlossen war, zeigte er mir, wo ich meinen Hut aufhängen sollte und wie er die Dinge dort erledigte. Die Zimmer wurden einmal im Monat gekalkt, und so war dies zumindest die weißeste, am einfachsten eingerichtete und wahrscheinlich schönste Wohnung der Stadt. Er wollte natürlich wissen, woher ich kam und was mich dorthin gebracht hatte; und als ich es ihm gesagt hatte, fragte ich ihn meinerseits, wie er dorthin gekommen war, wobei ich natürlich annahm, dass er ein ehrlicher Mann war; und wie die Dinge standen[147], glaube ich, dass er es war. "Warum", sagte er, "beschuldigen sie mich, eine Scheune angezündet zu haben; aber ich habe es nie getan." Soweit ich feststellen konnte, war er wahrscheinlich betrunken in einer Scheune zu Bett gegangen und hatte dort seine Pfeife geraucht; und so wurde eine Scheune niedergebrannt. Er hatte den Ruf, ein kluger Mann zu sein, wartete dort [in der Zelle] seit etwa drei Monaten auf seine Gerichtsverhandlung und wird wohl noch lange weiter warten müssen; aber er war ganz gut domestiziert und zufrieden, da er sein Brett [,sein Bett in der Zelle,] umsonst bekommen hatte, und dachte, dass er gut behandelt werden würde.

---

[147] Im Original: "*as the world goes*", eigentlich: "*wie die Welt nun mal ist*". Thoreau erwähnt ja in Absatz 23, dass die Guten und Freien im Gefängnis sitzen:
"*Dort werdet ihr den geflüchteten Sklaven, den mexikanischen Gefangenen [...] und den Indianer [...] finden; auf diesem abgesonderten aber freieren und ehrenvolleren Boden [...] – dem einzigen Haus in einem Sklavenstaat, in dem ein freier Mann mit Ehre leben kann.*"

[30] Er besetzte das eine Fenster und ich das andere; und ich sah, dass, wenn jemand lange dort [in der Zelle] bliebe, seine Hauptaufgabe darin bestehen würde, aus dem Fenster zu schauen. Ich hatte bald alle Traktate gelesen, die dort übrig geblieben waren, und untersuchte, wo ehemalige Gefangene ausgebrochen waren und wo ein Gitter abgesägt worden war, und hörte die Geschichten der verschiedenen Bewohner dieses Raumes; Ich stellte fest, dass es auch dort Geschichten und Klatsch gab, die nie außerhalb der Gefängnismauern zirkulierten. Wahrscheinlich ist dies das einzige Haus in der Stadt, in dem Verse komponiert werden, die anschließend die Runde machen[148], aber nicht nach außen dringen. Mir wurde eine ziemlich lange Liste mit Versen gezeigt, die von jungen Männern komponiert worden waren, die bei einem Fluchtversuch entdeckt worden waren, und die sich damit rächten, indem sie diese sangen[149].

[31] Ich quetschte meinen Mitgefangenen so weit aus, wie ich konnte, aus Angst, ich würde ihn nie wieder sehen; aber schließlich zeigte er mir, welches mein Bett war, und ließ mich die Lampe ausblasen.

[32] Eine Nacht lang dort zu liegen, war wie eine Reise in ein fernes Land, wie ich es nie zu sehen erwartet hatte. Es schien mir, dass ich noch nie zuvor den Schlag der Stadtuhr gehört hatte, nicht die abendlichen Geräusche des Dorfes; denn wir schliefen mit offenen Fenstern, die sich im Inneren des Gitters befanden. Es war, als würde ich mein Heimatdorf im Lichte des Mittelalters sehen, und unser [Städtchen] Concord wurde in einen Rheinstrom[150] verwandelt, und vor mir gingen Visionen von Rittern und Burgen vorüber. Sie waren die Stimmen älterer Bürger, die ich in den Straßen hörte. Ich war unfreiwilliger Zuschauer und Zuhörer dessen, was in der Küche des angrenzenden Dorfgasthauses getan und gesagt wurde – für mich eine völlig neue

---

[148] Im Original heißt es "*printed in a circular form, but not published*" Da "*printed*" eine ähnliche Bedeutung wie "*published*" hat, nehme ich an, dass es eine Art Wortspiel ist. Die Gefangenen schreiben Verse, die dann auf Zettel geschrieben im Gefängnis zirkulieren, aber nie an die Öffentlichkeit geraten.

[149] Ich habe wortgetreu übersetzt. Warum dies jedoch ein "*rächen*" ist, ist mir schleierhaft.

[150] Thoreau spricht hier tatsächlich vom Rhein.

und seltene Erfahrung. Es war ein näherer Blick auf meine Heimatstadt[151]. Ich war ziemlich mittendrin. Ich hatte ihre öffentlichen Einrichtungen noch nie zuvor gesehen. Dieses [Gefängnis] ist eine ihrer eigentümlichen Einrichtungen; denn es ist eine Kreisstadt[152]. Ich begann zu begreifen, welche Art von Bewohnern sie hatte[153].

[33] Am Morgen wurden unsere Frühstücke durch das Loch in der Tür in kleine längliche, quadratische Blechpfannen gesteckt, die passend geformt waren und einen halben Liter Kakaogetränk[154] mit Schwarzbrot und einen Eisenlöffel enthielten. Als sie wieder nach den Gefäßen riefen, war ich noch grün genug, um das übrig gebliebene Brot zurückzugeben, aber mein Kamerad ergriff es und sagte, ich solle es für das Mittag- oder Abendessen aufbewahren. Bald darauf wurde er zur Arbeit im Heuhaufen auf einem benachbarten Feld entlassen, wohin er jeden Tag ging und erst mittags zurückkam; Also grüßte er mich und sagte, er bezweifle, dass er mich wiedersehen würde.

[Erkenntnisse nach dem Gefängnis]

[34] Als ich aus dem Gefängnis kam – jemand mischte sich ein und bezahlte diese Steuer -, bemerkte ich keine großen Veränderungen im Gemeinwesen (wie jemand beobachtet, der als Jugendlicher ging und als grauhaariger Mann wieder auftaucht)[155]; und doch hatte sich in meinen Augen eine Veränderung in der Landschaft vollzogen – in der Stadt, im Staat und auf dem Land, die größer war als alles, was die bloße Zeit bewirken konnte. Ich sah

---

[151] Meist nennt Thoreau das Städtchen Concord ein Dorf "*village*", hier zum ersten mal eine Stadt, "town".

[152] Im Original: "*shire town*". Concord war die Hauptstadt eines "*Countys*", was man mit unseren Landkreisen vergleichen kann.

[153] Im Original: "*what its inhabitants were about.*" = "*worum es bei den Einwohnern ging*"

[154] Im Original: "*a pint of chocolate, with brown bread, and an iron spoon.*" Da er einen Löffel bekam, nehme ich an, er bekam einen Kakao zum Trinken, in den man das Brot einweichen konnte - und um das eingeweichte Brot zu essen, benötigte man einen Löffel.

[155] Die Klammern wurden von mir zum besseren Verständnis gesetzt.

noch deutlicher den Staat, in dem ich lebte. Ich sah, in welchem Maße man den Menschen, unter denen ich lebte, als gute Nachbarn[156] und Freunde vertrauen konnte; dass ihre Freundschaft nur für das Sommerwetter galt; dass sie nicht viel dafür übrig hatten, das Richtige zu tun; dass sie durch ihre Vorurteile und ihren Aberglauben eine andere Rasse waren als ich, wie die Chinesen und Malaien; dass sie bei dem, was sie für die Menschheit opferten, kein Risiko eingingen, nicht einmal für ihr Eigentum; dass sie schließlich nicht so großmütig[157] waren, sie behandelten den Dieb so, wie er sie behandelt hatte[158], und hofften, durch gewisse Rituale und ein paar Gebete und indem sie von Zeit zu Zeit auf einem bestimmten geraden, wenn auch nutzlosen Weg gingen, ihre Seelen zu retten[159]. Das mag ein hartes Urteil über meine Nachbarn sein; denn ich glaube, viele von ihnen sind sich nicht bewusst, dass sie eine solche Einrichtung, wie das Gefängnis, in ihrem Dorf haben.

[35] Früher war es in unserem Dorf üblich, dass, wenn ein armer Schuldner aus dem Gefängnis kam, seine Bekannten ihn begrüßten, indem sie ihn durch die Finger anschauten, die gekreuzt wurden, um das Gefängnisfenster darzustellen [und damit fragten]: "Wie geht es dir?" Meine Nachbarn grüßten mich nicht auf diese Weise, sondern sahen zuerst mich und dann einander an,

---

[156] Für Thoreau war jeder Einwohner Concords ein "*Nachbar*"

[157] Im Original: "*noble*", was auch edel, vornehm, großzügig bedeutet. Ich habe mich für "*großmütig*" entschieden, weil sie eher "*Auge um Auge*" handelten, zumindest bei Dieben.

[158] Eigentlich ist dies kein anständiges Christentum. In 2. Mose 21:24 steht:
"Auge um Auge, Zahn um Zahn, Hand um Hand, Fuß um Fuß" (bibeltext.com 2020)
Doch in Matthäus 5:38-40 & 44 sagt Jesus:
"Ihr habt gehört, dass da gesagt ist: 'Auge um Auge, Zahn um Zahn.' Ich aber sage euch, daß ihr nicht widerstreben sollt dem Übel; sondern, so dir jemand einen Streich gibt auf deinen rechten Backen, dem biete den andern auch dar, Und so jemand mit dir rechten will und deinen Rock nehmen, dem lass auch den Mantel. [...] Ich aber sage euch: Liebet eure Feinde; segnet, die euch fluchen; tut wohl denen, die euch hassen; bittet für die, so euch beleidigen und verfolgen" (bibeltext.com 2020)

[159] Hier ist der enge Pfad gemeint, der laut Bibel "*zum Leben führt*":
"Gehet ein durch die enge Pforte. Denn die Pforte ist weit, und der Weg ist breit, der zur Verdammnis abführt; und ihrer sind viele, die darauf wandeln. Und die Pforte ist eng, und der Weg ist schmal, der zum Leben führt; und wenige sind ihrer, die ihn finden." (Matthäus 7:13,14, bibeltext.com 2020)

als wäre ich von einer langen Reise zurückgekehrt. Ich wurde ins Gefängnis gesteckt, als ich auf dem Weg zum Schuster war, um einen Schuh zu holen, der geflickt wurde. Als ich am nächsten Morgen entlassen wurde, erledigte ich meine Besorgungen und schloss mich, nachdem ich meinen geflickten Schuh angezogen hatte, einer Gruppe von Heidelbeer-Pflückern an, die ungeduldig darauf war, sich meiner Führung zu unterwerfen; und nach einer halben Stunde – denn das Pferdegeschirr war rasch angelegt – befand ich mich mitten in einem Heidelbeerfeld auf einem unserer höchsten Hügeln, zwei Meilen entfernt, und dann war der Staat nirgends mehr zu sehen.

[36] Dies ist die ganze Geschichte von "Meine Gefängnisse".[160]

[Einsatz für Andere]

[37] Ich habe es nie abgelehnt, die Straßensteuer zu zahlen, denn ich möchte ein ebenso guter Nachbar sein wie ein schlechter Untertan; und was die Unterstützung von Schulen betrifft, so tue ich jetzt meinen Teil dazu bei, meine Landsleute weiter zu bilden[161]. Ich weigere mich nicht meine Steuerrechnung zu bezahlen wegen eines bestimmten Postens [für den die Steuergelder verwendet werden]. Ich möchte dem Staat einfach die Treue verweigern, mich zurückziehen und ihm wirksam fernbleiben. Mir liegt nicht daran, den Weg meines Steuergeldes nachzuvollziehen, wenn ich es könnte, bis es für den Kauf eines Mannes oder einer Muskete ausgegeben wird, um damit einen zu erschießen – der Dollar ist unschuldig, aber ich bin darauf bedacht, die Auswirkungen meiner Loyalität nachzuvollziehen. Tatsächlich erkläre

---

[160] Dies ist ein Hinweis auf "*Le Mie Prigioni*" ("*Meine Gefängnisse*") von Silvio Pellico, ein Bericht über seine etwa 10 Jahre im Gefängnis (13.10.1820 - August 1830) als politischer Gefangener des österreichischen Staates. Silvio Pellico war ein Schriftsteller, und setzte sich für eine Einheit Italiens ein, was damals - da Norditalien österreichisch war - als Hochverrat galt.
In Seinem Vorwort schreibt er unter anderem:
"*Ich wollte die freigiebigen Herzen dazu auffordern, sich vor feindseligen Gefühlen zu hüten, sondern vielmehr alle Menschen zu lieben und einen unversöhnlichen Hass für nichts als Falschheit, Kleinmütigkeit, Verrat und alle moralische Erniedrigung zu hegen.*" (Pellico 1844)

[161] Während Thoreau diesen Text schrieb, war er Lehrer.

ich dem Staat still und leise den Krieg, nach meiner Art und Weise, obwohl ich, wie es in solchen Fällen üblich ist, immer noch von ihm Gebrauch mache und die Vorteile nutzen werde, die mir zur Verfügung stehen.

[38] Wenn andere aus Sympathie mit dem Staat meine Steuer zahlen, dann tun sie nur das, was sie in ihrem eigenen Falle bereits getan haben, oder besser gesagt, sie begünstigen Ungerechtigkeit in einem größeren Ausmaß, als es der Staat verlangt. Wenn sie die Steuer [eines anderen] aus einem irrtümlichen Interesse an dem Besteuerten zahlen, um sein Eigentum zu retten oder zu verhindern, dass er ins Gefängnis kommt, dann deshalb, weil sie nicht klug überlegt haben, inwieweit sie zulassen, dass ihre privaten Gefühle das Gemeinwohl stören.

[39] Dies ist also meine derzeitige Position. Man kann in einem solchen Falle nicht genug auf der Hut sein, damit die eigenen Handlungen nicht durch Eigensinn oder eine unangemessene Rücksichtnahme auf die Meinung der Menschen beeinflusst werden. Jeder sollte zusehen, dass er nur das tut, was ihm selbst oder der jeweiligen Situation entspricht[162].

[Naturgewalt und menschlicher Widerstand]

[40] Ich denke manchmal: Dieses Volk meint es gut, es ist nur unwissend; es würde es besser machen, wenn es wüsste, wie: [Also frage ich mich:] Warum machst du deinen Nachbarn diesen Kummer, dich so behandeln zu müssen, wie sie es gar nicht wollen?[163] Aber ich denke nach wie vor: Das ist kein Grund, warum ich tun sollte, was sie tun, oder zuzulassen, dass andere viel größere Schmerzen anderer Art zu erleiden haben. Wiederum sage ich mir manchmal: Wenn viele Millionen Menschen, ohne Knarren, ohne Feindseligkeit, ohne persönliche Gefühle irgendwelcher Art, von dir nur ein paar Schillinge verlangen, ohne die Möglichkeit, laut ihrer Verfassung [(laut Gesetz)],

---

[162] Im Original: "*what belongs to himself and to the hour.*" Wörtlich: "*was zu ihm [selbst] oder zur Stunde gehört.*"

[163] Ich vermute, Henry David Thoreau spricht hier wieder von seinem Nachbarn, dem Steuereintreiber.

ihre gegenwärtige Forderung zurückzuziehen oder zu ändern, und ohne die Möglichkeit deinerseits an andere Millionen [von Menschen] zu appellieren [damit sich etwas ändert], warum setzt du dich dann dieser überwältigenden Brachialgewalt aus? Man widersteht keiner Kälte und keinem Hunger, weder dem Wind, noch den Wellen, mit dieser Sturheit[164]; Du unterwirfst dich leise tausend ähnlicher Notwendigkeiten. Du steckst doch deinen Kopf auch nicht ins Feuer.[165] Aber gerade in dem Maße, in dem ich dies nicht völlig als Brachialgewalt, sondern als zum Teil von Menschen ausgehenden Zwang[166] betrachte, und denke, dass ich zu diesen Millionen und zu so vielen weiteren Millionen von Menschen Beziehungen habe - und nicht zu bloßen rohen oder unbelebten Dingen - sehe ich, dass es möglich ist etwas bei den Menschen zu bewirken, die [dann] zuerst und augenblicklich die Einflüsse auf sich - und dann sich selbst ändern können.[167] Aber wenn ich meinen Kopf

---

[164] Im Original: "*thus obstinately*". Thoreau fragt sich wohl, warum er so stur ist, da er solch einer Naturgewalt ja eh nicht widerstehen kann.

[165] Thoreau leitet dies mehrmals als Selbstgespräch ein. Das englische "*you*" kann man sowohl mit "*du*" als auch mit "*man*" übersetzen. Meist habe ich mich deshalb für "*du*" entschieden, weil ich denke, dass Thoreau sich all das selbst fragt und nur einmal "*man*" verwendet, weil ich diesen Satz mit "*man*" schöner fand, da auch der Hunger und das Wetter nichts sind, das ihn aktuell betrifft. Beim letzten Satz bin ich beim "*du*" geblieben weil ein erneuter Wechsel zu "*man*" seltsam klang, obwohl es hier wahrscheinlich angebrachter wäre, im Satz zuvor muss "*du*" stehen, da wäre "*man*" seltsam. Thoreau redet selten in verschwommenen Allgemeinzuschreibungen, was ein "*man*" ja ist.

[166] Thoreau redet einerseits von "*brute force*" und andererseits von "*human force*". In einem vorhergehenden Satz habe ich mich entschieden "*brute force*" mit Brachialgewalt zu übersetzen, da die Gewalten, die Thoreau schilderte, wie Hunger, Wind, Feuer dieser entsprechen und so dieses Bild weiter verwendet. "*Force*" ist aber nicht unbedingt Gewalt, es ist auch Zwang. Die Naturgewalt tritt Thoreau ja auch als ein Zwang zur Unterwerfung (weiter oben) entgegen. Gewalt zwingt immer zu etwas. Thoreau spricht hier deshalb nicht von Gewalt im Sinne von "*gewalttätig*", sondern im Sinne von einem Kraft, gegen die man nichts tun kann. Dies drück "*Brachialgewalt*" ganz gut aus, das Wort beinhaltet zudem "*Unangemessenheit*", was Thoreau gleichfalls erwähnt. Doch bei "*human force*" wäre "*Gewalt*" oder "*Kraft*" als Übersetzung irreführend. Deshalb habe ich "*durch Menschen ausgeübten Zwang*" verwendet. Das kann man nicht missverstehen und es wird auch deutlicher, dass man sich diesem widersetzen kann.

[167] Hier habe ich extrem frei übersetzt. Im Original heißt es: "*I see that appeal is possible, first and instantaneously, from them to the Maker of them, and, secondly, from them to themselves*" Ich vermute nicht, dass Thoreau meint, die Menschen könnten Gott verändern ("*the Maker of them*"), jedoch sie können das verändern, was sie zu dem machte, was sie sind. Und dies habe ich als "*die Einflüsse auf*

absichtlich ins Feuer stecke, dann verändert das nicht das Feuer oder den Macher des Feuers[168], und ich habe nur mich selbst zu beschuldigen. Wenn ich mich selbst davon überzeugen könnte, dass ich irgendein Recht habe, mit den Menschen so zufrieden zu sein, wie sie sind, und sie dementsprechend zu behandeln, und nicht erwarten dürfe, in mancher Hinsicht, meinen Forderungen und Erwartungen von dem, was sie und ich sein sollten, zu entsprechen, dann würde ich mich wie ein guter Muselmann[169] und Fatalist bemühen, mit den Dingen so zufrieden zu sein, wie sie sind, und sagen, es sei Gottes Wille. Und vor allem gibt es diesen Unterschied zwischen dem [durch Menschen verursachten] Zwang[170] und einer reinen Brachial- oder Naturgewalt, so dass ich dem [menschlichen Zwang] mit einer gewissen Wirkung widerstehen kann; aber ich kann nicht erwarten, wie Orpheus, die Natur der Felsen und Bäume und der Tiere zu verändern[171].

---

sie" interpretiert. Der Text ist schwierig exakt zu übersetzen. Thoreau sagt, dass er die Menschen beeinflussen ("*appeal*" = wirken) kann, diese dann wiederum ihre Umwelt und sich selbst. Oder anders gesagt: Thoreau wirkt auf die Menschen ein und diese dann auf ihre Lebensumstände/Umwelt und auf sich gegenseitig.

[168] Hier verwendet Thoreu die gleiche Analogie, wie im Satz zuvor. Das Feuer steht für die Brachialgewalt, der es egal ist, was Thoreau macht. Auch verwendet er analog zu "*The Maker of them*" hier "*the Maker of fire*". Er sagt, diesen könne er nicht beeinflussen. Auch hier wieder: Man kann Naturgewalten nicht ändern oder deren Ursache, man kann jedoch Menschen verändern und die Ursachen, die sie zu den Menschen machen, die sie sind.

[169] "*Muselmann*" stammt vom türkischen "*müslüman*" ab. Es ist eine Bezeichnung für Muslime, wurde aber meist für Türken benutzt. Dass Thoreau zuvor ja schon - zumindest indirekt - Konfuzius mit der Türkei in Verbindung brachte (Absatz 25), könnte ich mir vorstellen, dass hier ein Verwechslung herrscht, da Konfuzianer häufig als sehr duldsam gelten.
Doch weiß ich auch, dass Thoreau sehr viele Schriften aus verschiedenen Ländern gelesen hat, weshalb er eigentlich auch den Koran kennen müsste. Es ist mir schleierhaft, warum er Muslime mit Fatalisten in Verbindung bringt. Da Konfuzianern jedoch häufig eine Unterwürfigkeit unter den Staat nachgesagt wird, bzw. eine "*fatalistische*" Akzeptanz herrschender Zustände, halte ich eine Verwechslung hier für am Wahrscheinlichsten.

[170] Thoreau verwendet "*force*", was nicht nur *Zwang*, sondern auch *Kraft, Gewalt, Widerstand* bedeuten kann.

[171] In Orpheus und Eurydike lesen wir: "*So saß der göttliche Sänger einst auf einem grünen, schattenlosen Hügel und begann sein Lied. Alsbald bewegte sich der Wald, näher und näher rückten die mächtigen Bäume, bis sie den Sitzenden mit ihren Zweigen überschatteten; und auch die Tiere des Waldes und die munteren Vögel kamen heran und lauschten im Kreise den wundervollen Tönen.*"

[Anpassung und Befreiung]

[41] Ich möchte mich mit keinem Menschen und keiner Nation streiten. Ich möchte keine Haarspalterei betreiben, keine feinen Unterscheidungen treffen oder mich als besser als meine Nachbarn darstellen. Ich suche vielmehr, wenn ich so sagen darf, sogar einen Vorwand, um mich den Gesetzen des Landes anzupassen. Ich bin nur zu bereit, mich ihnen anzupassen. In der Tat habe ich Grund, mich dieser Bereitschaft zu verdächtigen; und jedes Jahr, wenn der Steuereintreiber vorbeikommt, bin ich bereit, die Handlungen und die Position der Staats- und der Landesregierungen sowie die geistige Haltung des Volkes zu überprüfen, um einen Vorwand für Konformität zu finden.

"Wir müssen unser Land als unsere Eltern lieben,
Und wenn wir ihm irgendwann unsere Liebe
oder unsere Anstrengung ihm Ehre zu machen entziehen,
Dann müssen die Gründe für die Handlungen und innere Haltung,
Gewissens und Religionsgründe sein,
Nicht aber das Verlangen nach Herrschaft oder einem Vorteil."[172]

(Schwab 1974) Das Original befindet sich in: Ovid, Metamorphosen, Buch X

[172] Dieses Zitat war in der Veröffentlichung von 1849 nicht enthalten. Es findet sich erst in einer Veröffentlichung 1866 (nach seinem Tode), mit dem Titel: *"A Yankee in Canada, with Anti-slavery and reform papers"*.
Original (George Peele, The Battle of Alcazar, 2. Akt, 2. Szene):
"We must affect our country as our parents,
And if at any time we alienate
Our love or industry from doing it honor,
We must respect effects and teach the soul
Matter of conscience and religion,
And not desire of rule or benefit."
(Peele, Lukacs, und elizabethandrama.org o. J.)
Die genaue Übersetzung ist selbst ins moderne Englisch nicht einfach. In den Anmerkungen und Notizen von Peter Lukacs und ElizabethanDrama.org, 2019 (Peele, Lukacs, und elizabethandrama.org o. J.), steht: *"respect = concern. / effects = Bullen notes the uncertainty over the exact meaning of effects here; Edelman suggests 'motives'"*
Und weiter fassen sie die Bedeutung dieses Textes wie folgt:
"and if we ever turn away from loving or working for the benefit of our country, it should be over a

[42] Ich glaube, dass der Staat mir bald all meine Arbeit dieser Art aus den Händen nehmen kann, und dann werde ich kein besserer Patriot sein als meine Landsleute. Von einem niedrigeren Standpunkt aus gesehen, ist die Verfassung mit all ihren Fehlern sehr gut; das Gesetz und die Gerichte sind sehr respektabel; selbst dieser Staat und diese amerikanische Regierung sind in vielerlei Hinsicht sehr bewundernswert, und etwas Seltenes, für das man dankbar sein kann, wie schon so viele schrieben; jedoch von einem höheren Standpunkt aus gesehen, und zwar vom Höchsten aus, wer soll sagen, was sie[, die Verfassung, der Staat und die Regierung] sind, oder dass sie es wert sind, überhaupt angeschaut oder gedacht zu werden?[173]

[43] Die Regierung kümmert mich nicht sonderlich, und ich sollte an sie so wenig Gedanken wie möglich verschwenden. Es gibt nicht viele Momente, in denen ich unter einer Regierung lebe, auch nicht in dieser Welt. Wenn ein Mensch gedankenfrei ist, frei von Fantasie und Vorstellungen [über die Regierung], wenn ihn nichts [bezüglich der Regierung] für eine längere Zeit beschäftigt, können unkluge Herrscher oder Reformer ihn nicht fatalerweise [in seinen Gedankengängen] unterbrechen.

---

matter of conscience or religion, and not for purposes of selfish advancement."
"Und wenn wir uns jemals davon abwenden, zum Wohle unseres Landes zu lieben oder zu arbeiten, sollte dies eine Frage des Gewissens oder der Religion sein und nicht zum Zwecke des egoistischen Fortschritts."
In diesem Sinne habe ich es übersetzt.

[173] Meine Vermutung ist, dass Thoreau hier meint, dass von einem niedrigen Standpunkt aus alles prima ist, aber wenn man alles von oben betrachtet, ist es nicht einmal eine nähere Betrachtung wert. Häufig muss man eine Gesellschaft verlassen, um sie von außen betrachten zu können. Und dann kann es sein, dass einem all das, was man bisher für richtig und wichtig nahm, plötzlich lächerlich und unbedeutend vorkommt.
Etwas Ähnliches hat Thoreau bereits zuvor erwähnt. Die Menschen machen mit, weil sie nicht über das System in dem sie sich befinden nachdenken. Sie sind gefangen und können sich geistig nicht befreien. Man muss sich aber von seinen Überzeugungen befreien, um zu sehen, was man sich bisher weigerte zu sehen - und dann erkennt man vielleicht die Lächerlichkeit dieses Systems.

[Webster]

[44] Ich weiß, dass die meisten Menschen anders denken als ich; Diejenigen, deren Leben dem Studium dieser oder verwandter Fächer gewidmet sind, befriedigen mich genauso wenig wie andere. Staatsmänner und Gesetzgeber, die so vollständig ein Teil der staatlichen Organe[174] sind, sehen sie [die Gesellschaft] nie deutlich und unverhüllt. Sie sprechen davon, die Gesellschaft zu bewegen, aber ohne sie haben sie keinen Ruhepunkt[175]. Sie mögen Männer mit einer gewissen Erfahrung und einem kritischen Urteilsvermögen sein und haben zweifellos geniale und sogar nützliche Systeme erfunden, wofür wir ihnen aufrichtig danken; aber all ihre Scharfsinnigkeit und ihre Nützlichkeit liegen innerhalb gewisser nicht sehr weiter Grenzen. Sie sind es gewohnt zu vergessen, dass die Welt nicht durch Politik und Zweckdienlichkeit regiert wird. Webster[176] hintergeht nie die Regierung und kann daher nicht mit Autorität über sie sprechen. Seine Worte sind Weisheit für jene Gesetzgeber, die keine wesentliche Reform der bestehenden Regierung ins Auge fassen; Für Denker und diejenigen, die sich mit ewigen Gesetzmäßig-

---

[174] Original: "*Institution*"

[175] Original: "*They speak of moving society, but have no resting-place without it.*" Ich vermute, Thoreau spielt hier mit Bewegung (*moving*) und Ruhe (*resting*). Einerseits wollen sie etwas bewegen, andererseits benötigen sie die Ruhe. Dies könnte im übertragenen Sinne bedeuten: Sie wollen die Gesellschaft verändern, wollen aber auch ihre Stabilität und Sicherheit genießen. Übertragen bedeutet dies (um auf Archimedes - siehe unten - hinzuweisen): man kann etwas nur "*bewegen*" oder verändern, wenn man nicht Teil davon ist.
In "*Paradise (to be) regained*" (Thoreau 2013) schreibt Thoreau:
"*[Love] can move the globe without a resting place*"
Dies und das obige Zitat sind wahrscheinlich Abwandlungen eines berühmten Zitates von Archimedes:
"*Give me a place to stand, and I shall move the Earth with it'.*"
Archimedes erforschte die Hebelwirkung. In diesem Zusammenhang meinte er (im übertragenen Sinne), er könne sogar die Erde bewegen, wenn er einen Ruhepunkt außerhalb und einen genügend großen Hebel hätte.

[176] Daniel Webster (1782 – 1852) war der Senator von Massachusetts und Rechtsanwalt. Als Politiker war er zwar gegen den Krieg gegen Mexiko, in der Frage der Sklaverei nahm er jedoch keine eindeutige Haltung ein.

keiten befassen[177], wirft er nicht ein einziges Mal einen Blick auf das Thema. Ich kenne diejenigen [Menschen], deren gelassene und weise Spekulationen zu diesem Thema bald die Grenzen der Reichweite und Aufnahmefähigkeit[178] seines Geistes aufzeigen würden. Doch verglichen mit den billigen Leidenschaften der meisten Reformer und den noch billigeren Weisheiten und Beredsamkeiten der Politiker im Allgemeinen, sind seine fast die einzigen vernünftigen und wertvollen Worte, und wir danken dem Himmel für ihn. Im Vergleich dazu ist er immer stark, originell und vor allem praktisch. Dennoch ist seine besondere Qualität nicht Weisheit, sondern Vorsicht. Die Wahrheit des Anwalts [Daniel Webster] ist keine Wahrheit, sondern Beständigkeit oder eine beständige Zweckdienlichkeit. Die Wahrheit [des Anwalts] ist immer in Harmonie mit sich selbst und es geht ihm nicht in erster Linie darum, die Gerechtigkeit zu enthüllen, die in einem Unrecht bestehen kann. Er verdient es sehr wohl, der Verteidiger der Verfassung genannt zu werden, wie er genannt worden ist. Er wird nie angegriffen, nur verteidigt[179]. Er ist kein Führer, sondern ein Mitläufer. Seine Führer sind die Männer von '87[180]. "Ich habe nie eine Anstrengung unternommen", sagt er, "und schlage nie vor, eine solche zu unternehmen; ich habe nie eine Anstrengung geduldet und beabsichtige niemals eine Anstrengung zu dulden, die die ursprünglich getroffene Vereinbarung stört, mit der verschiedene Staaten der Union beige-

---

[177] Im Original: "*for thinkers, and those who legislate for all time*". Der Zweite Teil heißt etwa: "*die, die Gesetze für alle Zeiten verfassen*". Da sie zusammen mit den Denkern erwähnt werden, geht es hier wohl eher um philosophische Ansichten über allgemeine - und deshalb für alle Zeiten gültige - Gesetze, unabhängig von Staaten oder Regierungen.

[178] Original: "*hospitality*"

[179] Im Original: "*There are really no blows to be given him but defensive ones.*" Der Satz macht keinen Sinn, da Politiker normalerweise immer angegriffen werden, aber so steht er nun mal da. In Verbindung mit dem Folgesatz jedoch würde die Ergänzung eines "*by*" vor "*him*" Sinn machen. Denn dann würde es bedeuten, dass er nie angreift, sondern nur verteidigt, was insgesamt besser in den Textzusammenhang passen würde.

[180] 1787 trat der Verfassungskonvent der Vereinigten Staaten, also quasi die verfassungsgebende Versammlung, in Philadelphia zusammen. Auch hier wurde geschachert, so gut es ging, da sich der Norden mit dem Süden und der Osten mit dem Westen einig werden musste. Und so war diese Verfassung der kleinste gemeinsame Nenner aller. Menschenrechte hatten darin keinen Platz, denn Sklavenhaltung war ja nach wie vor erlaubt.

treten sind". Er denkt immer noch an die Auflagen, die die Verfassung der Sklaverei auferlegt[181], und sagt: "Weil sie Teil der ursprünglichen Überein-kunft war – lasst sie bestehen." Ungeachtet seiner besonderen Schärfe und Fähigkeit ist er nicht in der Lage, eine Tatsache aus den rein politischen Beziehungen herauszunehmen und gesondert zu betrachten, wenn die Ver-nunft dies vorschreibt[182] – was zum Beispiel ein Mann hier im heutigen Amerika in Bezug auf die Sklaverei tun sollte -, aber er wagt es oder wird dazu getrieben, eine solch verzweifelte Antwort wie die folgende zu geben, während er sich uneingeschränkt zu äußern wagt, und zwar als Privatmann – woraus man auf welche neuen und einzigartigen sozialen Pflichten schließen könnte? "Die Art und Weise", sagt er, "in der die Regierungen der Staaten, in denen Sklaverei existiert, diese regeln sollen, liegt in ihrer Verantwortung gegenüber ihren Wählern, unter Berücksichtigung der allgemeinen Gesetze von Anstand, Menschlichkeit und Gerechtigkeit und gegenüber Gott. Anderswo gegründete Vereinigungen, die aus einem Gefühl der Menschlich-keit oder aus einem anderen Grund entstanden sind, haben damit nichts zu tun. Sie haben nie irgendeine Ermutigung von mir erhalten und werden es auch nie erhalten."

[45] Diejenigen, die keine reineren Quellen der Wahrheit kennen [als die Bibel oder die Verfassung], die nie den Fluss der Wahrheit weiter hinaufge-schwommen sind, halten - und halten weise - zur Bibel und der Verfassung

---

[181] Das *Fugitive Slave Act* von 1793 garantierte einem Sklavenhalter das Recht, einen entkommenen Sklaven wiederzubekommen, wenn dieser in einen Staat floh, in welchem es keine Sklaverei gab. Der *Missouri-Kompromiss* vom 3. März 1820 war eine Vereinbarung, die Missouri als Sklavenstaat anerkannte, im Austausch gegen Gesetze, die die Sklaverei nördlich des 36°30'-Breitengrads - mit Ausnahme von Missouri – untersagten.
Wie wir wissen, gab es den Sklavenhandel zu Zeiten Thoreaus, also 1849, noch immer. Die Regierung hatte nichts verboten, konnte aber am Sklavenhandel über Steuern mitverdienen, sowie an der Baum-wollproduktion.

[182] Original: "*and behold it as it lies absolutely to be disposed of by the intellect*" wörtlich: "*dass etwas herausgenommen wird vom Intellekt*" Der Intellekt, also die Vernunft, sagt uns, dass wir etwas heraus-nehmen müssen.

und trinken mit Ehrfurcht und Menschlichkeit aus ihr; die aber, die sehen, woher das Wasser in diesen oder jenen See oder Teich rieselt, packen ihre Sachen noch einmal zusammen und pilgern weiter zur Quelle.[183]

[Schluss]

[46] Kein Mann mit einer Begabung für Gesetzgebung ist in Amerika erschienen. Sie sind selten in der Weltgeschichte. Es gibt zu tausenden Redner, Politiker und beredte Männer; aber der Redner hat noch nicht den Mund aufgemacht, der in der Lage ist, die vielbeschworenen Fragen der Zeit zu klären. Wir lieben die Beredsamkeit um ihrer selbst willen, und nicht wegen der Wahrheit, die sie ausspricht, oder wegen des Heldentums, das sie hervorbeschwören kann. Unsere Gesetzgeber haben den Wert[184] des freien Handels und der Freiheit, der Union und der Rechtschaffenheit für eine Nation noch nicht erkannt. Sie haben weder die Geistesgröße noch das Talent zur Lösung vergleichsweise bescheidener Fragen[, wie] der Besteuerung und der Finanzen, des Handels und der Industrie und der Landwirtschaft. Würde man uns [und unser Schicksal] allein der wortreichen Scharfsinnigkeit der Gesetzgeber im Kongress überlassen, unkorrigiert durch die jahrhundertealte Erfahrung und die wirkungsvollen Beschwerden der Menschen, würde Amerika seinen Rang unter den Nationen nicht lange behalten. Vor eintausendachthundert Jahren wurde das Neue Testament geschrieben, obwohl ich vielleicht

---

[183] Original: *"They who know of no purer sources of truth, who have traced up its stream no higher, stand, and wisely stand, by the Bible and the Constitution, and drink at it there with reverence and humanity; but they who behold where it comes trickling into this lake or that pool, gird up their loins once more, and continue their pilgrimage toward its fountainhead."* An manchen Teilen habe ich sehr frei übersetzt.

Thoreau möchte hier wohl zwischen denen unterscheiden, die alles als gegeben hinnehmen und denen, die hinterfragen (nach der Quelle suchen) aber auch nach höherem streben (sie müssen den Berg hinauf).

[184] Im Original: *"comparative value of free trade and of freedom"*. *"comparative value"* = Vergleichwert macht im Deutschen keinen Sinn, auch in einem anderen Zusammenhang macht *"Vergleich"* oder *"vergleichsweisen ..."* hier wenig Sinn. Deshalb habe ich das Wort weggelassen.

nicht das Recht habe, das zu erwähnen; Aber wo ist der Gesetzgeber, der genug Weisheit und praktisches Talent besitzt, um das Licht zu nutzen, das es auf die Wissenschaft der Gesetzgebung wirft.

[47] Die Autorität der Regierung, selbst solcher [Regierung], der ich mich zu unterwerfen bereit bin, – denn ich werde diesen [Menschen] fröhlich gehorchen, die es besser wissen und besser können als ich, und in vielen Dingen sogar denjenigen, die weder viel Ahnung haben noch es gut können - ist immer noch eine unmoralische: Um genau zu sein: Sie[, die Regierung,] muss den Segen und die Zustimmung der Regierten haben. Sie kann nicht das ungetrübte Recht über meine Person und mein Eigentum haben, sondern nur über das, was ich ihr zugestehe. Der Fortschritt von einer absoluten zu einer begrenzten Monarchie und von einer begrenzten Monarchie zu einer Demokratie ist jeweils ein Fortschritt hin zu einer wahren Achtung des Individuums. Sogar der chinesische Philosoph war weise genug, den Einzelnen als die Grundlage des Reiches zu betrachten.[185] Ist eine Demokratie, wie wir sie kennen, die letzte mögliche Verbesserung der Regierungsform? Ist es nicht möglich, einen Schritt weiter in Richtung auf die Anerkennung und Organisation der Rechte des Menschen zu gehen? Es wird nie einen wirklich freien und aufgeklärten Staat geben, solange der Staat den einzelnen Menschen nicht als eine höhere und unabhängige Macht anerkennt, von der seine ganze eigene Macht und Autorität abgeleitet ist, und ihn entsprechend behandelt. Ich stelle mir einen Staat vor, der es sich leisten kann, allen Menschen gerecht zu sein und den einzelnen Menschen mit Respekt, wie einen Nachbarn, zu behandeln; der es sogar nicht für unvereinbar mit seiner eigenen Ruhe halten würde, wenn einige wenige distanziert von ihm lebten, sich

---

[185] panarchy.org (Thoreau und pananarchy.org o. J.) weisen auf einen Tagebucheintrag Thoreaus hin, in welchem er schrieb (übersetzt): *"Mencius sagte: Die Menschen sprechen im Allgemeinen von 'der Welt', 'dem Staat' und 'der Familie'. Die Wurzel der Welt liegt im Staat; die Wurzel des Staates liegt in der Familie; die Wurzel der Familie liegt in der Person"*
Mit *"Mencius"* ist *Mengzi* (eigentlich Meng-tse = Meister/Lehrer Meng) gemeint, der etwa 370 - 290 v. Chr. lebte und als der bedeutendste Nachfolger des Konfuzius (Kong-fu-tse oder Kung-fu-tzu = König der Lehrer) gilt. (*"tse"*, *"dse"* oder *"tzu"*, je nach Transkription, steht für *"Meister"* oder *"Lehrer"*). Er vertrat ein positives Menschenbild.

nicht in ihn einmischten und nicht von ihm umarmt[186] würden, die jedoch alle Pflichten als Nachbarn und Mitmenschen erfüllten. Ein Staat, der diese Art von Früchten tragen würde und sie, sobald sie reifen, abfallen lassen würde, würde den Weg für einen noch vollkommeneren und glorreicheren Staat bereiten, den auch ich mir vorgestellt habe, den ich aber noch nirgends gesehen habe.

---

[186] Wahrscheinlich ist hier gemeint, dass einige auch nicht seinen Schutz suchen.

LEBEN OHNE PRINZIPIEN

[Originaltitel: Life Without Principle]

(Autor: Henry David Thoreau, Übersetzung und Fußnoten: Christina Schieferdecker)

[Einleitung]

[1] In einem Lyzeum[187] hatte ich vor nicht allzu langer Zeit das Gefühl, dass der Dozent ein Thema gewählt hatte, das ihm selbst zu fremd war, und so konnte er mein Interesse nicht so sehr wecken, wie er es vielleicht getan hätte. Er beschrieb die Dinge nicht mit dem Herzen oder in der Nähe seines Herzens, sondern nur an der Oberfläche[188]. In diesem Sinne gab es in der Vorlesung keinen wirklich zentralen oder zentralisierenden Gedanken. Ich hätte ihn mit seinen intimsten Erfahrungen umgehen lassen sollen, wie man es als Dichter tut.[189] Das größte Kompliment, das mir je gemacht wurde, war, als man mich fragte, was ich denken würde, und sich um meine Antwort kümmerte. Ich bin überrascht, aber auch erfreut, wenn dies geschieht, denn es ist ein so seltener Gebrauch, den jemand von mir macht, als ob er mit dem Werkzeug vertraut wäre. Wenn Menschen etwas von mir wollen, dann wollen sie gewöhnlich nur wissen, wie viele Morgen es werden, wenn ich ihr Land vermesse[190] – da ich Landvermesser bin – oder höchstens, welche trivi-

---

[187] In des USA gab es eine Lyceum-Bewegung. Deren Ziel war es, Bildung für alle Menschen, vor allem Erwachsene, zugänglich zu machen. Ein Lyceum ist also etwas, wie eine Volkshochschule. Hier wurden Vorträge zu bestimmten Themen angeboten, für die die Redner bezahlt wurden.

[188] Im Original: "*He described things not in or near to his heart, but toward his extremities and superficies.*" Eigentlich: "*Nicht nahe seines Herzens, sondern nahe der Extremitäten und der Oberfläche*". Da ich "*Extremitäten*" irreführend fand, da dies im Deutschen noch eine Zusatzbedeutung hat, habe ich es bei "an der Oberfläche" belassen.

[189] Leider erfahren wir nicht, "*wie man es als Dichter tut*". Vielleicht möchte er sagen, dass er ihn hätte fragen sollen, was er wirklich dachte?

[190] Im Original: "*how many acres I make of their land*" Da Thoreau ja nur misst und das Land oder die Größe des Grundbesitzes nicht ändert, ist "*machen*" an dieser Stelle keine passende Übersetzung. "*Machen*" würde nur in sofern eine Bedeutung machen, wenn wenn nach dem Endergebnis gefragt

alen Neuigkeiten ich mit mir herumtrage. Sie werden sich nie mit meinem Inneren auseinandersetzen[191]; sie bevorzugen die Schale. Ein Mann kam einmal von weit her, um mich zu bitten, eine Vorlesung über Sklaverei zu halten; aber als ich mich mit ihm unterhielt, stellte ich fest, dass er und seine Clique erwarteten, dass sieben Achtel der Vorlesung ihnen gehörten und nur ein Achtel mir; also lehnte ich ab. Wenn ich eingeladen werde, irgendwo einen Vortrag zu halten, gehe ich davon aus – denn ich habe ein wenig Erfahrung in diesem Geschäft -, dass der Wunsch besteht, meine Meinung zu irgendeinem Thema zu hören, auch wenn ich vielleicht der größte Narr im Lande bin, und nicht, dass ich nur angenehme Dinge sagen sollte, oder solche, denen die Zuhörer zustimmen werden, und ich beschließe dementsprechend, dass ich ihnen eine starke Dosis von mir selbst verabreichen werde. Sie haben nach mir geschickt und sich entschieden mich zu bezahlen, und ich habe mich entschlossen, dass sie mich haben werden, und ich sie über alles bisher Dagewesene nervös und betroffen mache[192].

[2] Deshalb möchte ich nun etwas Ähnliches zu Ihnen, meinen Lesern, sagen. Da Sie meine Leser sind und ich nicht viel gereist bin, werde ich nicht über Menschen sprechen, die tausend Meilen entfernt sind, sondern so nahe

---

wird, ähnlich wie *"Wieviel macht das?"*, im Sinne von *"Wieviel Land habe ich?"*

[191] Original: *"They never will go to law for my meat"*. *"Go to law"* = *"vor Gericht gehen"*. Der Satz bedeutet also: *Sie werden nie über mein Fleisch urteilen*

[192] Thoreau verwendet hier *"bore"*. *"To bore"* bedeutet im Englischen "bohren" und "langweilen". Da *"bore"* sowohl *bohren, stechen* als auch *langweilen* bedeutet, könnte die Doppeldeutigkeit hier Absicht sein. Leider gibt es kein deutsches Wort, das beide Wortbedeutungen auch nur annähernd enthält. Die englische *"Langeweile"* hat keinen Zusammenhang mit einer *"langen Weile"*, wie im Deutschen, sondern ist etwas *Bohrendes*.
"To bore" im Sinne von *"langweilen"* bedeutet laut Merriam Webster: *"to cause to feel weariness and restlessness"*. Wenn jemand *"boring"* ist, dann erzeugt er ein Gefühl von Überdruss und Rastlosigkeit. Zusätzlich werden die Zuschauer von ihm *"angebohrt"*, oder in ihrem Inneren getroffen, im weitesten Sinne. Ich vermute, dass Thoreau sein Publikum nicht *"langweilen"* möchte, sondern dass er ausdrücken möchte, dass er diese Oberflächliche, die er zuvor kritisierte, durchstoßen möchte. Quasi *"nicht oberflächlich sein, sondern das Innere ansprechen"*.
Das bei mir entstehende Bild ist eher das des nervösen Betroffenseins, das zu dieser Beschreibung passt. Deshalb habe ich mich für diese Übersetzung entschieden.

wie möglich bei meiner Heimat bleiben. Da die Zeit knapp bemessen ist, werde ich alle Schmeicheleien weglassen und mich nur auf die Kritik konzentrieren[193].

[3] Lassen Sie uns über die Art und Weise nachdenken, mit der wir unser Leben verbringen.

[Geschäftigkeit und Ansehen]

[4] Diese Welt ist ein Ort der Geschäftigkeit[194]. Was für ein unendlicher Trubel! Fast jede Nacht werde ich vom Hecheln der Lokomotive geweckt. Sie unterbricht meine Träume. Es gibt keinen Sabbat. Es wäre herrlich, die Menschheit einmal in Muße zu sehen. Es ist nichts als Arbeit, Arbeit, Arbeit. Ich kann mir nicht einfach ein leeres Buch kaufen, in das ich meine Gedanken schreiben kann; sie werden üblicherweise nach Dollar und Cent bewertet[195]. Ein Ire, der sah, wie ich eine Notiz auf dem Feld [stehend] machte, nahm es als selbstverständlich an, dass ich [gerade] meinen Lohn berechne.[196] Wenn ein Mensch als Säugling aus dem Fenster geworfen wurde und dadurch zum lebenslangen Krüppel wurde oder von den Indianern zu Tode erschreckt wurde, wird das vor allem deshalb bedauert, weil er dadurch untauglich wurde - und nicht mehr geschäftig sein kann![197] Meiner Meinung nach gibt es nichts, auch nicht das Verbrechen, das der Poesie, der Philosophie, ja dem Leben selbst mehr entgegensteht, als diese unaufhörliche Geschäftigkeit.

---

[193] Original: "*and retain all the criticism.*" = "*und behalten alle Kritik bei*".

[194] "*Business*" ist einerseits "*Geschäfte machen*", es ist aber auch - abgeleitet von "*to be busy*" - beschäftigt sein, etwas unternehmen. Im Deutschen spiegelt deshalb "*Geschäftigkeit*" diese Doppeldeutigkeit etwas wieder, auch wenn es altmodisch klingt. "*Unternehmertum*" würde auch ganz gut als Übersetzung passen.

[195] "*Rule*", was Thoreau im Original verwendet, ist auch das Maß. "*To be ruled*" ist also, nach welchem Maß etwas bemessen wird.

[196] Thoreau machte sich stets Notizen, wenn er unterwegs war, die er dann in sein Tagebuch übertrug.

[197] Original: "*because he was thus incapacitated for—business!*". Eigentlich ist es wörtlich "*untauglich gemacht wird für - die Geschäftigkeit*".

[5] Es gibt einen groben und ungestümen Geldverdiener am Rande unserer Stadt, der unter dem Hügel am Rande seiner Wiese eine Mauer [zum Schutz vor der Erosion des Hanges] bauen will. Irgendwelche Mächte[198] haben ihm das in den Kopf gesetzt, [dass er dies tun müsse], um sich vor Verlusten zu schützen, und er möchte, dass ich drei Wochen lang mit ihm dort grabe. Das Ergebnis wird sein, dass er vielleicht etwas mehr Geld zum Horten bekommt und dieses seinen Erben zum törichten Ausgeben überlassen wird. Wenn ich das tue, werden mich die meisten als fleißigen und arbeitsamen Menschen loben; aber wenn ich mich dafür entscheide, mich bestimmten Arbeiten zu widmen, die zwar mehr echten Gewinn bringen, aber nur wenig Geld, werden sie vielleicht geneigt sein, mich als Faulenzer zu betrachten. Da ich jedoch keinen Wert darauf lege, dass ich sinnlose Arbeit verrichte, damit andere mich danach beurteilen können[199], und da ich in dem Unternehmen dieses Burschen absolut nichts Lobenswertes sehe, ebenso wenig wie in manchen Unternehmungen unserer eigenen oder einer fremden Regierung, egal wie unterhaltsam es für ihn oder sie auch sein mag, ziehe ich es vor, mich anderweitig um meine Bildung zu kümmern[200].

[6] Wenn ein Mensch aus Liebe zum Wald in diesem den halben Tag wandert, läuft er Gefahr, als Faulpelz betrachtet zu werden; wenn er aber seinen ganzen Tag als Spekulant verbringt, den Wald abholzt und die Erde vor ihrer Zeit zur Wüste werden lässt[201], wird er als fleißiger und unternehmungslustiger Bürger geschätzt. Als ob eine Stadt kein Interesse an ihren Wäldern hätte, sondern daran, sie abzuholzen!

---

[198] Thoreau spricht von *"The Powers"*, die dem Mann etwas in den Kopf gesetzt haben sollen.

[199] Im Original: *"I do not need the police of meaningless labor to regulate me"*, bedeutet wörtlich übersetzt: *"Ich benötige keine Beaufsichtigung bei bedeutungsloser Arbeit, um mich [ein] zu ordnen"*.

[200] Im Original: *"I prefer to finish my education at a different school."* = *"Ich bevorzuge es, meine Ausbildung an einer anderen Schule zu vollbeenden"*. Da wir wissen, dass Thoreau das Wandern in der Natur für eine wichtige Beschäftigung und die Natur als wichtige Schule für den Menschen sieht, soll dies wahrscheinlich die Überleitung zum nächsten Absatz sein.

[201] Thoreau spricht hier wörtlich von *"Bäume abschneiden"*, wodurch dann die Erde, wie ein Kopf, von dem man die Haare abschneidet, *"kahl"* wird. Ich habe mich für ein anders Beispiel entschieden, das etwa die gleiche Bedeutung hat und im Deutschen besser funktioniert.

[Würdevolle Arbeit]

[7] Die meisten Menschen würden sich beleidigt fühlen, wenn man ihnen vorschlagen würde, sie damit zu beschäftigen, Steine über eine Mauer zu werfen und sie dann zurück zu schmeißen, nur damit sie ihren Lohn verdienen. Aber viele sind heute nicht mehr würdig beschäftigt. Ein Beispiel: Kurz nach Sonnenaufgang, an einem Sommermorgen, bemerkte ich, wie einer meiner Nachbarn[202] neben seinem Gespann lief, das langsam einen schweren behauenen Stein, der sich um eine Achse drehte, hinter sich her zog, umgeben von einer Atmosphäre der Emsigkeit, - seine Tagesarbeit begann, - seine Stirn geriet ins Schwitzen, - ein Vorwurf an alle Faulenzer und Müßiggänger, - dann hielt er neben den Schultern seiner Ochsen inne und drehte sich halb um, und schwang seine barmherzige Peitsche, während sie [gemeinsam] ihre Bahnen auf dem Feld zogen. Und ich dachte: Das ist die Arbeit, die der amerikanische Kongress zu schützen hat, - ehrliche, männliche Mühsal, - ehrlich, wie der Tag lang ist, - die ihn zufrieden[203] sein Brot essen lässt und die Gesellschaft mit ihm zufrieden sein lässt, - [die Arbeit,] die alle Menschen respektieren und geweiht haben: [Und so ist dieser arbeitende Mensch] einer der Heiligen Schar[204], die die nötige, aber lästige Plackerei tut. Tatsächlich

---

[202] Thoreau nennt nahezu jeden seiner Mitmenschen in Concord *Nachbarn*, egal, ob er ihn kennt, oder nicht.

[203] Im Original: "*that makes his bread taste sweet, and keeps society sweet.*" Da "*sweet*" in der Bedeutung von "*süß*" im zweiten Teil des Satzes nicht passt und ich die Doppelung erhalten wollte, habe ich "*zufrieden*" verwendet. In dieser Bedeutung wird "*sweet*" im zweiten Satz verwendet.
Cramer (Thoreau und Cramer 2013) behauptet, Thoreau beziehe sich hier auf die Sprüche Salomos, 20:17, wo es heißt (King James Bibel): "*Bread of deceit is sweet to a man; but afterwards his mouth shall be filled with gravel.*" Lutherbibel: "*Das gestohlene Brot schmeckt dem Manne wohl; aber hernach wird ihm der Mund voll Kieselsteine werden.*" (bibeltext.com 2020)

[204] Wikipedia: "*Die Heilige Schar [von Theben] war eine Eliteeinheit der antiken thebanischen Streitkräfte, die aus 150 männlichen Liebespaaren bestand und von dem thebanischen Feldherrn Gorgidas gegründet wurde. Sie stellte den Kern der thebanischen Phalanx dar.*" (Wikipedia 2020c)
Es gibt eine weitere Heilige Schar. Wikipedia: "*Die Heilige Schar war eine Streitmacht, die Alexander Ypsilantis zu Beginn des griechischen Unabhängigkeitskrieges Mitte März 1821 in der Walachei, heute Teil Rumäniens, gegründet hatte. Sie wurde von freiwilligen Studenten [...] gegründet. Es war die erste organisierte Militäreinheit des griechischen Unabhängigkeitskrieges (1821) und der griechischen Armee im Allgemeinen. Ypsilantis dachte, dass diese jungen Leute die Seele seiner Armee wer-*

empfand ich einen leichten Vorwurf, weil ich dies vom Fenster aus beobachtete und nicht draußen war und nicht einem ähnlichen Geschäft nachging[205]. Der Tag verging, und am Abend ging ich am Hof eines anderen Nachbarn vorbei, der viele Diener unterhält und törichterweise viel Geld ausgibt, während er nichts zum gemeinsamen Einkommen [seines Hofes][206] beiträgt, und da sah ich den Stein des Morgens neben einem skurrilen Gebilde[207] liegen, das das Anwesen dieses Lord Timothy Dexter schmücken sollte[208], und die Würde [die ich] der Arbeit des Gespannführers [zugeschrieben hatte], war augenblicklich dahin. Meiner Meinung nach wurde die Sonne dazu gemacht, würdevollere Arbeit als diese zu bescheinen. Ich darf hinzufügen, dass sein Arbeitgeber inzwischen abgehauen ist, einem guten Teil der Stadt etwas schuldig ist und sich, nach einem Gerichtsprozess[209], woanders niedergelassen hat, um dort wieder ein Gönner der Geisteswissenschaften zu werden.[210]

[8] Die Wege, auf denen man fast ausnahmslos zu Geld kommen kann, führen fast ausnahmslos nach unten. Etwas getan zu haben, womit man Geld verdient hat, bedeutet lediglich, wirklich untätig gewesen zu sein oder schlimmer. Wenn der Arbeiter nicht mehr als den Lohn bekommt, den sein Arbeitgeber ihm bezahlt, wird er betrogen, er betrügt sich selbst. Um als Schriftsteller oder Dozent Geld zu bekommen, müssen Sie beliebt sein, was den eigenen Untergang bedeutet[211]. Die Dienste, die die Gemeinschaft am bereitwilligsten bezahlt, sind am unangenehmsten zu erbringen. Man wird dafür bezahlt, dass man etwas weniger ist als ein Mensch. Der Staat belohnt

---

den könnten. Aus diesem Grund lieh er sich den Namen der Heiligen Schar von Theben aus." (Wikipedia 2020b)

[205] Im Original: "stirring about a similar business". "Stirring" von "to stir": etwas bewegen, sich regen, sich rühren.

[206] Original: *"common Stock"*: Damit ist das gemeinsame Einkommen, bzw. der gemeinsame Besitz/ Bestand gemeint.

[207] Original: *"structure"* = *"Struktur"*

[208] Lord Timophy Dexter starb bereits 1806. Es handelte sich deshalb wohl um ein Anwesen, das ihm früher gehört hatte und nun einen anderen Besitzer hatte und zwar Samuel Green Wheeler, wie wir von Cramer (Thoreau und Cramer 2013) erfahren.

ein Genie im Allgemeinen auch nicht besser. Selbst der Poet-Laureate[212] möchte die Unfälle des Königtums lieber nicht feiern müssen. Er muss mit einer Flasche Wein bestochen werden[213]; und vielleicht wird ein anderer Dichter von seiner Muse weg gerufen, um den Inhalt genau dieser Flasche zu überprüfen. Was mein eigenes Geschäft anbelangt, so ist selbst die Art von Vermessung, die ich [als Landvermesser] mit größter Genugtuung durchführen könnte, von meinen Arbeitgebern nicht gewollt. Sie würden es vorziehen, wenn ich meine Arbeit grob und nicht zu gut, ja, nicht gut genug machen würde. Wenn ich anmerke, dass es verschiedene Arten der Vermessung gibt, fragt mein Arbeitgeber gewöhnlich, welche ihm das meiste Land einbringt, und nicht, welche am korrektesten ist. Ich habe einmal eine Regel

---

[209] Im Original: "*after passing through Chancery*". Mit Chancery ist hier der Court of Chancery gemeint, eine Gerichtsbarkeit neben der des offiziellen Gerichts. Wikipedia: "*Durch Anwendung der strikten formalen Regeln des* common law *durch die königlichen Gerichte kam es oft zu als ungerecht empfundenen Urteilen, gegen die der englische König schon früh die Möglichkeit eröffnete, sich an ihn zu wenden, um ein* at law *richtiges Urteil als in* equity *ungerecht aufzuheben. Der König delegierte diese Aufgabe bald an seinen Lordkanzler. Equity entwickelte schon bald ein Eigenleben und bildete ein ergänzendes Regelwerk zum* common law *und konnte am* court of Chancery, *d. h. am Gericht des Kanzlers, mit einer eigenen Klage erlangt werden.*" (Wikipedia 2018) Diese parallele Gerichtsbarkeit gab es wohl auch nach der Unabhängigkeit von England weiterhin.

[210] "*Patron of the arts*". Da Thoreau hier "*wieder*" (once more) schreibt, nehme ich an, dass er "*patron of the arts*" in dem Sinne meint, dass er (Samuel Green Wheeler) wieder andere für sich arbeiten lässt. Er ist der "*patron*", während andere etwas tun. Deshalb habe ich mich für "*Gönner der Geisteswissenschaften*" entschieden, weil dies im übertragenen Sinn auch bedeuten kann: Er gibt sich "*geistiger*" Arbeit hin, während andere im Schweiße ihres Angesichts für ihn arbeiten. Über Samuel Green Wheeler wissen wir, Dank der Aufzeichnungen in "*Memoirs of members of the Social Circle in Concord: third series, from 1840 to 1895.*" (John Shepard Keyes 1888, 60–65), dass Wheeler nach seinem Weggang wieder Spekulationsgeschäfte tätigte und abermals pleite ging.

[211] Original: "*which is to go down perpendicularly*" = "*was bedeutet konstant zu sinken*". Schon weiter oben erwähnt Thoreau, dass ihm Geld gezahlt werden würde, damit er belanglose Sachen sagen würde, also das, was die Menschen hören wollten - und er dies eigentlich ablehne. Ich vermute, dass er dies hier meint. Um beliebt zu sein, muss ich mich selbst verraten, muss das sagen, was sie hören wollen. Wenn ich aber Dinge hinterfrage, weil ich etwas ändern möchte, bin ich automatisch unbeliebter und verdiene weniger Geld.

[212] Ein vom Staat besonders ausgezeichneter Dichter, bzw. ein vom Staat besonders gefeierter und anerkannter Dichter (vom Lateinischen "*poeta laureatus*" = "*lorbeergekrönter Dichter*"), auch der Dichter des Königshofes.

[213] Es war Brauch, dem *Poet Laureate* zur Amtseinführung mehre Fässer Wein oder Sherry zu schenken.

für die Vermessung von gebündeltem Feuerholz erfunden und versucht, sie in Boston einzuführen; aber der Vermesser dort sagte mir, dass die Verkäufer ihr Holz nicht korrekt vermessen lassen wollten, dass er schon zu genau für sie sei, und deshalb ließen sie ihr Holz gewöhnlich in Charlestown vermessen [anstatt bei ihm in Boston], bevor sie die Brücke [nach Boston] überquerten.

[9] Das Ziel des Arbeiters sollte nicht sein, seinen Lebensunterhalt zu verdienen, "eine gute Arbeit" zu bekommen, sondern eine bestimmte Arbeit gut auszuführen; und selbst in einem monetären Sinne wäre es für eine Stadt wirtschaftlich, ihre Arbeiter so gut zu bezahlen, dass sie nicht das Gefühl hätten, sie arbeiteten für niedrige Zwecke, für den reinen Lebensunterhalt, sondern für wissenschaftliche oder sogar moralische Zwecke. Stellen Sie nicht einen Menschen ein, der Ihre Arbeit für Geld tut, sondern einen, der sie aus Liebe zu ihr tut.

[10] Es ist bemerkenswert, dass es Menschen gibt, die eine so gute Arbeitsstelle haben, die ihren Wünschen entspricht, aber dass sie sich mit ein wenig Geld oder Ruhm im Allgemeinen kaufen ließen und ihre gegenwärtige Beschäftigung aufgeben würden. Ich sehe Werbung für tatkräftige[214] junge Männer, als ob Tatkraft das gesamte Kapital eines jungen Mannes wäre. Dennoch war ich überrascht, als jemand mir, einem erwachsenen Mann, mit Zuversicht vorschlug, mich an einer seiner Unternehmungen zu beteiligen, als ob ich absolut nichts zu tun hätte, und als ob mein Leben bisher ein völliger Misserfolg gewesen wäre. Was für ein zweifelhaftes Kompliment das für mich war! Als wäre er mir auf halbem Weg über den Ozean entgegengekommen, gegen den Wind ankämpfend, aber nirgendwo hin gehörend, und hätte mir vorgeschlagen, mit ihm mitzufahren! Wenn ich das täte, was würden die angestellten Seeleute[215] Ihrer Meinung nach sagen? Nein, nein! Ich bin in

---

[214] Im Original: "*active*" (aktiv)

[215] Im Original: "*the underwriters*": Das sind die, die ihre Unterschrift unter einen Vertrag gesetzt haben. Das es im Folgenden um Seeleute geht, habe ich mich auch hier auf sie bezogen. Was uns Thoreau mit diesem Satz und den restlichen dieses Absatzes sagen will, ist mir schleierhaft. Meine einzige Idee ist

dieser Phase der Reise nicht ohne Arbeit. Um die Wahrheit zu sagen, habe ich als Junge in meinem Heimathafen eine Anzeige für arbeitsfähige Seeleute gesehen, und sobald ich volljährig war, schiffte ich mich ein.[216]

[11] Die Gemeinschaft hat kein Bestechungsgeld, das einen klugen Menschen in Versuchung führen könnte. Sie mögen genug Geld aufbringen, um einen Berg zu untertunneln, aber Sie können nicht genug Geld aufbringen, um einen Menschen anzuheuern, der seine eigenen Angelegenheiten im Kopf hat[217]. Ein tüchtiger und wertvoller Mensch tut, was er kann, unabhängig davon, ob die Gemeinschaft ihn dafür bezahlt oder nicht. Die Untüchtigen bieten ihre Untüchtigkeit dem Meistbietenden an und erwarten immer, dass sie den Job auch bekommen. Man sollte annehmen, dass sie selten enttäuscht werden.

[12] Vielleicht bin ich mehr als üblich auf meine Freiheit bedacht. Ich habe das Gefühl, dass meine Verbindung zur Gesellschaft und meine Verpflichtung ihr gegenüber immer noch sehr gering und vergänglich sind. Diese geringfügigen Arbeiten, die mir den Lebensunterhalt sichern und durch die ich meinen Zeitgenossen in gewissem Maße dienlich sein darf, sind mir gewöhnlich noch ein Vergnügen, und ich werde nicht oft daran erinnert, dass sie eine Notwendigkeit sind. Bislang bin ich erfolgreich. Aber ich prophezeie, dass, sollten meine Wünsche sehr viel größer werden, die Arbeit, die erforderlich ist, um sie zu erfüllen, zu einer Plackerei werden würde. Wenn ich sowohl meine Vor- als auch meine Nachmittage an die Gesellschaft ver-

---

folgende, um das Bild von Thoreau zu verwenden: Es kommt jemand angesegelt, möchte mit mir weitersegeln und entlässt dafür seine Mannschaft, denn nun hat er ja mich. Doch ich habe nicht die Erfahrung eines Seemanns und nehme diesen dann den Job weg.

[216] Thoreau möchte hier wohl ausdrücken, dass er sich bereits seit seinem Studium auf eine Reise begeben hat, seinen Weg gefunden hat, und keine Vorschläge Anderer benötigt, wie er leben sollte oder könnte. Er selbst ist nie zur See gefahren.

[217] Original: "*but you cannot raise money enough to hire a man who is minding his own business.*" Der letzte Teil des Satzes bereitet mir etwas Kopfzerbrechen. Da "*mind*" auch der Verstand oder Gedanke ist, bedeutet "*minding*" quasi "*im Verstand haben*", was meist im Sinne von "*daran denken*" oder "*beachten*" übersetzt wird. Vielleicht muss man diesen Satz so verstehen, dass wer eine Aufgabe im Leben hat und sich derer bewusst ist, nicht für andere Aufgaben zu haben ist?

kaufen würde, wie es die meisten zu tun scheinen, bin ich sicher, dass es für mich nichts mehr gäbe, wofür es sich zu leben lohnen würde. Ich vertraue darauf, dass ich auf diese Weise niemals mein Geburtsrecht für ein Linsengericht verkaufen werde[218]. Ich möchte darauf hinweisen, dass ein Mensch sehr fleißig sein kann und dennoch seine Zeit nicht sehr gut verbringt. Es gibt keinen fataleren Stümper als den, der den größten Teil seines Lebens damit verbringt, seinen Lebensunterhalt zu verdienen. Alle großen Unternehmungen[219] sind selbsttragend. Der Dichter zum Beispiel muss seinen Körper durch seine Poesie erhalten, so wie ein Dampfhobelwerk[220] seine Kessel mit den anfallenden Spänen speist. Man sollte seinen Lebensunterhalt mit Liebe [zu dem, was man tut,] verdienen[221]. Aber so, wie man von den Kaufleuten sagt, dass siebenundneunzig von hundert scheitern, so ist das Leben von Menschen, die es nach der Norm versuchen[222], im Allgemeinen ein Fehlschlag, und der Bankrott kann sicherlich prophezeit werden.

---

[218] Hier bezieht sich Thoreau auf die Bibel: Gen 25,29-34. Esau verkauft Jakob sein Erstgeburtsrecht für ein Linsengericht, weil er Hunger hat. Später wird Jakob Esau töten.

[219] Original: "*enterprises*" = Unternehmen, Betriebe, Vorhaben, Firmen, Unternehmungen

[220] Es ist nicht ganz klar, was ein "*steam planing-mill*" sein soll. Man kann es vielfältig übersetzen. Eine "*mill*" ist entweder eine Maschine, eine Fabrik (im weitesten Sinne) oder der Vorgang selbst. "*Werk*" kann im Deutschen sowohl eine Fabrik, als auch eine Maschine sein, weshalb diese Doppeldeutigkeit in dieser Übersetzung mit drin steckt. Cramer (Thoreau und Cramer 2013) weist darauf hin, dass "*mill*" auch ein Laden (*shop*) sein könnte.

[221] Im Original: "*You must get your living by loving.*" Thoreau ist kein Romantiker, zumindest nicht, wenn es um die Liebe geht. Er ist sehr pragmatisch, weshalb auch dieser Satz eher pragmatisch gemeint ist. Es könnte auch heißen: "*by loving your living*", also "*Du musst dein Leben erhalten/ erlangen indem du es liebst*". Viele Menschen lieben es nicht zu leben, sondern zu arbeiten. Sie verdienen ihren Lebensunterhalt nicht dadurch, dass sie ihr Leben leben, sondern durch Arbeit, die sie gezwungener Maßen tun. Sie lieben nicht, was sie tun, doch das sollten sie, denn sonst leben sie nicht wirklich.

[222] Thoreau meint hier wahrscheinlich die Menschen, die "*den größten Teil*" ihres "*Lebens damit*" verbringen, ihren "*Lebensunterhalt zu verdienen.*"

[Geld und Arbeit]

[13] Wenn man als Erbe eines Vermögens auf die Welt kommt, bedeutet das nicht, geboren worden zu sein, sondern vielmehr tot geboren zu werden[223]. Von der Nächstenliebe von Freunden oder einer staatlichen Pension unterstützt zu werden, – vorausgesetzt, man atmet weiter (mit welchen schönen Synonymen auch immer man diese Beziehungen beschreibt)[224], bedeutet, ins Armenhaus zu gehen. Sonntags geht der arme Schuldner in die Kirche, um sein [Sünden-] Konto zu überprüfen, und stellt natürlich fest, dass seine Ausgaben höher waren als seine Einnahmen[225]. Besonders in der katholischen Kirche gehen sie in den Beichtstuhl, legen eine saubere Beichte ab, geben alles auf und denken daran, neu anzufangen. Auf diese Weise werden die Menschen auf dem Rücken liegen, über den Sündenfall reden und sich nie bemühen, wieder aufzustehen.[226]

[14] Vergleicht man die Ansprüche, die Menschen an das Leben stellen, so kann man vor allem zwei verschiedene ausmachen: Bei dem einen [Anspruch] gibt sich der Mensch mit einem Erfolgslevel zufrieden, bei welchem alle seine Ziele in Kernschussweite getroffen werden können[227], während der Mensch bei dem anderen [Anspruch an das Leben], egal wie niedrig und erfolglos sein Leben auch sein mag, sein Ziel ständig erhöht, wenn auch

---

[223] Dieser Satz ist im Original seltsam. Es gibt verschiedene Übersetzungen, weil hier wieder einmal nicht klar ist, was Haupt- und was Nebensatz ist. Ich habe mich für eine sinnvolle Übersetzung entschieden, die die Haltung wiedergibt, die Thoreau schon häufiger äußerte: Vermögend zu sein bedeutet nicht automatisch auch zu leben. Wahres Leben ist keines, das nach Besitz strebt. Im Original steht: *"Merely to come into the world the heir of a fortune is not to be born, but to be still-born, rather."* Da Thoreau "still-born" schreibt statt "stillborn", könnte er es auch zweideutig meinen: Man wird immer noch geboren, im Sinne von: Die Geburt hält an und man ist noch nicht wirklich in der Welt angekommen.

[224] Klammer von mir gesetzt, um den Satz besser lesbar zu machen.

[225] Mit Einnahmen (*income*) und Ausgaben (*outgoes*) sind hier wahrscheinlich die guten und schlechten Taten gemeint, denn sonst würde der Bezug zum nächsten Satz nicht passen.

[226] Im Original: *"Thus men will lie on their backs [...] and never make an effort to get up."* "Backs" hat im Englischen eine etwas andere Bedeutung, als im Deutschen. Einerseits liegen diese Menschen hilflos, wie Käfer, auf dem Rücken und stehen nicht mehr auf. Andererseits ist "back" aber auch die Vergangenheit oder die Arbeitsfähigkeit. Beide Bedeutungen sind hier mit drin.

in einem sehr kleinen Winkel zum Horizont. Ich sollte viel lieber der letztere Mensch sein, obwohl, wie die Orientalen sagen: "Größe erreicht nicht, wer immer nach unten schaut, und all jene, die hoch schauen, werden arm"[228].

[15] Es ist bemerkenswert, dass wenig oder gar nichts zum Thema "wie man zu seinem Broterwerb kommt", bisher geschrieben wurde: Darüber, wie man seinen Broterwerb nicht nur aufrichtig und ehrbar, sondern ganz und gar verlockend und glorreich gestalten kann; Denn wenn wenn man nicht auf diese Weise seinen Lebensunterhalt verdient, [aufrichtig und ehrbar,] dann ist auch das Leben nicht so. Wenn man sich die Literatur ansieht, könnte man meinen, dass diese Frage noch nie die Grübeleien eines Einzelnen gestört hat. Ist es so, dass die Menschen von ihren Erfahrungen zu sehr angewidert sind, um darüber zu sprechen? Wir neigen dazu, die Lektionen über den Wert des Geldes, die uns der Autor des Universums mit so viel Mühe beigebracht hat, ganz zu überspringen. Was die Mittel zum Leben anbelangt, so ist es wunderbar, wie gleichgültig die Menschen aller Klassen, sogar die sogenannten Reformer, darüber sind, ob sie sie[, die Mittel zum Leben,] erben, verdienen oder stehlen. Ich denke, dass die Gesellschaft in dieser Hinsicht nichts für uns getan hat, sie hat nicht einmal das, was sie getan hat, rückgängig

---

[227] Die Kernschussweite ist die Entfernung, in welcher ein Geschoss nicht mehr durch die Schwerkraft beeinflusst wird. Oder anders ausgedrückt: Bei dieser Entfernung schießt niemand mehr daneben. Thoreau hätte auch schreiben können, dass ihr Ziel sei, einen Ball in einem leeren Fußball-Tor aus 5 Meter Abstand zu versenken.

[228] Thoreau zitiert hier einen Text aus dem Hitopadesha (Kapitel 11, Fabel 1), einem indischer Text in Sanskrit, wahrscheinlich aus dem 12. Jahrhundert. Der Text ist ziemlich sinnfrei. So heißt es in der englischen Version von Wilkins (Wilkins 1885):
"[...] *though possessed of abundant wealth, seeing others his relations very rich, his resolution was that his own greatness should still be increased. They say,*
Greatness doth not approach him who is for ever looking down ; and all those who are looking high are growing poor.
Again : Even a man who hath murdered a Brahman is respectable, if he hath abundant wealth.".
"*[...] obwohl er einen großen Reichtum besaß und sah, dass andere seiner Verwandten sehr reich waren, war sein Entschluss, seine eigene Größe noch zu vergrößern. Man sagt,*
Größe nähert sich nicht dem, der immer nach unten schaut; und alle, die hoch schauen, werden arm.
Wiederum: Selbst ein Mann, der einen Brahmanen ermordet hat, ist respektabel, wenn er reichlich Reichtum hat."

gemacht[229]. Kälte und Hunger scheinen mehr zu meiner Wesensart zu passen, als die Methoden, die sich die Menschen angeeignet haben und zu denen sie raten, um Kälte und Hunger abzuwehren.

[16] Das Wort "weise" wird zum größten Teil falsch verwendet. Wie kann man ein weiser Mensch sein, wenn man nicht besser weiß, wie man lebt, als andere Menschen? - wenn man nur listiger und intellektuell subtiler ist? Funktioniert die Weisheit in einer Tretmühle? oder lehrt sie durch ihr Beispiel, wie man Erfolg hat? Gibt es so etwas wie Weisheit, die nicht auf das Leben angewandt wird? Ist sie nur der Müller, der die feinste Logik mahlt? Es ist angebracht zu fragen, ob Platon[230] seinen Lebensunterhalt besser oder erfolgreicher als seine Zeitgenossen verdient hat, - oder ist er den Schwierigkeiten des Lebens, genauso wie andere Menschen, auch erlegen? Oder schien er über einige von ihnen nur durch Gleichgültigkeit zu siegen, oder durch die Annahme großartiger Allüren? oder fand er es leichter zu leben, weil seine Tante sich in ihrem Testament an ihn erinnerte? Die Art und Weise, wie die meisten Menschen ihren Lebensunterhalt verdienen, d.h. leben, ist nur ein Ausweichen und ein Sich-drücken vor dem wahren Leben, weil sie es nicht besser wissen, aber zum Teil auch, weil sie es nicht besser wollen.

[Der Goldrausch]

[17] Der Ansturm auf Kalifornien zum Beispiel und die Haltung, nicht nur von Händlern, sondern auch von Philosophen und Propheten, die in diesem Zusammenhang so genannt werden, spiegeln die größte Schande der Menschheit wider. Dass so viele bereit sind, vom Glück zu leben und die Mittel erhalten, die Arbeit anderer weniger Glücklicher zu befehlen, ohne irgendeinen Wert für die Gesellschaft beizutragen! Und das nennt man Unternehmertum! Ich kenne keine bestürzendere Entwicklung der Unmoral

---

[229] Wahrscheinlich im Sinne von: Die Gesellschaft hat nichts Gutes gebracht und das Schlechte in der Gesellschaft hat sie auch nicht abgeschafft.

[230] Ein griechischer Philosoph des Altertums.

des Handels und aller gängigen Formen, seinen Lebensunterhalt zu verdienen. Die Philosophie und die Poesie und die Religion einer solchen Menschheit sind nicht den Staub eines Stäublings[231] wert. Das Schwein, das seinen Lebensunterhalt durch Wühlen verdient, indem es den Boden wie sie aufwühlt, würde sich für eine solche Gesellschaft schämen. Wenn ich über den Reichtum aller Welten verfügen könnte, indem ich den Finger hebe, würde ich dafür keinen solchen Preis bezahlen. Sogar Mohammed wusste, dass Gott diese Welt nicht im Scherz erschaffen hat[232]. Es[, die Goldgräberei,] macht Gott zu einem wohlhabenden Gentleman, der eine Handvoll Pfennige verstreut, um zu sehen, wie die Menschheit um sie kämpft. Die Tombola der Welt! Ein Broterwerb in der Natur ist eine Sache, die verlost werden muss! Was für ein Kommentar, was für eine Satire auf unsere Institutionen! Die Schlussfolgerung wird sein, dass sich die Menschheit an einen Baum hängen wird[233]. Und haben alle Gebote in allen Bibeln die Menschen nur dies gelehrt? und ist die letzte und bewundernswerteste Erfindung der Menschheit nur eine verbesserte Mistgabel?[234] Ist dies der Boden, auf dem sich Ori-

---

[231] Der Stäubling (*puffball*) ist ein Pilz (hier ist nicht der Bovist gemeint). Thoreau verwendet hier "*puffball*". Durch den Bindestrich wird der "*puffball*" auch zu einem Puff (Bordell) - Ball. Deshalb bedeutet der zweite Halbsatz auch: "*sind nicht den Staub eines Puffs wert.*"

[232] Laut Cramer (Thoreau und Cramer 2013) könnte sich Thoreau af Sure 38:17 beziehen, wo es heißt: "*Und Wir haben den Himmel und die Erde und das, was dazwischen ist, nicht umsonst erschaffen. Das ist die Meinung derjenigen, die ungläubig sind. Doch wehe denjenigen, die ungläubig sind, vor dem (Höllen)feuer!*" (islam.de o. J.)

[233] Judas hat sich am Ende erhängt, nachdem er Jesus für ein paar Silberlinge verraten hatte.

[234] John Bunyans Buch "*The Pilgrim Progress*" (Bunyan 1917) war oder ist in der englischsprachigen Welt das bekannteste christliche Buch neben der Bibel. Zu Thoreaus Zeiten dürfte es jeder gekannt haben. Darin kommt ein Mann mit einer Mistgabel vor. Theodore Roosevelt beschreibt ihn in einer Rede (1906) wie folgt: "*In 'Pilgrim's Progress' wird der Mann mit der Mistgabel als Beispiel für jemanden angeführt, dessen Vision auf körperliche statt auf spirituelle Dinge gerichtet ist. Er verkörpert aber auch den Mann, der sich in diesem Leben konsequent weigert, etwas Erhabenes zu sehen, und seine Augen mit feierlicher Absicht nur auf das richtet, was gemein und erniedrigend ist.*" (Roosevelt 1906) In diesem Falle auf den Boden. In "*The Pilgrim's Progress*" wird ihm eine Krone angeboten, aber er kann sie nicht sehen, weil er seinen Kopf immer gebeugt hält und mit der Mistgabel in der Erde wühlt, wie es jetzt die Goldgräber tun. Die "*verbesserte Mistgabel*" ist also wahrscheinlich rein symbolisch zu verstehen.

entalen und Okzidentalen begegnen?[235] Hat Gott uns angewiesen, unseren Lebensunterhalt so zu bestreiten und dort zu graben, wo wir nie gepflanzt haben, und hat er uns vielleicht mit Goldklumpen belohnt?[236]

[18] Gott gab dem rechtschaffenen Menschen eine Urkunde, die ihn zu Nahrung und Kleidung berechtigte[237], aber der unrechtschaffene Mensch fand ein Faksimile davon in Gottes Schatzkammer, machte es sich zu eigen und erhielt Nahrung und Kleidung wie ersterer[, wie der rechtschaffene Mensch]. Es handelt sich um eines der umfangreichsten Fälschungssysteme, das die Welt je gesehen hat. Ich wusste nicht, dass die Menschheit an einem Mangel an Gold leidet. Ich habe ein wenig davon gesehen. Ich weiß, dass es sehr formbar ist, aber nicht so formbar wie der Verstand[238]. Ein Goldkorn vergoldet eine große Oberfläche, aber nicht so viel, wie ein Korn der Weisheit.

[19] Der Goldgräber in den Schluchten der Berge ist ebenso ein Spieler wie sein Gefährte in den Saloons von San Francisco. Welchen Unterschied macht es, ob man Schmutz schüttelt[239] oder Würfel schüttelt? Wenn man gewinnt, ist die Gesellschaft der Verlierer. Der Goldgräber ist der Feind des ehrlichen Arbeiters, egal welche Schecks und Vergütungen es gibt. Es reicht mir nicht

---

[235] Der Goldrausch lockte Menschen aus aller Welt herbei.

[236] Bibel, Galater 6:7-8: "*Irrt euch nicht! Gott lässt sich nicht spotten. Denn was der Mensch sät, das wird er ernten. Wer auf sein Fleisch sät, der wird von dem Fleisch das Verderben ernten; wer aber auf den Geist sät, der wird von dem Geist das ewige Leben ernten.*" (bibeltext.com 2020)

[237] Eventuell ein Bezug auf Matthäus 6:24-32: "*Ihr könnt nicht Gott dienen und dem Mammon. Darum sage ich euch: Sorget nicht für euer Leben, was ihr essen und trinken werdet, auch nicht für euren Leib, was ihr anziehen werdet. Ist nicht das Leben mehr denn Speise? und der Leib mehr denn die Kleidung? Sehet die Vögel unter dem Himmel an: sie säen nicht, sie ernten nicht, sie sammeln nicht in die Scheunen; und euer himmlischer Vater nährt sie doch. Seid ihr denn nicht viel mehr denn sie. [...] Darum sollt ihr nicht sorgen und sagen: Was werden wir essen, was werden wir trinken, womit werden wir uns kleiden? Nach solchem allem trachten die Heiden. Denn euer himmlischer Vater weiß, dass ihr des alles bedürfet. Trachtet am ersten nach dem Reich Gottes und nach seiner Gerechtigkeit*" (bibeltext.com 2020)

[238] Original: "*wit*", was auch *Scharfsinnigkeit*, *Geist*, *Esprit* bedeuten kann.

[239] Die ausgegrabene Erde landet erst in Sieben, in denen die Erde gesiebt und dabei geschüttelt wird (in einem sogenannten "*Cradle*"). Auf Grund der unterschiedlichen Dichten, lagert sich das Gold beim Schütteln unten ab.

aus, dass sie sagen, dass sie hart gearbeitet haben, um Ihr Gold zu bekommen. Der Teufel arbeitet auch hart. Der Weg der Übeltäter mag in vielerlei Hinsicht hart sein. Der einfachste Beobachter, der zu den Minen geht, sieht und sagt [zunächst], dass das Goldschürfen den Charakter einer Lotterie hat; das Gold, das so gewonnen wurde, ist nicht wie der Lohn ehrlicher Arbeit. Aber, praktischerweise, vergisst er, was er gesehen hat, sieht dann nur noch die Tatsache [dass man Gold verdienen kann], nicht aber [mehr] das Prinzip[240], und entschließt sich bei der Unternehmung mitzumachen[241], das heißt er kauft sich ein Ticket[242][, eine Berechtigung Gold zu schürfen], das sich häufig als eine andere Lotterie erweist, wobei dieser Umstand [für ihn] nicht [mehr] so offensichtlich ist.

[20] Nachdem ich eines Abends Howitts Bericht[243] über die australischen Goldgräbereien gelesen hatte, hatte ich die ganze Nacht über zahlreiche Täler mit Bächen vor meinen Augen, die alle mit fauligen Gruben durchschnitten sind, von zehn bis hundert Fuß[244] tief und ein halbes Dutzend Fuß breit, so dicht beieinander, wie man sie nur graben kann, und teilweise mit Wasser gefüllt, - einen Ort, zu dem die Menschen blindwütig eilen, um nach ihrem Glück zu suchen, - nicht sicher, wo sie den ersten Spatenstich machen

---

[240] Etwas frei von mir übersetzt, um den Gedankengang besser zu verstehen. Im Original: "*But, practically, he forgets what he has seen, for he has seen only the fact, not the principle*" Da der betreffende Mensch zuvor ja das Prinzip erkannt hat, "*den Charakter einer Lotterie*", muss er das erst vergessen, um daran teilzunehmen und dann nicht mehr zu erkennen, dass er selbst an einer Lotterie teilnimmt. "*For*" wäre also etwa "*dafür*" und der Satz wäre dann: "*dafür hat er nur noch die Tatsache gesehen, nicht mehr das Prinzip.*"

[241] Original: "*Goes into trade*" = "*Ein Geschäft beginnen*" oder "*sich selbstständig machen*" oder "*ein Unternehmen gründen*" Man muss es frei übersetzen, denn wörtlich ist es "*in den Handel gehen*".

[242] Ich habe hier "*Ticket*" stehen lassen, um die Bedeutung vage zu halten. Ich vermute Thoreau meint hier mit "*Ticket*", dass sich jemand eine Genehmigung zum Goldsuchen kauft, also das Recht, auf einem bestimmten Grund und Boden nach Gold zu suchen, wobei er nicht glauben möchte, dass es auch in seinem Falle ein reines Glücksspiel ist.

[243] William Howitt segelte 1852 nach Australien und veröffentlichte drei Berichte über seine Reise: "*A Boy's Adventures in the Wilds of Australia*" (1854), "*Land, Labour and Gold; or, Two Years in Victoria*" (1855) und "*Tallangetta, the Squatter's Home*" (1857). Der oben erwähnte Bericht ist der zweite, von 1855.

[244] Ein Fuß sind etwa 30 cm. Also 3 m bis 30 m tief und 1,8 m breit.

sollen, - nicht wissend, dass das Gold unter ihrem Zeltlager selbst liegt; - manchmal graben sie einhundertsechzig Fuß[245] tief, bevor sie auf die Ader stoßen, oder sie verfehlen sie um einen Fuß, - in ihrem Durst nach Reichtum verwandeln sie sich in Dämonen, ohne Rücksicht auf die Rechte Anderer, - ganze Täler, dreißig Meilen lang[246], werden plötzlich durch die Gruben der Bergleute zu Honigwaben[247], so dass sogar Hunderte von ihnen verschlungen werden[248], - sie stehen im Wasser und sind mit Schlamm und Lehm bedeckt, arbeiten Tag und Nacht und sterben vor Belastung und an Krankheiten.[249]

[20a][250] Nachdem ich dies gelesen und teilweise wieder vergessen hatte, dachte ich, zufällig, an mein eigenes nicht befriedigendes Leben, in welchem ich tue, was andere tun[251]; und mit diesem Bild der Ausgrabungen vor mir, fragte ich mich, warum ich nicht täglich etwas Gold wasche, auch wenn es nur die feinsten Partikel wären[, die ich fände], - warum ich nicht einen

---

[245] Etwa 50 Meter. Howitt schreibt (S. 293): "*Das ist es, was das Gold hundertundsechzig Fuß tief begraben hat, und durch das die Schürfer nach ihm graben müssen.*" (Howitt 1855)

[246] Eine Meile sind etwas mehr als 1,6 km. 30 Meilen sind somit fast 50 km.

[247] Eingenlicht "*honey-combed*": Sie werden *honig-gewabt*. Honigwabe kann man im Deutschen leider nicht zu einem Tunwort machen.

[248] Im Original: "*drowned*". Übersetzt bedeutet es meist "*ertrinken*" aber auch "*übertönen*", "*ersticken*" etc. Ich vermute, dass Thoreau das Bild vor Augen hatte, dass diese Wabe sie verschlingt, dass sie darin verschwinden und eventuell nicht wieder hervorkommen. Die Gier ertränkt sie, quasi. Der Satzanfang "*so dass*" zeigt, dass dies aus der honigwaben-artigen Gestalt folgt - und an einer Honigwabe ertrinkt man normalerweise nicht. Deshalb habe ich die Bedeutung "*ertrinken*" ausgeschlossen und mich für diese Deutung entschieden.

[249] Howitt schreibt (s. 294): "*nur vierundzwanzig Fuß Platz sind für jede Partei erlaubt, so dass die Dreckhaufen und Wasserpfützen so dicht beieinander wie möglich sind; und nichts kann erstaunlicher sein, als der Anblick von Hunderten von Männern die hin und her eilen, alle eifrig, alle in Eile, arbeiten sie darauf los, bis zu den Hüften inmitten von Schlamm und Pfützen dick wie Teig für einen Pudding, stehend; Wannen, Cradles, Winden und Wee-gees [kleine Perde?] [...] - alles in Bewegung - ein vollkommen verwirrendes Fantasiegebilde von ungestümer Aktion und von Schlamm. Alles war Trubel und Aktivität; denn dies sind die großen Lotterien der Victoria-Goldsuche.*" (Howitt 1855)

[250] Absatz nicht im Original. Ich habe ihn gemacht, weil es mir so sinnvoller erschien.

[251] Thoreau spricht von "*of my own unsatisfactory life, doing as others do*" Dass sein Leben unbefriedigend sein soll und er tut, was andere tun, halte ich für nicht sehr wahrscheinlich. Ich nehme an, er möchte, dass sich seine Leser angesprochen fühlen, an ihr eigenes Leben denken, mit dem sie nicht zufrieden sind und das sie so leben, wie andere auch.

Schacht hinunter bis zum Gold *in mir* grabe und diese Mine bearbeite. Dort gibt es ein Ballarat [für mich], ein Bendigo für dich[252], - was wäre es, wenn es ein Sulky-Gully[253] wäre? Jedenfalls könnte ich einen Weg einschlagen, wie einsam und eng und krumm er auch sein mag, auf dem ich mit Liebe und Ehrfurcht gehen könnte. Wo immer sich ein Mensch von der Menge trennt und in dieser Anwandlung seinen eigenen Weg geht, gibt es in der Tat eine Weggabelung, auch wenn der gewöhnliche Reisende vielleicht nur eine Lücke im Lattenzaun[254] sieht. Sein einsamer Weg querfeldein[255] wird sich als der zu höherem führendere Weg[256] der beiden herausstellen.

---

[252] Ballarat und Bendigo sind Goldgräberstädte in Australien.
Im Original: "*There is a Ballarat, a Bendigo for you*" Dieses "*for you*" hat mir etwas Kopfzerbrechen gemacht. Es ergibt keinen Sinn, es sei denn, so mein Gedanke, wenn er sagen möchte: "*ich finde in mir ein Ballarat, ihr findet in euch vielleicht ein Bendigo*". Deshalb habe ich mich für die Ergänzung "*für mich*" entschieden.

[253] Sulky Gully ist eine Gegend in der Nähe von Ballarat, in welcher das erste australische Gold entdeckt wurde.

[254] Im Original: "*a gap in the paling*". "*A paling with gap*" ist ein normaler Lattenzaun und das "*gap*" gibt den Abstand der Latten an. Das englische Wort "*paling*" kann man auch mit "*Umpfählung*" übersetzen. Das, was wir im Deutschen "*Latten*" nennen, sind also in der ursprünglicheren Bedeutung Pfähle. Früher machte man Lattenzäune aus herumliegenden Ästen, die man zu Lattenzäunen zusammenband. Oder man steckte sie nebeneinander in den Boden, wie Pfähle, und verband sie dann. So dass die "*Latten*" kleinen Bäumen ähnlich sind, die nebeneinander stehen. Da Thoreau Waldspaziergänge liebt, ist eine Abzweigung für ihn auch eine Lücke zwischen den Bäumen.

[255] Thoreau schreibt "*His solitary path across-lots*" und möchte damit wahrscheinlich auf das Buch "*Across Lots*" (1888) von Horace Lunt ansprechen (Lunt 1888). Ein Buch, in welchem Horace Lunt über seine Wanderungen durch Wälder, über Felder und Wiesen schreibt.

[256] Im Original "*will turn out the higher way of the two*". Thoreau meint hier mit "*higher*", höher im Sinne von "*zu höherem Leben führend*", bzw. "*zu einem anständigeren Leben führend*". Auch hier wieder die Parallele zu seinem Leben. Thoreau hält das Wandern für etwas, das einem mehr Lebensfreude und mehr Sinn gibt, als das Arbeiten von morgens bis abends. Jeder sollte dabei seinen eigenen Weg wählen. Horace Lunts (siehe Fußnote zuvor, zum ersten Teil des Satzes) und Henry David Thoreau vertreten hier ähnliche Ansichten.

[Das Gold der Heimat]

[21] Die Menschen eilen nach Kalifornien und Australien, als wäre das wahre Gold in dieser Richtung zu finden; aber das bedeutet, in genau entgegengesetzt der Richtung zu gehen, in der das Gold eigentlich liegt. Während sie schürfen, kommen sie weiter und weiter weg von der wahren [Gold-] Ader[257] und sind höchst unglücklich, wenn sie sich selbst für am erfolgreichsten halten. Ist unser Heimatboden nicht goldhaltig?[258] Fließt nicht ein Strom aus den goldenen Bergen[259] durch unser heimatliches Tal? und hat dieser nicht schon seit mehreren geologischen Zeitaltern die glänzenden Partikel herabgetragen und die goldenen Klumpen[260] für uns geformt? Doch seltsamerweise, wenn ein Goldgräber sich heimlich davonschleicht, auf der Suche nach dem wahren Gold, in die unerforschte Einsamkeit um uns, besteht keine Gefahr, dass jemand seine Schritte verfolgt und sich bemüht, ihn zu verdrängen. Er kann sogar das ganze Tal beanspruchen und untergraben, sowohl den kultivierten als auch den nicht kultivierten Teil, sein ganzes Leben lang in Frieden, denn niemand wird sein Anrecht[261] jemals bestreiten.

---

[257] Thoreau verwendet hier "*true lead*". Ein "*true lead*" ist ein "*gebohrner Füherer*" oder "*wahrer Anführer*". Gleichzeitig bedeutet "*lead*" aber auch Blei oder Ader (darauf weist Cramer (Thoreau und Cramer 2013) hin). Es ist also die "*richtige Führung*" oder die "*richtige Ader*" von der sie sich entfernen. Das Zweite halte ich im obigen Zusammenhang für besser.

[258] Cramer (Thoreau und Cramer 2013) meint, das von Thoreau verwendete "*auriferous*" wäre im Sinne von "*Gold hervorbringend*" gemeint. Wahrscheinlich geht es Thoreau darum, dass das Land wichtige Lebensmittel hervorbringt.

[259] Die Blätter der Ahornbäume in New England sind berühmt für ihre spektakulären Farben, wenn sie im Herbst gelb und rot werden. Dann werden manche Berge goldene Berge.

[260] Eigentlich "*nuggets*". "*Nuggets*" sind einfach nur "*Klumpen*", übersetzt, doch geht es auch um die Assoziation, da man das Wort "*Nuggets*" - wohl auch im Amerikanischen - mit Gold in Verbindung bringt. Deshalb habe ich es hier etwas freier übersetzt.

[261] Im Original: "*claim*" Ein "*Claim*" ist eine Fläche, ein kleines Grundstück, für das man das Anrecht kauft, darauf nach Gold zu suchen. Doch kauft man nicht das Land, sondern nur das Recht dort nach Gold zu suchen, das Land selbst gehört einem nicht, bzw. bleibt im Besitz der Regierung.

Sie werden sich weder um seine Cradle[262] noch um seine Toms[263] kümmern. Er ist nicht, wie in Ballarat, auf einen zwölf Fuß im Quadrat großen Fleck[264] beschränkt, sondern er kann überall graben[265] und die ganze weite Welt in seinem Tom waschen.

[Der Teufelskerl]

[22] Howitt sagt über den Mann, der bei den Ausgrabungen von Bendigo in Australien das achtundzwanzig Pfund schwere Nugget fand: "Er begann bald zu trinken, nahm sich ein Pferd und ritt in meist vollem Galopp umher und schrie Menschen an, die er traf, um sie zu fragen, ob sie wüssten, wer er sei, und teilte ihnen dann freundlicherweise mit, dass er 'widerliche Halunke' wäre, der das Nugget gefunden habe. Schließlich ritt er mit voller Wucht gegen einen Baum und hätte fast sein Gehirn am Baum zertrümmert." Ich glaube jedoch, dass diese Gefahr nicht bestand, denn er hatte sein Gehirn bereits bei den Nuggets gelassen.[266] Howitt fügt hinzu: "Er ist ein hoffnungslos ruinierter Mann". Aber er ist typisch für seine Klasse. Sie sind alle schnelllebige Menschen[267]. Hören Sie sich einige der Namen der Orte an, an

---

[262] Eine *Cradle* ist eine Apparatur, die Goldsucher verwenden, um Gold von Sand und Kies zu trennen. Sie heißt "*cradle*", weil sie wie eine Wippe oder Wiege hin und her schaukelt. Siehe auch Fußnote 239 auf Seite 121.

[263] Auch *Toms* (*Long Toms*) werden beim Goldsuchen benötigt. Es sind lange Rinnen aus Holz mit kleinen Hindernissen, über welche Wasser und Erde fließen und dabei den Sand und Steine vom Gold trennen.

[264] Im Original "*claim*". Siehe Fußnote 261

[265] Im Original: "[to] *mine*". Das ist ein Verb, das man nicht übersetzen kann. Das Hauptwort ist auf Deutsch "*Mine*" und das Verb wäre dann (auf Deutsch, was es jedoch nicht gibt) "*minen*". Deshalb habe ich mich für *"graben"* entschieden.

[266] Hier musste ich mir etwas ausdenken. Der Goldgräber reitet gegen einen Baum "*and nearly knocked his brains out.*" Doch Thoreau meint: "*he had already knocked his brains out against the nugget.*" Um diese Wiederholung in beiden Sätzen zu haben, und um das Deutsche nicht allzu sehr zu quälen, habe ich mich entschlossen es sehr frei wiederzugeben.

[267] Leider kann man auch hier das Original "*fast men*" nicht übersetzen, weil es ein Wortspiel ist. "*Fast*" bedeutet einerseits *schnell*, womit sich Thoreau auf das schnelle Reiten zuvor bezieht, bezeichnet aber auch *jemanden, dessen moralische Standards sich häufig ändern* oder *jemanden, der eine eher lockere*

denen sie graben: "Jackass Flat", "Sheep's-Head Gully", "Murderer's Bar"[268] usw. Enthalten diese Namen keine Satire? Sollen sie ihren unrechtmäßig erworbenen Reichtum tragen, wohin sie wollen, ich denke, es wird immer noch "Jackass Flat", wenn nicht sogar "Murderer's Bar" sein, wo sie leben.

[Die Plünderung der Friedhöfe]

[23] Das letzte, in das wir unsere Energie steckten[269], war die Ausraubung von Friedhöfen auf dem Isthmus von Darien[270], ein Unternehmen, das noch in den Kinderschuhen zu stecken scheint; denn laut späten Berichten ist ein Gesetz in zweiter Lesung in der Legislative von New Granada[271] verabschiedet worden, das diese Art der Goldgräberei[272] regelt; und ein Korrespondent der "Tribune" schreibt: "In der Trockenzeit, wenn das Wetter es zulässt, dass das Land richtig erkundet wird, werden zweifellos andere reiche 'Guacas' [d.h. Friedhöfe] gefunden werden." Zu den Auswanderern sagt er: "Kommen

---

Moral hat. Ich habe versucht mit *schnelllebig* dieses Wortspiel etwas zu retten.

[268] Trottel-Hütte, Schafs-Kopf Gully, Mörder-Bar

[269] Im Original: *"The last resource of our energy"*, was wörtlich *"die letzte Quelle unserer Energie"* ist. Wobei *"energy"* auch *"Tatkraft"* bedeutet

[270] Der Isthmus von Darien ist die Landbrücke zwischen Süd und Nordamerika, wo sie am schmalsten ist. Heute heißt er Isthmus von Panama. Ursprünglich wollte man an dieser Stelle einen Kanal bauen, scheiterte jedoch. In der Zeit des Goldrausches war es eine wichtige Landbrücke, die man nur zu Fuß durchschreiten konnte.
Der Isthmus von Darien wird auch *"das Grab der Völker"* genannt, weil dort schon viele Menschen beim Versuch einer Besiedelung oder Erforschung umgekommen sind. Besonders tragisch war die Besiedelung durch Schotten, die dort *"New Caladonia"* gründen wollten. Da der schottische Staat dies finanzierte, war er, nachdem fast alle Siedler ums Leben gekommen waren (um 1700), nahezu bankrott.
Welche Gräber dort zur Zeit Thoreaus ausgeraubt wurden, ist mir nicht bekannt, doch könnten es eben diese alten Siedlungen sein.

[271] Das heutige Panama. Der Isthmus von Darien gehörte zur Zeit Thoreaus zur "Republik New Granada", das das heutige Panama und Kolumbien umfasste (und Teile der Nachbarländer) mit der Hauptstadt Bogota.

[272] Im Original: "mining". Thoreau bezieht sich hier auf die Goldminen in vorherigen Abschnitten, wo gleichfalls ein *"mining"* betrieben wird. Doch würde durch eine korrekte Übersetzung (z.B. "Bergbau") der Zusammenhang verlorengehen, weil der Bezug zur Goldmine nicht mehr enthalten ist.

Sie nicht vor Dezember; nehmen Sie lieber die Isthmus-Route als die von Boca del Toro[273]; bringen Sie kein nutzloses Gepäck mit und belasten Sie sich nicht mit einem Zelt; aber ein gutes Paar Decken werden notwendig sein; eine Spitzhacke, Schaufel und eine Axt aus gutem Material wird fast alles sein, was sie brauchen." Ratschläge, die man vielleicht dem "Burker's Guide"[274] entnommen hat. Und er beendet mit dieser Zeile in Kursivschrift und Kapitälchen seinen Text: "Wenn es Ihnen zu Hause gut geht, bleiben Sie dort", was fairerweise so interpretiert werden kann, dass es heißt: "Wenn es Ihnen gut geht, indem Sie Friedhöfe zu Hause ausrauben, bleiben Sie dort".

[24] Aber warum sich wegen eines Textes aufregen?[275] Sie[, meine Aufregung,][276] ist ein Kind Neuenglands, aufgewachsen in ihrer eigenen Schule und Kirche.

[Morallehrer und Bigotterie]

[25] Es ist bemerkenswert, dass es unter all den Predigern so wenige Morallehrer gibt. Die Propheten sind damit beschäftigt, die Wege der Menschen zu entschuldigen. Die meisten ehrwürdigen Senioren[277], die Illuminaten des

---

[273] Bocas del Toro ist eine Provinz in Panama, nördlich des Isthmus von Darien

[274] Thoreau spielt hier auf die "*Burkers*" an. Wiliam Burke und William Hare ermordeten 16 Menschen in Edinburgh, um ihre Leichen an Medizinstudenten für Anatomie-Studien zu verkaufen. Der Gerichtsprozess ging als "*Burke's Trial*" in die Geschichte ein, da nur Burke verurteilt wurde, Hare wurde freigesprochen, weil er einen Deal mit der Polizei hatte. Seit dem werden Menschen, die Leichen ausgraben und sie an Medizinstudenten verkaufen, als "*Burkers*" bezeichnet.

[275] Im Original: "*But why go to California for a text?*" "*Go (to) California*" wird verwendet, wenn sich jemand über etwas ärgert, im Sinne von: "*Nerv nicht so, ist doch bloß ein Text!*"

[276] Ich habe keine Idee, worauf sich dieses "*Sie*" bezieht (Thoreau schreibt tatsächlich "*she*"). Es könnte der Ärger sein, den er verspürt, also dieses "*go to California*" (siehe Fußnote zuvor, Nummer 275), weshalb ich es entsprechend ergänzt habe. Etwas anderes macht meines Erachtens keinen Sinn. Thoreau verwendet Personalpronomen anders, als im Schulenglisch.

[277] Dies (im Original: "*Most reverend seniors*") ist ein Zitat aus Shakespeares Othello (I iii 88): "*Most potent, grave, and reverend signiors*" (Shakespeare und Weller o. J.). Diese "Senioren" intrigieren gegen Othello und verbreiten Lügen, was letzten Endes zum Tode von Othello und seiner Geliebten Desdemona führt.

Alters[278], sagen mir mit einem gütigen nostalgischen Lächeln, zwischen einem Erstreben und einem Erschauern, ich solle in diesen Dingen nicht zu empfindlich sein, und nicht alles auf eine Goldwaage legen[279]. Der beste Rat, den ich zu diesen Themen gehört habe, war kriecherisch. Der Inhalt war [zumeist] - es ist deine Zeit nicht wert, zu versuchen, in diesem speziellen Fall die Welt zu reformieren. Frage dich nicht, welche Seite des Brotes die bessere für dich ist[280], es wird dich krank machen, wenn du es tust, - und dergleichen. Ein Mensch sollte lieber sofort verhungern, als seine Unschuld durch seinen Broterwerb[281] zu verlieren. Wenn in einem gebildeten Menschen nicht auch ein ungebildeter[282] steckt, dann ist er nur einer der Engel des Teufels[283]. Je älter wir werden, desto unfeiner leben wir, wir achten weniger auf Anstand und hören bis zu einem gewissen Grad auf, unseren feinsten

---

[278] Im Original: "*the illuminati of the age*". Die Illuminaten sind "*Die Erleuchteten*" und "*age*" könnte auch für "*Zeitalter*" stehen. Da er zuvor jedoch "*seniors*" (Senioren) schreibt, habe ich mich für diese Übersetzung entschieden. Ich glaube nicht, dass er den Orden der Illuminaten hier ansprechen möchte und wenn, dann nur um sich über sie lustig zu machen.

[279] Eigentlich: "*to lump all that, that is, make a lump of gold of it.*" Wörtlich: "*Alles zu verklumpen und einen Klumpen Gold daraus machen.*" Da man ihm vorwirft, empfindlich zu sein und versucht abzuwiegeln, erscheint mir meine Interpretation (siehe Text) am sinnvollsten. Zumal ich so auch das Wortspiel mit "*Gold*" ein wenig rette.

[280] Hierfür gibt es leider keine deutsche Übersetzung: "*Do not ask how your bread is buttered*". Der Satz bezieht sich auf die Frage: "*to know what side your bread is buttered on*", also übersetzt: "*zu wissen auf welcher Seite dein Brot gebuttert ist.*" Im Englischen ist dies eine Redewendung, die einen Konflikt darstellen soll. Es geht darum, zu wissen, auf welcher Seite eines Konfliktes (= die Brotscheibe) man stehen sollte, um das Beste (= die Butter) zu bekommen.

[281] Im Original: "*in the process of getting his bread*", etwa "*während des Vorganges des Broterwerbs*"

[282] Thoreau verwendet hier "*sophisticated*" und "*unsophisticated*", wofür es viele Übersetzungsvariationen gibt. "*Sophisticated*" ist etwas mehr, als nur gebildet, fast schon abgeklärt. Doch "gebildet - ungebildet" erscheint mir als Wortpaar richtig. Es drückt aus, dass man viel weiß, sich aber auch bewusst ist, dass man nicht alles weiß - und dies schützt einen vor Überheblichkeit oder dem Glauben, alles zu wissen und alles richtig zu machen, was ja nicht selten ins Verderben führt.

[283] Der Teufel und seine Engel werden in Matthäus 25:41-43 erwähnt und beschrieben: "*Dann wird er auch sagen zu denen zur Linken: Gehet hin von mir, ihr Verfluchten, in das ewige Feuer, das bereitet ist dem Teufel und seinen Engeln! Ich bin hungrig gewesen, und ihr habt mich nicht gespeist. Ich bin durstig gewesen, und ihr habt mich nicht getränkt. Ich bin ein Gast gewesen, und ihr habt mich nicht beherbergt. Ich bin nackt gewesen, und ihr habt mich nicht bekleidet. Ich bin krank und gefangen gewesen, und ihr habt mich nicht besucht.*" (bibeltext.com 2020)

Instinkten zu gehorchen. Aber wir sollten den höchsten Anspruch an die geistige Gesundheit haben und die Stichelei derer missachten, die unglücklicher sind als wir.

[26] Selbst in unserer Wissenschaft und Philosophie gibt es im Allgemeinen keine wahre und absolute Darstellung der Dinge. Der Geist der Sekte und der Bigotterie hat seinen Huf[284] inmitten der Sterne[285] gesetzt. Man braucht nur über das Problem, ob die Sterne bewohnt sind oder nicht, zu diskutieren[286], um es zu entdecken. Warum müssen wir sowohl den Himmel als auch die Erde besudeln? Es war eine unglückliche Entdeckung, dass Dr. Kane[287] ein Freimaurer war, und dass Sir John Franklin[288] ein anderer war. Aber es war eine herzlosere[289] Vermutung, dass dies möglicherweise der Grund dafür war, dass Ersterer sich auf die Suche nach Letzterem machte[290]. Es gibt keine populäre Zeitschrift in diesem Land, die es wagen würde, die Gedanken eines Kindes zu wichtigen Themen kommentarlos zu drucken. Sie muss dem D.D.s.[291] vorgelegt werden. Ich würde sagen, den Küken-Daddys[292]

---

[284] Der Teufel hat in vielen Darstellungen einen Huf.

[285] Ich nehme einmal an, dass er mit "*Sterne*" die Sterne der amerikanischen Fahne meint (dadurch würde auch der Satz über Dr. Kane und Franklin gut passen), wie auch die Sterne am Himmel.

[286] Wenn Henry David Thoreau mit den *Sternen* (siehe Fußnote zuvor) auch die Vereinigten Staaten meint, dann ist "*das Problem, ob die Sterne bewohnt sind oder nicht*" die Frage nach dem Recht auf Besiedelung weiteren Landes. Ist das Land besiedelt und gehört den Indianern, oder ist es unbesiedelt, gehört den Indianern nicht und die Europäer können sich ungefragt das Land aneignen?

[287] Hier ist Elisha Kent Kane (1820 – 1857) gemeint. Er war Forscher, Entdecker und Arzt, der vor allem für seine Expeditionen an den Nordpol berühmt wurde. Er unternahm mehrere, um John Franklin zu retten.

[288] John Franklin war Polarforscher und unter anderem stellvertretender Gouverneur von Van-Diemens-Land (Tasmanien).

[289] Im Original: "cruel" = *grausam, herzlos, gemein, gefühllos*

[290] 1853 bis 1855 leitete Dr. Kane mehrere Expeditionen um den in der Arktis verschollenen John Franklin zu finden - ergebnislos.

[291] Cramer (Thoreau und Cramer 2013) nimmt an, Thoreau meine einen "*Doctor of Divinity*", also jemanden, der Theologie studiert hat.

[292] Im Original: "*Chickadee-dee*". Eine "*chickadee*" ist eine Meise (Vogel). Und der *Chickadee-dee* ist der Ruf der Meise, der etwa klingt, wie das englische *chicka-dee-dee*. Das kann man hier nur schwer übersetzen. In "*chickadee-dee*" steckt aber auch "*chick -a-dee-dee*". "*Chicken*" bedeutet *Küken*. Des-

[27] Man kommt von der Beerdigung der Menschheit, um bei einem Natur-phänomen dabei zu sein[293]. Ein wenig Nachdenken ist der Totengräber für die ganze Welt.[294]

[Echte Menschen sind schwer zu finden]

[28] Ich selbst kenne kaum intellektuelle Menschen, die so offen und wahr-haft liberal sind, dass man in ihrer Gesellschaft laut denken kann.[295] Wenn man sich bemüht mit ihnen zu sprechen, kommt es meist dazu, dass man [irgendwann] gegen irgendeine Institution etwas sagt, von der sie Aktien haben - wodurch ihre Sicht der Dinge eingeschränkt wird. Sie werden stän-dig ihr eigenes niedriges Dach mit seinem schmalen Oberlicht zwischen sich

---

halb sind es die "*Küken-D.D.s*". Mit "*Küken-Daddys*" habe ich versucht das Wortspiel einigermaßen ins Deutsche hinüber zu retten.
Der ganze Absatz macht irgendwie wenig Sinn. Ich frage mich, ob Thoreau einen Zusammenhang der Sätze feststellen konnte.

[293] Im Original: "*You come from attending the funeral of mankind to attend to a natural phenomenon.*" "*To attend*" bedeutet auch *gegenwärtig sein, anwesend sein, beachten.*
Dieser Satz findet sich in seinem Tagebuch am 10. November 1851. Und weiter schreibt er:
"*Die so viel größere Bedeutung jeder Tatsache - von Sonne und Mond und Sternen [...] Geräusche, die über die Grenzen der Zeit hinweg geweht werden*"
Ich vermute, dass er den Zustand unserer Gesellschaft als "*Beerdigung der Menschheit*" beschreibt, der er beiwohnte, doch nun befindet er sich auf dem Weg in die Natur und lässt sie hinter sich.
Auch wird der Isthmus von Darien als "*Grab der Menschheit*" bezeichnet. Doch kann diese Doppel-deutigkeit Zufall sein.

[294] Im Original: "*sexton*". Ein "*sexton*" (auch *burying beetle*) ist eine Käferart, genannt "*Totengräber*", aber auch ein "*Küster*" oder "*Kirchendiener*", "*Messner*", je nach Land. Der Küster ist für die Verwal-tung und Organisation des kirchlichen Geschehens in einer Gemeinde verantwortlich, ist aber auch der Totengräber.
In sein Tagebuch schreibt Henry David Thoreau am 4. Mai 1852 (Thoreau 1906): "*Of what signifi-cance are the things you can forget. A little thought is sexton to all the world.*" "*Wie wichtig sind die Dinge, die man vergessen kann. Ein kleiner Gedanke ist der Totengräber für die ganze Welt*".
Ich nehme an, dass er sagen möchte, dass wir durch das Vergessen auch nur eines kleinen Gedankens, die Welt vergessen können. Ähnliches könnte der Satz zuvor bedeuten: Wenn wir die Gesellschaft - und damit die Beerdigung der Menschheit - hinter uns lassen, erkennen wir, wie großartig die Natur ist, erkennen wir, was eigentlich Bewunderung verdient.

[295] Im Original ist alles in der Einzahl. Die Mehrzahl verwende ich, damit kein logischer Bruch mit dem nächsten Satz entsteht.

und den Himmel schieben, damit sie nicht den freien Himmel betrachten müssen. Gehen Sie weg mit ihren Spinnereien, werden sie wieder klar im Kopf, sage ich![296] In einigen Lyzeen erzählt man mir, dass man für den Ausschluss des Themas Religion gestimmt hat. Aber woher weiß ich, was für sie Religion ist und wann ich ihr nahe komme oder fern bin? Ich bin in eine solche Arena hineingegangen und habe mein Bestes getan, offen über die Religion zu sprechen, die ich verspürte, und das Publikum hat nie vermutet, worum es ging. Der Vortrag war für sie so harmlos wie Mondschein. Hätte ich ihnen dagegen die Biografie der größten Schurken der Geschichte vorgelesen, hätten sie vielleicht gedacht, ich würde das Leben der Diakone ihrer Kirche beschreiben. Gewöhnlich lautet die Frage [an mich]: Woher kommen Sie? oder Wohin gehen Sie? Es gab eine sachbezogenere Frage, die ich zufällig hörte, als einer meiner Zuhörer einem anderen die Frage stellte: "Wozu hält er eine Vorlesung?" Das hat mich in meinen Schuhen beben lassen.

[29] Um unvoreingenommen zu sprechen: Die besten Menschen, die ich kenne, sind nicht ausgeglichen, [k]eine Welt an sich[297]. Meistens verweilen sie in Formalien, umschmeicheln und beobachten nur genauer als der Rest. Wir wählen Granit für die Untermauerung unserer Häuser und Scheunen; wir

---

[296] Im Original: *"Get out of the way with your cobwebs, wash your windows, I say!"* Im Englischen bedeutet *"clear your cobwebs"* oder auch *"blow away the cobwebs"*, dass man Gefühle von Verwirrung oder Unklarheit loswerden soll, im Sinne von *"Bekomme mal wieder einen klaren Kopf!"* Im Zusammenhang mit Fußnoten 293 & 294 könnte dies eine Weiterführung des Gedankens sein. Man sollte seine Gedanken vergessen, sie begraben (wie der Totengräber), oder die "Beerdigung der Menschheit" verlassen (sich nicht am Übel beteiligen), um wieder klar im Kopf zu werden.

[297] Thoreau schreibt *"a world in themselves"*. Da im Teilsatz zuvor ein "not" steht, könnte sich dieses auch auf diesen Teil beziehen, wie in einer Aufzählung. Zum Beispiel: *"Ich bin nicht müde, schläfrig oder sonst etwas"*. Deshalb habe ich mich für das "k" in der Klammer *([k]ein)* entschieden, um beide Möglichkeiten abzubilden. Es gibt dadurch zwei Bedeutungsmöglichkeiten: Erstens (mit *"not"*): Mit *"a world in themselves"* könnte Thoreau hier auf Immanuel Kant anspielen, auf *"thing-in-itself"*, dem *"Ding an sich"*. Das *"Ding an sich"* ist die Wesenheit, die unverändert bleibt, unabhängig des Blickwinkels. Da die Menschen aber leicht beeinflussbar sind, sind sie ganz die Außenwelt und "[not] *a world in themselves"*. Zweitens: (ohne *"not"*): Es könnte so gemeint sein, dass sie *"eine Welt für sich selbst sind"*, eine Welt, die nichts mit der Welt Thoreaus zu tun hat.

bauen Zäune aus Stein; aber wir selbst ruhen uns nicht auf einem Unterbau aus granitischer Wahrheit, dem untersten primitivsten Felsen, aus. Unsere Fensterbänke sind verrottet. Aus welchem Stoff ist der Mensch gemacht[, dem wir täglich begegnen], der [dennoch] in unserem Denken nicht mit der reinsten und subtilsten Wahrheit koexistiert? Ich werfe meinen besten Bekannten oft eine ungeheure Oberflächlichkeit vor; jedoch, obwohl es Manieren und Höflichkeiten gibt, die wir [dann doch] nicht antreffen, lehren wir einander nicht die Lektionen der Ehrlichkeit und Aufrichtigkeit der unverfälschten Natur[298], oder der Standhaftigkeit und Festigkeit der Felsen. Das Verschulden[, dass dies nicht geschieht,] beruht jedoch in der Regel auf Gegenseitigkeit, denn wir verlangen gewöhnlich nicht mehr voneinander [als bloße Höflichkeiten und Manieren].

[Oberflächlichkeit unserer Gesellschaft]

[30] Diese Aufregung um Kossuth[299], man bedenke, wie charakteristisch, aber oberflächlich, sie war! nur eine andere Art von Politik oder Tanz. Über-all im Land hielten Menschen Reden über ihn, aber jeder von ihnen drückte nur die Gedanken oder Wünsche der Menge aus. Kein Mensch stand auf Wahrheit. Sie waren sich lediglich, wie üblich, einig, stützten sich [in ihren Ansichten] auf andere und alle zusammen auf nichts; so wie die Hindus die Welt sich auf einen Elefanten, den Elefanten auf eine Schildkröte und die Schildkröte auf eine Schlange stützen lassen und die Schlange stützt sich auf nichts.[300] Für alle Früchte dieser Aufregung haben wir den Kossuth-Hut.[301]

---

[298] Im Original: *"the lessons of honesty and sincerity that the brutes do"*. Ich denke, dass Thoreau hier die Ehrlichkeit und Aufrichtigkeit des rohen (*"brutes"*) meint, im Sinne von unverändert, naturbelassen, etc.

[299] Wikipedia: *"Lajos Kossuth [...] war Rechtsanwalt, Politiker und in den Jahren 1848/49 einer der Anführer der Ungarischen Unabhängigkeitsbewegung gegen Österreich. Auch nach der Niederschlagung der Revolution setzte er sich im Exil bis zu seinem Tode für die Unabhängigkeit Ungarns vom Kaisertum Österreich [...] ein. Bis in die Gegenwart gilt Kossuth als ungarischer Nationalheld."* (Wikipedia 2020a)

[31] Größtenteils ist unser gewöhnliches Gespräch bedeutungslos und sinnlos. Oberfläche trifft Oberfläche. Wenn unser Leben aufhört, innerlich und privat zu sein, verkommt das Gespräch zu bloßem Klatsch und Tratsch. Selten begegnen wir einem Menschen, der uns Neuigkeiten mitteilen kann, die er nicht in der Zeitung gelesen oder von seinem Nachbarn erfahren hat; und der einzige Unterschied zwischen uns und unserem Mitmenschen besteht zumeist darin, dass er die Zeitung gelesen hat oder zum Tee eingeladen war und wir nicht. In dem Maße, in dem unser inneres Leben versiegt, gehen wir beständiger und verzweifelter zur Post. Sie können sich darauf verlassen, dass der arme Kerl, der die meisten Briefe mit sich führt und stolz auf seine umfangreiche Korrespondenz ist, sehr lange nichts mehr von sich selbst gehört hat.

[Neuigkeiten und Belanglosigkeiten]

[32] Ich verstehe es nicht, aber es ist zu viel, eine Zeitung pro Woche zu lesen. Ich habe es kürzlich versucht, und hatte dadurch den Eindruck, dass ich [auf Grund des Zeitungslesens] lange nicht in meiner Heimatregion verweilt bin. Die Sonne, die Wolken, der Schnee, die Bäume sagen mir [wenn ich so lange weg bin] nicht [mehr] so viel. Man kann nicht zwei Herren dienen[302]. Es erfordert mehr als einen Tag Hingabe, um die Fülle eines Tages zu kennen und zu besitzen.

---

[300] Das ist nicht ganz richtig. Die Schildkröte (der Gott Vishnu) steht im Milchozean, auf ihr stehen vier Elefanten, die wiederum die Welt tragen. Der Milchozean entstand durch das Quirlen einer Schlange (Shesha), sie ist aber auch eine Dienerin Vishnus und ruht im Milchozean. In anderen Darstellungen ist sie die Trägerin des Universums. Der Name Shesha bedeutet auch *"Was bleibt, wenn alles andere nicht mehr existiert"*.

[301] Einen Hut kann man herumgehen lassen und darin die Früchte sammeln, oder man kann ihn sich aufsetzen und damit sein Thema auf Kossuth beziehen.

[302] Hinweis auf Matthäus 6:24: *"Niemand kann zwei Herren dienen: entweder er wird den einen hassen und den andern lieben, oder er wird dem einen anhängen und den andern verachten. Ihr könnt nicht Gott dienen und dem Mammon."* (bibeltext.com 2020)

[33] Vielleicht schämen wir uns, zu erzählen, was wir den Tag über gelesen oder gehört haben. Ich weiß nicht, warum meine Neuigkeiten so trivial sein sollten, [dass es sich nicht lohnt, sie zu erzählen] – wenn man bedenkt, welche Träume und Erwartungen man hat, [ich weiß nicht,] warum das, was daraus entsteht so dürftig sein sollte [dass sich ein Gespräch darüber nicht lohnt]. Die Neuigkeiten, die wir hören, sind zum größten Teil keine Neuigkeiten, die unsere Intelligenz erfordern. Sie sind die abgestandesten Wiederholungen. Man ist oft versucht zu fragen, warum eine bestimmte Erfahrung, die man gemacht hat, so betont wird, - [wie zum Beispiel,] dass man nach fünfundzwanzig Jahren Hobbins, den Urkundsbeamten[303], wieder auf dem Gehsteig getroffen hat. Hat sich denn folglich garnichts geändert? Das trifft auch auf die täglichen Nachrichten zu. Ihre Tatsachen scheinen in der Atmosphäre zu schweben, unbedeutend wie die Sporen von Pilzen, und treffen auf eine vernachlässigte Flechte[304] oder die Oberfläche unseres Geistes, welche ihnen eine Grundlage und damit ein parasitäres Wachstum bieten. Wir sollten uns von solchen Nachrichten reinwaschen. Welche Folgen hätte es, wenn unser Planet explodierte, doch kein Wesen in die Explosion involviert wäre? Bei Gesundheit sind wir nicht im geringsten neugierig auf solche Ereignisse.[305] Wir leben nicht für nutzloses Vergnügen. Ich würde nicht durch die Gegend rennen, um zu sehen, wie die Welt explodiert.

---

[303] Eine Erklärung hierfür findet sich im Netz: "'*Hobbins' ist ein undifferenzierter Name, und sein Beruf als Urkundsbeamter […] ist nicht sehr interessant. Vielleicht würden wir heute 'Jones, der Buchhalter' sagen. Dennoch ist es ein Treffen mit Hobbins nach fünfundzwanzig Jahren, das eher Nachrichten macht als wichtigere Dinge, wie das Ende der Welt."* (Lee 2004)

[304] Im Original "*Thallus*", ein Name der 1803 für Flechten eingeführt wurde und erst später allgemein für Thallophyten verwendet wurde.

[305] Im Original: "*In health we have not the least curiosity about such events*".
"*In Health*" könnte zwei Bedeutungen haben:
1. "*Bei [guter] Gesundheit*": Wenn wir gesund sind, haben wir kein Interesse an diesen Dingen.
2. "*Beim [Thema] Gesundheit*": Bezogen auf das Thema Gesundheit, verspüren wir keinen Drang bei Katastrophen dabei zu sein.

[34] Den ganzen Sommer und bis weit in den Herbst hinein sind Sie vielleicht unbewusst an den Zeitungen und [ihren] Neuigkeiten vorbeigegangen, und jetzt stellen Sie fest, dass es daran lag, dass der Morgen und der Abend voller Neuigkeiten für Sie waren. Ihre Spaziergänge waren voller Zwischenfälle. Sie kümmerten sich nicht um die Angelegenheiten Europas, sondern um Ihre eigenen Angelegenheiten auf den Feldern von Massachusetts. Wenn Sie in dieser dünnen Schicht leben und sich bewegen, in der die Ereignisse sind, aus denen die Nachrichten bestehen – dünner als das Papier, auf dem sie gedruckt sind -, und Ihr Dasein in dieser dünnen Schicht haben, dann werden diese Dinge für Sie die Welt bedeuten; aber wenn Sie über dieser Ebene schweben oder unter ihr tauchen, können Sie sich weder daran, [an diese Nachrichten,] erinnern noch daran erinnert werden. Wirklich, jeden Tag die Sonne auf- oder untergehen zu sehen, und uns folglich an einer universellen Tatsache zu orientieren, würde uns für immer geistig gesund erhalten.

[34a][306] Nationen! Was sind Nationen? Tataren[307] und Hunnen[308] und Chinesen! Sie schwärmen aus wie Insekten. Der Historiker bemüht sich vergeblich, sie denkwürdig zu machen. Es ist wegen des Wunsches nach einem [wahren] Menschen, dass es so viele Menschen gibt. Es sind [Menschen,] Individuen, die die Welt besiedeln. Jeder denkende Mensch kann im Geiste Lodins[309] sagen,-

---

[306] Im Originaltext ist hier kein Absatz, doch ich fand es, auf Grund der Leserlichkeit, besser, hier einen zu machen.

[307] Meist werden die Truppen von Dschingis Khan als Tartaren bezeichnet. Seit dieser Zeit ist es aber eine Bezeichnung für islamische Völker.

[308] Die Hunnen kamen ursprünglich aus Russland und zogen unter Attila dem Hunnenkönig Ende des 4. Jahrhunderts durch Europa.

[309] Eine Figur in "*The Poems of Ossian*" von Macpherson, die folgendes (Macpherson und MacGregor 1841, 160) sagt: (siehe nächste Fußnote)

"Ich schaue von der Höhe herab auf die Völker
und sie werden vor mir zu Asche;
Ruhe ist meine Wohnung in den Wolken;
angenehm sind die großen Felder meiner Ruhe"³¹⁰

[35] Betet, lasst uns leben ohne von Hunden gezogen zu werden, [die nach] Eskimo-Mode, mit rasender Geschwindigkeit über Berg und Tal rennen und sich gegenseitig in die Ohren beißen.

[Der Müll in unserem Denken]

[36] Nicht ohne ein leichtes Schaudern über die Gefahr, erkenne ich oft, wie nahe ich dran war, mir die Einzelheiten einer belanglosen Angelegenheit zu merken³¹¹ - [wie] die Nachrichten von der Straße -³¹² und ich bin erstaunt zu beobachten, wie bereitwillig die Menschen sind, ihr Denken³¹³ mit solchem Müll voll zu stopfen,- und nutzlosen Gerüchten und Vorfällen der belanglosesten Art zu erlauben in einen Bereich vorzudringen, der das Heiligtum der Gedanken³¹⁴ sein sollte³¹⁵. Soll das Denken eine öffentliche Arena sein, in der

---

³¹⁰ Im Original:
"I look down from my height on nations,
And they become ashes before me;—
Calm is my dwelling in the clouds;
Pleasant are the great fields of my rest."
Macpherson gab 1768 vor, die Gedichte des Irischen Dichters Ossian aus dem 3. Jahrhundert zu übersetzen. Doch ist Mcphersson der eigentliche Autor. Es gab zwar einen Dichter dieses Namens (eigentlich "*Oisin*"), doch er hatte nichts damit zu tun. Dieses Werk beeinflusste viele Dichter, unter anderem Goethe.

³¹¹ Im Original statt "*zu merken*": "*to admitting into my mind*" = "*in meinem Kopf zuzulassen*"

³¹² Im Original sind hier zwei Semikolons (";"). Der besseren Lesbarkeit wegen, habe ich mich für zwei Bindestriche entschieden.

³¹³ Im Original: "*mind*": Ich habe prinzipiell "*mind*" mit "*Denken*" oder *Gedanken*" übersetzt. Besser wäre zwar Geist, doch hat dieses Wort auch religiös-esoterische Bedeutungen.

³¹⁴ Im Original: "*thought*" = "*Gedanken*"

³¹⁵ Eigentlich "*which should be sacred to thought*", doch ist die Idee dahinter, dass sie in etwas eindringen, wo sie nichts verloren haben. Deshalb geht hier nicht "*der dem Denken heilig sein sollte*", sie denken ja nicht.

vor allem die Angelegenheiten der Straße und der Klatsch am Teetisch diskutiert werden? Oder soll es ein Quartier des Himmels selbst sein, ein hypätethraler Tempel[316], geweiht dem Dienst an den Göttern? Ich finde es so schon schwer, über die wenigen für mich bedeutsamen Tatsachen zu verfügen, dass ich zögere, meine Aufmerksamkeit mit denen zu belasten, die unbedeutend sind und nur Gott[317] allein versteht, warum diese wichtig sein sollen.[318] Das sind in den meisten Fällen die Nachrichten in den Zeitungen und die Gespräche. In dieser Hinsicht ist es wichtig, die Reinheit[319] der Gedanken zu bewahren. Stellen sie sich vor, die Einzelheiten eines einzigen Falles des Strafgerichtshofs in unsere Gedanken aufzunehmen, eine Stunde lang, ja viele Stunden lang, [sie] profan durch ihr Allerheiligstes[, durch ihre Gedanken] schleichen zu lassen, um aus der innersten Wohnung des Denkens eine Bar zu machen, als hätte uns der Staub der Straße bewohnt – [ja, als wäre es] die Straße selbst, mit all ihrem Verkehr, ihrer Hektik und dem Schmutz, der durch das Heiligtum unserer Gedanken ging! Wäre das nicht ein intellektueller und moralischer Selbstmord? Als ich gezwungen war, einige Stunden lang als Zuschauer und Zuhörer in einem Gerichtssaal zu sitzen,[320] und als ich meine Nachbarn, die nicht gezwungen waren [da zu sitzen], von Zeit zu Zeit hereinschleichen und auf Zehenspitzen mit gewasche-

---

[316] Ein antiker Tempel ohne Dach. Der römische Architekt Vitruvius soll etwa 25 vor Christus diese Idee beschrieben haben. Ein Beispiel dafür ist unter anderem der Tempel von Jupiter auf dem Olymp (Athen).

[317] Im Original: "*a divine mind*" = "*nous*" (griechisch, siehe nächste Fußnote dazu)

[318] Bei uns gibt es die Redewendung "Das verstehe Gott" für etwas, das wir für völlig unverständlich halten. Deshalb habe ich mich für diese Übersetzung entschieden.
"*A divine mind*" bezieht sich wahrscheinlich auf Plotins Schrift "*A Devine Mind*" (Plotinus 1918).
"*Divine mind*" (oder "*Nous*") ist ein wichtiger Begriff bei Plotin. Das *Nous* (*divine mind*) gilt als der Ort, wo Ideen produziert werden, mit dem sie aber auch verstanden werden. Laut Wikipedia: "*So gelangt Plotin[us] zu seinem berühmten, für seine Philosophie charakteristischen Lehrsatz: Die Ideen existieren nur innerhalb des Nous* [devine mind]." (Wikipedia 2020e) Und die Nachrichten existieren eigentlich nur in einer dünnen Schicht Papier.

[319] "*Chastity*" (im Original) bedeutet auch Keuschheit, was aber im Deutschen eine Bedeutung hat, deren Richtung etwas ins Falsche läuft. Hier geht es darum, nicht mit den "*falschen*" Gedanken "*schwanger*" zu werden, also sie von sich fern zu halten.

[320] Thoreau war mehrfach als Zeuge in einem Gerichtssaal.

nen Händen und Gesichtern umhergehen sah, dann schien es mir, als ob, wenn sie ihre Hüte abnähmen, ihre Ohren sich plötzlich zu riesigen Schalltrichtern ausdehnten, zwischen denen sogar ihre schmalen Köpfe eingepfercht wurden. Wie die Flügel von Windmühlen fingen sie den breiten, aber seichten Schallstrom auf, der, nach einigen erregenden Herumwirbelungen in ihren angepassten[321] Gehirnen, auf der anderen Seite das Gehirn wieder verließ. Ich fragte mich, ob sie, als sie nach Hause kamen, genauso darauf achteten, sich die Ohren zu waschen wie zuvor ihre Hände und ihre Gesichter. Es schien mir, dass zu einem solchen Zeitpunkt die Zuhörer und die Zeugen, die Geschworenen und der Rechtsbeistand, der Richter und der Kriminelle bei seinem Rechtsanwalt[322] – wenn ich ihn vor seiner Verurteilung für schuldig erklären darf – alle gleichermaßen kriminell waren, und man könnte erwarten, dass ein Donnerschlag sie alle zusammen versengt und verzehrt.

[37] Alle Arten von Fallen und Hinweistafeln, die die extreme Strafe des göttlichen Gesetzes androhen, schließen solche Eindringlinge[323] [wie diese unnützen Informationen] vom einzigen Grund und Boden aus, der Ihnen heilig sein kann[, dem Denken]. Es ist so schwierig zu vergessen, doch was gibt es Schlimmeres, als sich an Nutzloses zu erinnern! Wenn ich ein Durchfahrtsweg[324] [für Informationen] sein soll, dann ziehe ich es vor, dass er von den Gebirgsbächen, [oder] den Flüssen des Parnassus[325], und nicht von den

---

[321] Im Original: "*coggy*". Laut Urbandictionary (Urban Dictionary o. J.): "*Jemand, dessen Hauptanliegen es ist, sich anzupassen und/oder soziale Konstrukte zu akzeptieren ohne sie zu hinterfragen und sich passiv von der Gesellschaft formen lässt.*"

[322] Im Original: "*at the bar*" = "*at the barrister*" = beim Anwalt

[323] Im Original: "*trespassers*". Thoreau beschreibt hier das Bild eines Grundstücks, mit Gefahr-Schildern und Fallen, das dadurch Eindringlinge, also solche, die durchgehen (*trespass*) wollen, fernhält.

[324] Thoreau schreibt hier eigentlich "*thoroughfare*" was allgemein nur eine Möglichkeit zur Durchfahrt, wie eine Straße oder ein Weg ist. Leider haben wir im Deutschen kein schönes Wort, als "*Durchfahrt*" für Wasser.

[325] Thoreau schreibt hier von den "*Parnassian streams*". Wikipedia: "*Der Parnass ist ein 2455 Meter hoher Gebirgsstock in Zentralgriechenland. Am südwestlichen Fuß des Massivs liegt Delphi. [...] In der griechischen Mythologie ist der Berg Apollon geweiht und die Heimat der Musen, der Göttinnen der Künste. Deswegen gilt der Parnass in übertragener Bedeutung als Sinnbild und Inbegriff der Lyrik, beziehungsweise der Kunst.*" (Wikipedia 2020d) Laut Merriam Webster wird der Ausdruck

Abwasserkanälen der Stadt angelegt wird. Es gibt [zum einen] die Einge-
bung, den Tratsch, der dem aufmerksamen Geist von himmlischen Plätzen[326]
zu Ohren kommt. Es gibt [zum anderen aber auch] die profane und abgestan-
dene Offenbarung des Kneipenraums und der Polizeistation. Beide Nachrichten[, die himmlische und die irdische,] werden von ein und demselben
Ohr aufgenommen. Nur der Charakter des Zuhörers bestimmt, für wen er
offen und für wen geschlossen sein soll. Ich glaube, dass das Denken durch
die Gewohnheit, sich um triviale Dinge zu kümmern, permanent entweiht
werden kann, so dass all unsere Gedanken von Trivialität gefärbt sein können. Unser Intellekt selbst soll sozusagen makadamisiert[327] werden – sein
Fundament soll in Fragmente zerbrochen werden [und für Straßenbelag verwendet werden], damit die Räder der Reise ihn überrollen können; und wenn

---

"*Parnassian*" seit 1602 auch im Sinne von "*poetisch*" oder "*die Poesie betreffend*" verwendet (Mer-
riam Webster o. J.). Thoreau könnte hier absichtlich diese Doppeldeutigkeit eingebaut haben. "*Par-
nassian streams*" könnte also für Poesie stehen.
Parnassus taucht bei ihm häufiger als Thema auf. So auch in der Erzählung "*A Week on the Concord
and Merrimack Rivers*" (Thoreau 2013), wo Thoreau aus "*Cooper's Hill*" (1655) von Sir John Den-
ham zitiert:
"*Sure there are poets which did never dream*
Upon Parnassus, nor did taste the stream
Of Helicon; we therefore may suppose
Those made not poets, but the poets those."
"*Sicherlich gibt es Dichter, die nie geträumt haben,*
auf dem Parnass, noch kosteten den Strom
des Helikon; wir können daher annehmen,
diese brachten nicht Dichter hervor, sondern die Dichter jene."

[326] "*Courts of heaven*" könnten auch "*himmlische Gerichte*" sein ("*court*" bedeutet auch *Gericht*). Doch
im zweiten Satz kommt dann die Bar und das "*police court*". So weit ich weiß, gibt es in den USA
keine Polizeigerichte. Deshalb nehme ich an, dass er "*den Platz der Polizei*", also die *Polizeistation*
meint. Dort wird wahrscheinlich über alle getratscht, die etwas verbrochen haben.

[327] Wikipedia: "*Der Begriff Makadam bezeichnet eine spezielle Bauweise von Straßen, bei der drei
Schichten mit jeweils unterschiedlich großen, gebrochenen und gut verdichteten Gesteinskörnungen
den Straßenoberbau bilden. Diese Bauweise wurde von dem schottischen Erfinder John Loudon McA-
dam zu Beginn des 19. Jahrhunderts entwickelt, um die Haltbarkeit und Widerstandsfähigkeit der
bestehenden Straßen (häufig Packlagen-Bauweise) zu verbessern. Derart befestigte Straßen wurden
als makadamisiert bezeichnet.*" (Wikipedia 2020f)

Sie wissen würden, was den haltbarsten [Straßen-]Belag ausmacht, der Rollsteine, Fichtenblöcke und Asphalt übertrifft, dann brauchen Sie nur in einige unserer Köpfe zu schauen, die dieser Behandlung so lange ausgesetzt waren.

[38] Wenn wir uns auf diese Weise entweiht haben – und wer hat das nicht? – wird das Heilmittel darin bestehen, uns mit Vorsicht und Hingabe neu zu entweihen und wieder einen [heiligen] Tempel des Denkens[328] zu errichten. Wir sollten unser Denken, d.h. uns selbst, wie unschuldige und unbefangene Kinder behandeln, deren Hüter wir sind, und vorsichtig sein, welchen Objekten und Themen wir unsere Aufmerksamkeit widmen. Lesen Sie nicht die Times. Lesen Sie die Ewigkeiten[329][, wie die Sonne, den Wind, und so weiter]. Konventionalitäten sind ebenso schlimm wie Unreinheiten. Sogar die Fakten der Wissenschaft können durch ihre Trockenheit das Denken[330] verstauben, es sei denn, sie werden in gewisser Weise jeden Morgen ausgelöscht oder eher durch den Tau der frischen und lebendigen Wahrheit fruchtbar gemacht. Das Wissen kommt nicht durch Details zu uns, sondern in Lichtblitzen vom Himmel. Ja, jeder Gedanke, der durch unser Denken fließt[331], trägt dazu bei, es zu strapazieren und die Furchen zu vertiefen, die zeigen, wie in den Straßen von Pompeji[332], wie sehr es benutzt worden ist. Wie viele Dinge gibt es, über die wir besser nachgedacht hätten, ob wir sie [wirklich] wissen sollten, - hätten wir doch besser ihre Hausiererkarren vorbei fahren lassen, [und dieses Wissen nicht bei uns aufgenommen], selbst im langsamsten Trab oder Schritt, über jene Brücke von herrlicher Spannweite, durch die

---

[328] Original: "*fane of the mind*". Ein "*fane*" ist ein Tempel oder Gotteshaus, auch ein Heiligtum, im weitesten Sinne.

[329] Im Original: "*Read not the Times. Read the Eternities.*" Leider geht die Doppeldeutigkeit in der Übersetzung verloren. Die "*Times*" ist eine Zeitung, aber es sind auch "*Die Zeiten*". Thoreau sagt also auch: "*Lesen Sie nicht die Zeiten. Lesen Sie die Ewigkeiten.*" Diese überdauern die Zeiten.

[330] Thoreau war kein Freund von reinem Wissen, das man nicht anwenden konnte. Es war ihm auch als Lehrer immer wichtig gewesen, den Lernstoff mit Leben und lebenspraktischer Anwendung zu füllen.

[331] Im Original: "*passes through the mind*" = "*durch unsere Gedanken hindurch geht*"

[332] Man kann diese Spuren wohl auch heute noch sehen: "*Die Straßen von Pompeji [...]. Heute werden sie von Touristen genutzt, [...] aber sie bewahren immer noch Spuren des Verkehrs, der einst durch diese Stadt floss.*" (Archaeology 2018)

wir hoffen, zuletzt vom fernsten Ufer der Zeit zur nächsten Küste der Ewigkeit zu gelangen! Haben wir [denn] keine Kultur, keine edlen Umgangsformen[333], sondern nur die Fähigkeit ungehobelt zu leben und dem Teufel zu dienen? - um ein wenig weltlichen Reichtum, Ruhm oder Freiheit zu bekommen und mit diesem [dann] ein falsches Schauspiel zu veranstalten, als wären wir alle Hülsen und Schalen, ohne empfindlichen[334] und lebendigen Kern? Sollen unsere Institutionen wie diese Stacheln der Kastanienschalen[335] sein, die verkümmerte Kastanien[336] enthalten, und die [deshalb] nur dazu geeignet sind, [dass wir] uns [damit] in die Finger stechen?

[Die Selbstversklavung]

[39] Man sagt, Amerika sei die Arena, in der die Schlacht um die Freiheit ausgefochten werden soll; aber es kann nicht Freiheit im rein politischen Sinne sein, die gemeint ist. Selbst wenn wir einräumen, dass der Amerikaner sich von einem politischen Tyrannen befreit hat, so ist er doch der Sklave eines wirtschaftlichen und moralischen Tyrannen. Jetzt, da die [Angelegenheiten der] Republik – die Res-Publica – geregelt sind, ist es an der Zeit, sich um die Res-Privata – die privaten Angelegenheiten[337] – zu kümmern, um zu sehen, wie [einst] der römische Senat seinen Konsuln auferlegte, "ne quid res-PRIVATA detrimenti caperet"[338], dass die PRIVATE Sache[339] keinen Schaden nimmt.

---

[333] Im Original: "*refinement*" = *Veredelung, Verbesserung, Verfeinerung*

[334] Original: "*tender*" = *liebevoll, zart, zärtlich, weich, empfindlich*

[335] Original: "*chestnut-burs*", wörtlich: "*Kastanien-Kletten*"

[336] Original: "*nuts*" = "*Nüsse*"

[337] Statt "*private Angelegenheiten*" schreibt Thoreau in Englisch "*private state*". Res privata (lat.) = die private Sache

[338] Bei Cicero (In Catilinam – Buch 1, Kapitel 4) heißt es: "*ne quid res publica detrimenti caperet*", übersetzt: "*dass der Staat nicht irgendeinen Schaden nehme.*" (Cicero 1970) und statt "*publica*" verwendet Thoreau "*privata*"

[339] Thoreau setzt "*private state*" die "*republic*" gegenüber.

[40] Nennen wir dies das Land der Freien?[340] Was bedeutet es, frei von König George zu sein[341] und weiterhin Sklaven[342] von König Vorurteil zu sein? Was bedeutet es, frei geboren zu sein und nicht frei zu leben? Was ist der Wert jeder politischen Freiheit, in Bezug auf moralische Freiheit?[343] Ist es die Freiheit, Sklaven zu sein, oder die Freiheit, frei zu sein, deren wir uns rühmen? Wir sind eine Nation von Politikern, denen es nur um die oberflächlichste[344] Verteidigung der Freiheit geht[345]. Es sind die Kinder unserer Kinder, die vielleicht wirklich frei sein können. Wir belasten uns zu Unrecht mit Steuern[346]. Es gibt einen Teil von uns, der [Steuern zahlen muss, aber] nicht repräsentiert wird. Es ist wie eine Besteuerung ohne Mitspracherecht[347] [und

---

[340] "*Do we call this the land of the free?*" Dieser Satz könnte sich auf die amerikanische Nationalhymne beziehen: "*Oh, say, does that star-spangled banner yet wave? O'er the land of the free and the home of the brave!*" ("*Oh, sagt, weht die amerikanische Fahne, noch? Über dem Land der Freien und der Heimat der Tapferen!*")
Allerdings wurde das Lied erst 1931 Nationalhymne. Der Text wurde 1812 als *Defence of Fort M'Henry* von Francis Scott Key geschrieben. Es war wohl bereits zu Zeiten Thoreaus sehr beliebt und da bereits als das Lied "*Star Spangled Banner*" bekannt (Claque 2014).

[341] 1783 wurde die USA unabhängig von England und damit "*frei von König George*"

[342] Eigentlich heißt es "*continue the slaves*", aber Henry David Thoreau bezieht häufig gerne ein Verb auf zwei Sätze, deshalb ist "*continue [to be] the slaves*" hier korrekt. Das "*to be*" kommt aus dem ersten Teilsatz.

[343] Im Original: "*but as a means to moral freedom?*" "*A means to*" wird häufig mit "*als ein Mittel zur*" übersetzt. "*To mean*" bedeutet aber auch "*bedeuten*". Meiner Ansicht nach verwendet Thoreau "*means*" im Sinne von "*Bedeutung*". So dass der Satz wörtlich heißt: "*doch als eine Bedeutung für die moralische Freiheit*". Da Thoreau am Anfang fragt "*Was ist der Wert..*" passt im Deutschen am besten als Fortsetzung "*bezogen auf..*".

[344] Im Original: "*outmost*" = äußerste

[345] Thoreau schreibt hier "*concerned about the outmost defences only of freedom*". Ich vermute, er meint es bildlich: Die Freiheit, die am entferntesten von uns ist, die uns am wenigsten betrifft, wird verteidigt.

[346] Im Original: "*We tax ourselves unjustly*". "*Tax*" bedeutet "*besteuern*" aber auch "*belasten*". Beide Begriffe sind hier wichtig, um die Argumentation im folgenden Text besser nachvollziehen zu können.

[347] Hier habe ich es sehr frei wiedergegeben und weiche vom englischen Original ab. Im Original heißt es "*We tax ourselves unjustly. [...] It is taxation without representation.*" "*Tax*" ist zwar Steuer, aber auch eine Belastung. Sicherlich meint Thoreau es hier doppeldeutig, da er ja ein großer Gegner des amerikanischen Steuersystems ist, doch kann man diese Doppeldeutigkeit nicht übersetzen.
Da es darum geht, dass wir mit etwas belastet werden (z.B. Steuern), aber letzten Endes nichts davon

damit ein Verstoß gegen unsere Grundwerte]. Wir zahlen Steuern für Truppen, wir zahlen Steuern für Narren und Vieh aller Art auf unseren Namen. Wir besteuern unsere Körper unseren armen Seelen, bis die Ersteren die ganze Substanz der Letzteren auffressen.[348]

---

haben, habe ich es sinngemäß übersetzt.

Dadurch geht leider ein wenig die Bedeutung, die *"taxation without representation"* beinhaltet verloren. *"No taxation without representation"* ist ein Slogan, aus der Zeit der Revolution. Dass die Kolonien Englands an England Steuern zahlen mussten aber nicht genügend im Parlament repräsentiert wurden, und dadurch ihre Interessen nicht vertreten wurden, schürte die Wut in den englischen Kolonien. Deshalb der Slogan "Keine Besteuerung ohne Repräsentation". Er gehört zu den Grundwerten des amerikanischen Selbstverständnisses.

[348] Diesen Abschnitt kann man nicht wortgetreu ins Deutsche übersetzen. Es ist ein ähnliches Problem, wie bereits in der Fußnote zuvor. Zusammen mit dem vorhergehenden Satz steht Im Original: "*It is taxation without representation. We quarter troops, we quarter fools and cattle of all sorts upon ourselves. We quarter our gross bodies on our poor souls, till the former eat up all the latter's substance.*" Der letzte Satz bezieht sich auf die Unabhängigkeitserklärung der USA. In dieser heißt es: "*He [King George] has combined with others to subject us to a jurisdiction foreign to our constitution, and unacknowledged by our laws; giving his Assent to their Acts of pretended Legislation: For Quartering large bodies of armed troops among us*" Übersetzt wird dies meist wie folgt: "*Er hat eine Unzahl neuer Ämter errichtet, und Schwärme von Beamten hierher gesandt, um unser Volk zu erschöpfen und seinen Lebensunterhalt aufzuzehren. Er hat unter uns in Friedenszeiten stehende Heere gehalten, ohne Zustimmung unserer gesetzgebender Behörden.*" (Verfassungen.net und Bromme 2006) Die Amerikaner werden nun nicht mehr von den Beamten des Königs, sondern denen des Staates bedroht. Die Bedrohung durch sie, fällt durch die Steuerzahlung an (siehe "*Von der Pflicht zum Ungehorsam gegen den Staat*"). Die Haltung der stehenden Heere (*quartering of armed troops*) ist nun schwer zu übertragen, auf Narren und Vieh. Es gibt auch eine "Kopfsteuer", weshalb auch die "Körper" besteuert werden. Man zahlt Steuern für die Armee, für die Narren (Politiker), für das Vieh und den eigenen Körper. Dem Staat sind diese Dinge (*res publica*) wichtig, nicht aber die Seele (*res privata*). Indem man diesen Dingen diese Wichtigkeit zuschreibt, und nur diesen, verschwindet die Seele, weil sie keinen Wert hat.

"*Quarter*" könnte ein Wortspiel sein. Einerseits bezieht er sich auf die Unabhängigkeitserklärung und damit auf die Bedrohung und Unrechtmäßigkeit, andererseits auf die "*quarterly taxation*", die Vierteljahressteuer. Viele Steuern wurden vierteljährlich bezahlt, wie zum Beispiel die Kopfsteuer, wegen deren Nichtbezahlung Thoreau im Gefängnis war. Auch die Beiträge für die Schule, die Thoreau

[Provinzialität]

[41] In Bezug auf echte Kultur und Menschlichkeit, sind wir im Wesentlichen immer noch provinziell, nicht großstädtisch, nur Jonathans[349]. Wir sind provinziell, weil wir unsere Wertmaßstäbe nicht zu Hause finden, - weil wir nicht die Wahrheit verehren, sondern die Widerspiegelung der Wahrheit, - weil wir durch eine ausschließliche Hingabe an Handel und Gewerbe und Manufakturen und Landwirtschaft und dergleichen, die nur Mittel und nicht das Ziel sind, verzogen und eingeengt werden.

[42] So ist das englische Parlament provinziell. Sie sind nur Bauerntölpel, die sich selbst enttäuschen, wenn eine wichtigere Frage auftaucht, die sie zu klären haben, zum Beispiel die irische Frage[350] – warum nenne ich sie eigentlich nicht "die englische Frage"? Ihre Natur ist dem unterworfen, in dem sie arbeiten.[351] Ihre "gute Erziehung" erkennt nur Nebensächliches an. Die besten Manieren in der Welt sind [letztendlich nichts als] Unbeholfen-

---

unterhielt, mussten von den Eltern vierteljährlich bezahlt werden. Deshalb nehme ich an, dass es sich bei den aufgezählten Begriffen, um diejenigen handelt, für die eine Vierteljahressteuer bezahlt werden musste.

[349] Als "*Jonathans*" haben sich die Neu-Engländer selbst bezeichnet. Cramer (Thoreau und Cramer 2013) meint, Thoreau würde den Begriff im Sinne von "*Bauerntölpel*" verwenden, was einen Bezug zu Absatz [42] herstellen würde. Der Name *Jonathan* bezieht sich ursprünglich auf Jonathan in der Bibel, den ältesten Sohn von Saul und Bruder von David. Jonathan war ein treuer Gefolgsmann Davids und hinterfragte ihn nie - so wie einst die Neuengländer treue Gefolgsleute der englischen Krone waren. Ich denke, dass Thoreau den Namen *Jonathans* eher in dieser Bedeutung verwendete.

[350] Die Frage nach der Unabhängigkeit Irlands von England. Man könnte sie auch als die Frage der Unabhängigkeit Englands von Irland bezeichnen.

[351] Im Original: "*Their natures are subdued to what they work in.*" Hier zitiert Thoreau Shakespeare (Sonett 111) (Shakespeare o. J.):
"*And almost thence my nature is subdued
To what it works in, like the dyer's hand:
Pity me, then, and wish I were renewed*"
"*Und von da an ist meine Natur dem unterworfen,
was sie hineinrührt, wie die Hand des Färbers:
Habe Mitleid mit mir und [ich] wünsche, ich würde erneuert werden.*"
"*Works* in" ist bei Shakespeare eher "*hineinrühren*" oder "*hineingeben*", doch das macht in Thoreaus Satz wenig Sinn.

heit und Einfältigkeit, wenn man sie mit einer feineren Intelligenz vergleicht. Sie treten lediglich als die Mode vergangener Tage - bloße Modeerscheinungen[352], Knieschnallen und enganliegende Kniebundhosen[353], die nicht mehr zeitgemäß sind, - in Erscheinung. Es ist dieser Mangel[354] [an inneren Werten], und nicht die Güte der Kinderstube, [der dazu führt,] dass sie ständig von ihrem Charakter verlassen werden; sie sind wie abgelegte Kleider oder Muschelschalen, die den Respekt beanspruchen, der dem lebenden Wesen gebührt. Euch werden die Schalen statt des Fleisches präsentiert, und es ist im Allgemeinen keine Entschuldigung, dass bei manchen Schalentieren[355] die Schalen mehr wert sind als das Fleisch. Der Mensch, der mir seine Manieren aufdrängt, tut so, als ob er mich in sein Kuriositätenkabinett einführen müsste, während ich ihn [nur] besuchen wollte. Es war nicht in diesem Sinne, in welchem der Dichter Decker Christus "den ersten wahren Herrn, der jemals atmete" nannte.[356] Ich wiederhole, dass in diesem Sinne der prächtigste Hof der Christenheit ein provinzieller Hof ist, der nur befugt ist, über transalpine Interessen zu beraten, nicht aber über die Angelegenhei-

---

[352] Thoreau verwendet hier "*courtliness*", was etwa "*würdevolle oder zurückhaltende Schönheit der Form, der Erscheinung oder des Stils*" bedeutet (laut Merriam Webster)

[353] Im Original: "*small-clothes*". Das sind eng anliegende Kniebundhosen für Männer, wie sie ab ca. 1700 in England Mode waren. Unter dem Knie konnte man sie mit Knieschnallen enger machen.

[354] Im Original: "*vice*" = *Laster, Mangel, Fehler*

[355] Im Original: "*fishes*" "*Fishes with shells*" sind eigentlich "*Meeresfrüchte*".

[356] Gemeint ist hier "*The Honest Whore*" (1616) von Thomas Dekker (Teil 1, Akt 1, Szene 12):
"*The best of men*
That e'er wore earth about him was a sufferer;
A soft, meek, patient, humble, tranquil spirit,
The first true gentleman that ever breathed"
"*Der beste aller Männer,*
der je die Erde auf sich lud, war ein Leidender;
Ein sanfter, sanftmütiger, geduldiger, demütiger, ruhiger Geist,
Der erste wahre Gentleman, der je geatmet hat".
(Dekker und Boston Public Library. Thomas Pennant Barton Collection of Shakespeare 1616)

ten Roms[357]. Ein Prätor oder Prokonsul würde ausreichen, um die Fragen zu klären, die die Aufmerksamkeit des englischen Parlaments und des amerikanischen Kongresses in Anspruch nehmen.[358]

[Rhetorische Fragen]

[43] Regierung und Gesetzgebung! das sind meiner Meinung nach respektable Metiers[359]. Wir haben in der Weltgeschichte von dem göttlichen Numa, Lycurg und Solon[360] gehört, deren Namen zumindest für ideale Gesetzgeber stehen mögen; aber denken Sie an eine Gesetzgebung, die die Sklavenzucht oder den Tabakexport regelt! Was haben göttliche Gesetzgeber mit dem Export oder Import von Tabak zu tun, was menschliche mit der Zucht von Sklaven? Angenommen, man würde die Frage irgendeinem Sohn Gottes [(einem gläubigen Menschen)][361] vorlegen, - und hatte ER im neunzehnten Jahrhundert keine Kinder[362] [keine Gläubigen?]? Ist sie[, die "Familie" Gottes, die Gläubigen,] eine Familie, die ausgestorben ist? Wie würde er[, der gläubige Mensch,] darauf antworten? Was soll ein Staat wie Virginia am letzten Tag, an welchem dieser die Hauptstadt war und die wichtigsten Pro-

---

[357] Das "*alte Rom*" war aufgeteilt in Rom (etwa Italien) und die Provinzen, die Gebiete hinter den Alpen (deshalb: transalpine). In den Provinzen herrschten Prätoren oder Prokonsule (= an Stelle eines Konsuls), in Rom herrschten die Konsule. Die Provinzen konnten nicht bei den Angelegenheiten Roms mitentscheiden, doch Rom entschied über ihre Angelegenheiten. So halten sich, laut Thoreau, die Engländer für Rom, sind aber Provinz.
Thoreau nimmt hier wahrscheinlich Bezug auf Julius Caesar. Dieser war lange Zeit der mächtigste Mann außerhalb Roms, hatte er doch fast ganz Zentraleuropa erobert, doch hatte er in Rom nichts zu sagen, bis er in Rom einmarschierte (etwa 48 v.Chr.).

[358] Siehe Fußnote zuvor.

[359] Im Original: "*profession*", was meist eher mit "*Berufsstände*" übersetzt wird, doch ist "*regieren*" kein Beruf.

[360] Der römische Kaiser Numa Pompilius, Lykurg (Lykurgos) von Sparta und Solon (von Athen) sind berühmte Staatsmänner des Altertums, die als gerecht und weise galten und bedeutende gesetzliche Bestimmungen erlassen haben.

[361] Im Original: "s*on of sod*", eine Bezeichnung für gläubige Menschen, meist Pfarrer oder Priester.

[362] Eine Anspielen auf "*son of god*" = "*Sohn Gottes*"

duktionsstätten beherbergte, für sich selbst sagen?[363] Welchen Grund gibt es für Patriotismus in einem solchen Staat? Ich leite meine Fakten aus statistischen Tabellen ab, die die Staaten selbst veröffentlicht haben[364].

[der Preis des Handels]

[44] [Wir haben] Einen Handel, der jedes Meer, auf der Suche nach Nüssen und Rosinen, weiß macht[365] und seine Seeleute zu Sklaven![366] Neulich sah ich ein Schiff, das Schiffbruch erlitten hatte, was viele Menschenleben kostete, und seine Ladung von Lumpen, Wacholderbeeren und bitteren Mandeln war am Ufer verstreut. Es erscheint [mir] kaum der Mühe wert, die Gefahren des Meeres zwischen Livorno[367] und New York um einer Ladung Wacholderbeeren und Bittermandeln willen auf sich zu nehmen. Amerika schickt [Schiffe] in die Alte Welt für seine bitteren Mandeln![368] Ist nicht das Salzwasser, ist nicht das Schiffswrack, bitter genug, um den Kelch des Lebens

---

[363] In Virginia gründeten die Engländer ihre erste Kolonie. Die Städte Jamestown, und später Williamsburg, in Virginia waren ursprünglich so etwas, wie die Hauptstädte der englischen Kolonien in Nordamerika. Ab 1788 wurde New York die Hauptstadt und ab 1800 erst Washington.

[364] Dieser Satz ist seltsam und will nicht so recht passen. Ich vermute, Thoreau wollte sein Faktenwissen, dem Wissen von gläubigen Menschen gegenüberstellen, ganz nach dem Motto: *"Ich leite meine Fakten aus statistischen Tabellen ab - und ihr?"*

[365] Hier zitiert Thoreau - laut Cramer (Thoreau und Cramer 2013) - die *New England Gazette*, die einst über Neuengland schrieb: *"her canvas whitens every sea;"* Die Segel sind aus Canvas, einem Stoff aus Leinen und Hanf. Da die Neuengländer sehr viel Handel mit Segelschiffen betrieben, färbten ihre weißen Segel das Meer weiß.

[366] Es gab mehrere Vorfälle, bei denen "schwarze", freie Seeleute, nachdem sie in einem Hafen ankamen, dort verhaftet und zu Sklaven gemacht wurden, auf Grund der dort herrschenden Gesetze über Sklaverei. Cramer zitiert einen Bericht in dem es heißt: *"Vor einigen Jahren berührte ein Schiff aus Massachusetts Charleston und hatte einige freie Schwarze an Bord, [...] Bei ihrer Landung wurden sie aufgrund eines Gesetzes von South Carolina, das nicht sehr alt war, sofort ins Gefängnis gesteckt. Die Regierung von Massachusetts schickte in einem Zustand großer Empörung einen Anwalt, um den Fall zu untersuchen und dagegen zu demonstrieren."* (Thoreau und Cramer 2013, 366) (siehe auch Fußnote 113 auf Seite 80)

[367] Livorno ist eine italieniesche Hafenstadt in der Toskana.

[368] Norditalien und Südfrankreich gehörten zu den Hauptanbaugebieten, nachdem der Mandelbaum aus Asien eingeführt worden war.

hier zu versenken? Und [dann] gibt es diejenigen, die sich als Staatsmänner und Philosophen bezeichnen, die so blind sind, zu glauben, dass Fortschritt und Zivilisation von genau dieser Art des Austausches und der Emsigkeit abhingen – der Emsigkeit der Fliegen um einen Honigtopf[369]. Sehr gut, merkt jemand an, wenn Menschen Austern wären[370]. Und sehr gut, antworte ich, wenn die Menschen Moskitos wären.

[45] Leutnant Herndon[371], den unsere Regierung zur Erforschung des Amazonasgebiets entsandte und, wie es heißt, zur Ausdehnung des Gebiets der Sklaverei, stellte fest, dass es dort an "einer arbeitsamen und tüchtigen Bevölkerung fehlt, die weiß, was die Annehmlichkeiten des Lebens sind, und die über das Zusammenleben mit der Natur hinausgehende Bedürfnisse[372] hat, die großen Ressourcen des Landes auszubeuten". Doch welche "über das Zusammenleben mit der Natur hinausgehenden Bedürfnisse" sollen gefördert werden? Etwa die Liebe zum Luxus, wie der Tabak und die Sklavenhaltung seiner Heimat Virginia, oder das Eis oder der Granit oder andere materielle Reichtümer unseres Heimatlandes Neuengland; noch sind "die großen Ressourcen eines Landes" jene Fruchtbarkeit oder Kargheit des Bodens, die

---

[369] Im Original: "*molasses-hogshead*", was eigentlich "*Sirup-Fass*" bedeutet, doch im Deutschen sagen wir: "*Mit Honig fängt man Fliegen*".

[370] Thoreau bezieht sich hier auf eine seiner anderen Schriften. In *Cape Cod* zitiert er einen gewissen Wellfleet Oysterman, der Austern als etwas beschreibt, das sich fortpflanzt, sobald es sich niederlässt, bzw. sich niederlässt um sich fortzupflanzen. (Thoreau 2013)

[371] Laut Kleinhempel wurde Leutnant Herndon 1851/52 mit einer Expedition ins Amazonasgebiet beauftragt. Thoreau zitiert hier aus seinem Bericht "*Exploration of the Valley of the Amazon*" (U.S.N und Herndon 1853). Im ersten Band schlage Herndon, so Kleinhempel, "*den Plantagenbesitzern vor, ihre Sklaven nach Brasilien zu schicken um das Land dort zu kultivieren*" (Thoreau, Kleinhempel, und Schäfer 2017, 59)

[372] Der Satz "*über das Zusammenleben mit der Natur hinausgehende Bedürfnisse*" ist meine Eindeutschung von "*artificial wants*" (im Original). "*Artificial*" bedeutet etwa "*nicht der Natur gemäß*" oder "*nicht natürlich*" usw. Es wird häufig mit "*künstlich*" übersetzt oder mit "*unnatürlich*", was hier aber nicht passt, da dies im Deutschen Assoziationen weckt, die hier nicht gemeint sind. Es geht um Wünsche, die die Natur nicht befriedigen kann, sie gehen deshalb "*über das Zusammenleben mit der Natur hinaus*" und nötigen uns dadurch, diese dafür zu zerstören. Außerdem verwendet Thoreau diesen Begriff zweimal, nämlich gleich im anschließenden Satz nochmals und die gewählte Übersetzung muss in beiden Sätzen passen, sonst wird es seltsam.

dieser hervorbringt. Das wichtigste war in jedem Staat, in dem ich gewesen bin[373], für das Hauptanliegen seiner Einwohner einzutreten. Dieses [Anliegen] allein führt zum Herausziehen der "großen Ressourcen" aus der Natur (und schließlich zur darüber hinausgehenden Belastung dieser)[374], denn der Mensch stirbt natürlich ohne sie[375]. Wenn wir die Kultur mehr als die Kartoffeln[376] und die Erleuchtung mehr als die Süßigkeiten[377] wollen, dann werden die wirklich großen Ressourcen einer Welt belastet und und aus ihr gewonnen[378], und das Ergebnis, oder das Hauptprodukt seiner Produktion[, der Produktion des Menschen], wären nicht Sklaven oder Arbeiter, sondern [wahre] Menschen, - die seltenen Früchte, die Helden, Heilige, Dichter, Philosophen und Erlöser genannt werden.

[Regierungen]

[46] Kurz gesagt, so wie sich eine Schneewehe [genau] dort bildet, wo der Wind eine Flaute hat, so entsteht, wie man sagt, dort, wo die Wahrheit eine Flaute hat, eine Institution. Aber die Wahrheit weht dennoch direkt darüber hinweg und bläst sie schließlich davon.

---

[373] Thoreau war bis dahin nur in nordamerikanischen Staaten.

[374] Klammern von mir gesetzt zum besseren Verständnis.

[375] Im Original: "*for man naturally dies out of her.*" "*Out of her*" = "*außerhalb von ihr*", doch das klingt im Deutschen komisch. Wir sagen nicht, "*wir sterben außerhalb der Natur*", sondern "*wir sterben ohne die Natur.*"

[376] Die Kartoffeln stammen ursprünglich aus Südamerika und sind nicht in den USA beheimatet.

[377] Eigentlich im Original "*sugar plums*". Das waren ursprünglich Gelee-Früchte, die im im 17. Jahrhundert zusätzlich eine harte Schale durch Zuckerguss bekamen. Thoreau verwendet das Beispiel hier, weil *sugar-plums* vor allem aus Zucker bestehen und dieser muss, wie auch die Kartoffeln, aus Südamerika importiert werden. So sind beide, Kartoffeln und Süßigkeiten (*sugar plums*), ein Symbol für Kolonialismus und Ausbeutung.

[378] Eigentlich "*drawn out*", was man auch mit "*ausgebeutet*" übersetzen kann. Dies würde zur Ausbeutung der Natur passen und dieser gegenüber gestellt werden. Doch hat es im Deutschen auch noch andere, missverständliche Bedeutungen.

[47] Was man Politik nennt, ist vergleichsweise etwas so Oberflächliches und Unmenschliches, dass ich tatsächlich nie richtig erkannt habe, dass es mich überhaupt betrifft. Ich nehme an, dass die Zeitungen einige ihrer Kolumnen speziell der Politik oder der Regierung unterwürfig widmen[379]; und das, so würde man sagen, ist alles, was sie[, die Regierung, noch] rettet; aber da ich die Literatur liebe, und in gewissem Maße auch die Wahrheit, lese ich diese Kolumnen jedenfalls nie. Ich möchte mein Rechtsempfinden nicht so sehr abschwächen. Ich muss mich nicht danach fragen lassen, ob ich auch nur eine einzige Botschaft eines Präsidenten[380] gelesen habe. Es ist ein seltsames Zeitalter, in dem Imperien, Königreiche und Republiken an die Tür eines Privatmannes klopfen und ihre Beschwerden in seinen Intimbereich tragen[381]! Ich kann keine Zeitung mitnehmen, ohne festzustellen, dass die eine oder andere unglückliche Regierung mich, den Leser, stark bedrängt oder auf den Knien anfleht, - für sie zu stimmen – aufdringlicher als ein italienischer Bettler[382]; und wenn ich die Absicht habe, die Unterlagen [des Bettlers] anzuschauen, die vielleicht von irgendeinem wohlwollenden Kaufmannsbeamten oder dem Schiffer, der diesen [Bettler] hergebracht hat, ausgestellt wurden, denn er selbst [der Bettler] kann kein Wort Englisch, werde ich wahrscheinlich von dem Ausbruch des Vesuvs oder der Überflutung durch einen echten oder gefälschten Po[383] lesen, was ihn in diesen Zustand gebracht habe. Ich zögere in einem solchen Falle nicht, Arbeit oder das Armenhaus vorzuschlagen; aber warum machen sie nicht ihre Arbeit in

---

[379] Im Original: "*devote*", eigentlich "*widmen*" oder "*zuwenden*", doch hat "*devote*" auch etwas Untergebenes. Die Politiker nutzen die Zeitungen unentgeltlich, für ihre Propaganda.

[380] Im Original "*president's message*". Das ist eine Mitteilung zum Beispiel eines Vorsitzenden, an die Mitglieder. Mit "*president*" ist jede Form eines Präsidenten oder Vorsitzenden gemeint, also auch eines Vereins, einer Gewerkschaft, einer Institution, etc, nicht unbedingt der amerikanische Präsident. Doch macht nur letzterer hier tatsächlich Sinn.

[381] Eigentlich "*utter [...] at his elbow*", also "[...] vorbringen und ihm dabei körperlich sehr nahe kommen".

[382] Cramer (Thoreau und Cramer 2013) meint, Thoreau hätte "*The French and Italian Notebook*" von Nathaniel Hawthorne (Hawthorne 2009) gelesen, in welchem beschrieben wird, wie Hawthorne ständig von Bettlern in Rom belästigt wird.

[383] Ein Fluss in Norditalien

aller Stille[384], wie ich es gewöhnlich tue? Der arme Präsident, der damit beschäftigt ist, seine Popularität zu bewahren und seine Pflicht zu erfüllen, ist völlig ratlos. Die Zeitungen sind die herrschende Macht. Jede andere Regierung[, als die der Zeitungen,] wird in Fort Independence[385] auf ein paar Marinesoldaten reduziert. Wenn ein Mensch es versäumt, die Daily Times zu lesen, wird die Regierung vor ihm auf die Knie fallen, denn das ist der einzige Verrat in diesen Tagen.

[Schluss]

[48] Die Dinge, die heute die Aufmerksamkeit der Menschen am meisten beanspruchen, wie die Politik und die tägliche Routine, sind zwar lebenswichtige Funktionen der menschlichen Gesellschaft, sollten aber unbewusst ausgeführt werden, wie die entsprechenden Funktionen des physischen Körpers. Sie sind nicht wirklich menschlich[386], [eher] eine Art von Vegetation [die uns umgibt]. Manchmal erwache ich wie im Halbschlaf, und werde mir bewusst, was sich um mich herum abspielt, denn ein Mensch kann sich einiger Verdauungsprozesse in einem sterbenden Zustand bewusst werden, wie etwa der Dyspepsie[387], wie man sie nennt. Es ist, als ob sich ein Denker unterwarf, um sich vom großen Kaumagen der Schöpfung zerkleinern zu lassen. Die Politik ist sozusagen der Magen der Gesellschaft, voll von Kies und

---

[384] Im Original: "*or why not keep its castle in silence*". "*To Keep*" wird hier im Sinne von "*In Ordnung halten*" (wie "*housekeeper*") gebraucht. "*Its castle*" verwendet er wahrscheinlich wegen des Sprichworts "*a home is a man's castle*".

[385] Ein Fort (Armeestützpunkt) in Boston, wo Henry Davids Vater einst stationiert war. Dies ist ein Wortspiel: "*Fort Independence*" ist etwa "*Die Festung Unabhängigkeit*". Und eigentlich sollte ja das Parlament und der Präsident für die Unabhängigkeit eintreten. Doch in Wirklichkeit herrschen die Zeitungen und das einzige, was von der "*Unabhängigkeit*" bleibt, sind ein paar Soldaten in einem Fort, das deren Namen trägt.

[386] Im Original: "*They are infra-human*", "*infra*" = "*unterhalb*" (*intra* = *im Innern*). "*Infra-human*" ist also etwa "*untermenschlich*". Sie gehören zum Menschen, sind aber unter diesem angesiedelt. Als "*infra-human*" werden z.B. Menschenaffen bezeichnet. Das deutsche Wort "*unterhalb*" drückt diese Zugehörigkeit nicht aus, deshalb habe ich mich für eine etwas freiere Übersetzung entschlossen.

[387] Dyspepsie: Ein Symptomkomplex aus Reizdarm, Blähungen, etc.

Schotter, und die beiden politischen Parteien sind ihre beiden entgegengesetzten Hälften, die manchmal in verschiedene Flügel[388] aufgeteilt sind, und sich, mag sein, dann gegenseitig zermalmen. Nicht nur Individuen, sondern auch Staaten haben also eine bestätigte Dyspepsie[, Blähungen,] die sich, wie Sie sich vorstellen können, mit solch einer Beredsamkeit ausdrückt. Unser Leben ist also nicht gänzlich ein Vergessen[389], sondern auch, leider! zu einem großen Teil, ein Erinnern an das, dessen wir uns nie hätten bewusst sein dürfen, schon gar nicht in unseren wachen Stunden. Warum sollten wir uns nicht treffen, nicht immer nur als Dyspeptiker, um uns unsere schlechten Träume[390] zu erzählen, sondern auch einmal als Eupeptika[, als Mittel gegen Dyspepsie], um einander zu einem stets herrlichen Morgen zu gratulieren? Ich stelle sicher keine übertriebene Forderung.

---

[388] Eigentlich schreibt Thoreau, dass sie zwei Hälften sind, die manchmal sogar geviertelt sind. Doch das ist seltsam im Deutschen. Ich vermute, dass er das Bild des "Schotters" weiter verwenden wollte. Zwei Hälften sind noch kein Schotter, erst wenn sie weiter zerbröseln.

[389] Laut Cramer (Thoreau und Cramer 2013) bezieht sich Thoreau hier auf die "*Ode on Intimations of Immortality from Recollections of Early Childhood*" von William Wordsworth: "*Our birth is but a sleep and a forgetting*".

[390] Schlechte Träume sind typisch bei Dyspepsie.

SKLAVEREI IN MASSACHUSETTS

[Originaltitel: Slavery in Massachusetts]

(Autor: Henry David Thoreau, Übersetzung und Fußnoten: Christina Schieferdecker)

[Die Versammlung]

[1] Kürzlich nahm ich an einer Versammlung der Bürger von Concord teil, in der Erwartung, als einer unter vielen über das Thema der Sklaverei in Massachusetts zu sprechen; aber ich war überrascht und enttäuscht, als ich feststellte, dass das, was meine Stadtbewohner zusammengerufen hatte, das Schicksal von Nebraska und nicht von Massachusetts war, und dass das, was ich zu sagen hatte, völlig unangebracht gewesen wäre. Ich hatte gedacht, dass das Haus brennt und nicht die Prärie[391]; aber obwohl mehrere Bürger von Massachusetts jetzt im Gefängnis sitzen, weil sie versucht haben, einen Sklaven aus ihren eigenen[, aus Massachusetts] Fängen zu befreien[392], drückte nicht einer der Redner auf dieser Versammlung sein Bedauern dar-über aus, nicht einer erwähnte es auch nur. Es war nur die Anordnung über einige wilde Ländereien[393] tausend Meilen[394] entfernt, die sie zu beschäftigen

---

[391] Nebraska ist ein Präriestaat. Er besteht aus zwei großen Landregionen, den *Dissected Till Plains* und den *Great Plains*. Die *Dissected Till Plains* bestehen aus sanft geschwungenen Hügeln. Der Name bedeutet etwa "Zerteiltes-Geröll-Ebene". Diese Ebene entstand durch Gletscherbewegungen in der Eiszeit. Die Region *Great Plains* (*Die große Ebene*), die den größten Teil des westlichen Nebraska einnimmt, ist von baumloser Prärie geprägt.
Es ist Juli 1854. Der Kongress hatte im Mai den Kansas-Nebraska Act beschlossen, der diese beiden Staaten (Kansas und Nebraska) erst erschaffen sollte um neue Siedlungsgebiete zu erschließen. Außer-dem sollte es den künftigen Einwohnern freigestellt werden, ob sie Sklaven halten wollten oder nicht. Und das bewegte natürlich die Gemüter. Diese zwei Staaten gehörten zuvor zu Louisiana, also einem Sklavenstaat, liegen aber, nach der Abtrennung von Louisiana, im Norden, in der "Sklavenverbots-zone" nördlich des 36°30' Breitengrades (Missouri Kompromiss, siehe auch Fußnote 402).

[392] Mehrere Männer hatten versucht den ehemaligen Sklaven Anthony Burns (der in Boston festgehalten wurde um in die Sklaverei abgeschoben zu werden) zu befreien und wurden dabei festgenommen.

[393] Es war noch nahezu unerschlossenes Gebiet.

[394] Tatsächlich sind es etwa 1500 Meilen = 2400 km

155

schien. Die Einwohner von Concord sind nicht bereit, zu einer ihrer eigenen Brücken zu stehen[395], sondern sprechen nur davon, eine Position auf dem Hochland jenseits des Yellowstone River einzunehmen[396]. Unsere Buttricks und Davises und Hosmers[397] ziehen sich dorthin zurück, und ich fürchte, dass sie kein *Lexington Common*[398] zwischen sich und dem Feind lassen werden. Es gibt nicht einen Sklaven in Nebraska; es gibt vielleicht eine Million Sklaven in Massachusetts.[399]

[2] Sie, die aus der Politik kommen[400], versagen jetzt und immer, [wenn es darum geht,] den Tatsachen ins Auge zu sehen. Ihre Maßnahmen sind nur halbe Sachen und Behelfslösungen. Sie schieben den Tag der Abrechnung auf unbestimmte Zeit hinaus, und in der Zwischenzeit häufen sich die Schulden an. Obwohl das Gesetz über flüchtige Sklaven[, das Fugitive Slave Law,][401] bei dieser Gelegenheit nicht zur Diskussion stand, wurde nach einiger Zeit, wie ich erfuhr, von meinen Stadtbewohnern bei einer vertagten Versammlung zaghaft beschlossen, dass der Kompromissvertrag von 1820[402]

---

[395] Anspielung auf die Schlacht an der Nordbrücke in Concord am 19. April 1775, die den Beginn der Amerikanischen Revolution einläutete.

[396] Der Yellowstone River fließt nördlich von Nebraska, aus den Rocky Mountains kommend, fast an der Grenze zu Kanada. Damals war das Niemandsland.

[397] Bürger von Concord, die an der Schlacht an der North Bridge teilnahmen (Thoreau und Cramer 2013).

[398] Als *Lexington Battle Green* (auch *Lexington Common*) wird ein etwa ein Hektar großes Gebiet bezeichnet, auf welchem zwischen Lexington und Concord die erste Schlacht des Revolutionskriegs am 19. April 1775 stattfand.

[399] Nebraska war ein Neugeschaffener Staat ohne offizielle Einwohner, während Massachusetts etwa eine Million Einwohner (laut Thoreau und Cramer 2013) hatte.

[400] Im Original: "*who have been bred in the school of politics*" = Die, "*die in der Schule der Politik herangezüchtet worden sind*"

[401] Eigentlich heißt es richtig "*Fugitive Slave Act*" (Thoreau verwendet "*Law*" statt "*Act*"). Er wurde 1850 verabschiedet, damit die Südstaaten die Union nicht verließen, nachdem sie sich beschwert hatten, dass so viele Sklaven in die Freiheit geflohen waren - in die Nordstaaten. Um zu verhindern, dass Sklaven fliehen, wurde im *Fugative Slave Act* vereinbart, dass die Nordstaaten die Sklaven einfangen und an die Südstaaten wieder zurückgeben mussten.

[402] Der Missouri-Kompromiss vom 3. März 1820 war eine Vereinbarung, die Missouri als Sklavenstaat anerkannte, im Austausch gegen Gesetze, die die Sklaverei nördlich des 36°30'-Breitengrads - mit Ausnahme von Missouri - untersagten.

von einer der Parteien abgelehnt wurde, "deshalb ... muss das Gesetz über flüchtige Sklaven [Fugitive Slave Law] von 1850 aufgehoben werden." Aber das ist nicht der Grund, warum ein ungesetzliches Gesetz aufgehoben werden sollte. Der Tatsache, der sich der Politiker stellen muss, ist lediglich, dass es weniger Ehre unter Dieben gibt als angenommen, und nicht der Tatsache, dass sie Diebe sind.[403]

[3] Da ich keine Gelegenheit hatte, meine Gedanken bei diesem Treffen auszudrücken, erlauben Sie mir, dies hier zu tun?

[Der Gouverneur]

[4] Wieder einmal kommt es vor, dass das Bostoner Gerichtsgebäude voll von bewaffneten Männern ist, die einen MANN gefangen halten und verhandeln, um herauszufinden, ob er nicht wirklich ein SKLAVE ist. Glaubt irgendjemand, dass Gerechtigkeit oder Gott auf [Richter] Lorings Entscheidung wartet? Wenn er immer noch dasitzt und entscheidet, während diese Frage bereits seit Ewigkeiten[404] entschieden ist und der analphabetische[405] Sklave selbst und die Menge um ihn herum die Entscheidung längst gehört und ihr zugestimmt haben, dann macht er sich einfach lächerlich. Man könnte versucht sein zu fragen, von wem er sein Amt[406] erhalten hat und wer

---

[403] Dies bedeutet: Man soll nicht annehmen, dass Menschen, die böses tun, Ehre oder Prinzipien haben. Es reicht nicht, sich klar zu machen, dass sie Böses tun, man muss sich auch klar machen, dass sie über keinerlei Rechtsempfinden verfügen. Der Ursprung der Redewendung *"there is (no) honor among thieves"* (*"Es gibt (keine) Ehre unter Dieben"*) ist nicht bekannt, doch gibt es ihn in abgewandelter Form häufiger,
... so in Don Quichote:
"Das alte Sprichwort gilt immer noch, Diebe sind niemals Schurken untereinander." (Grammarist o. J.)
... oder in Shakespeares Heinrich IV, Teil 1:
"und die Bösewichte mit dem Herzen aus Stein wissen es gut genug:
Es ist eine Plage, wenn Diebe zueinander nicht ehrlich sein können!" (Shakespeare o. J.)

[404] Im Original: *"from eternity to eternity"* = *"von Ewigkeit zu Ewigkeit"*

[405] Im Original: *"unlettered"*, was auch *"ungebildet"* heißen kann. Doch war Burns (der "Sklave") Prediger, weshalb ich annehme, dass er lediglich nicht lesen konnte.

[406] Im Original: *"commission"* = Amt, offizielle Aufgabe

er ist, [was für eine Art Mensch er ist,] der es erhalten hat; welchen neuartigen Gesetzen[407] er gehorcht und welche Präzedenzfälle[408] für ihn von Bedeutung sind. Die bloße Existenz eines solchen Schiedsmannes ist eine Unverschämtheit. Wir bitten ihn nicht, sich eine Meinung zu bilden, sondern seine Meute zu bilden.[409]

[5] Ich lausche, um die Stimme eines Gouverneurs, [des] Oberbefehlshaber[s] der Streitkräfte von Massachusetts, zu hören. Ich höre nur das Zirpen der Grillen und das Summen der Insekten, die jetzt die Sommerluft erfüllen. Die Heldentat des Gouverneurs ist es, die Truppen an Musterungstagen zu überprüfen. Ich habe ihn hoch zu Ross gesehen, mit abgenommenem Hut, dem Gebet eines Kaplans lauschend. Das ist wohl alles, was ich je von einem Gouverneur gesehen habe. Ich glaube, ich käme auch ohne einen aus. Wenn er nicht einmal verhindern kann, dass ich entführt werde[410], was soll er mir dann nützen? Wenn die Freiheit am meisten gefährdet ist, bleibt er unsichtbar.[411]

[6] Ein angesehener Pfarrer erzählte mir, dass er den Beruf des Pfarrers wählte, weil dieser die meiste freie Zeit für literarische Beschäftigungen bot.[412] Ich würde ihm den Beruf eines Gouverneurs empfehlen.

---

[407] Im Original: "*statutes*" = *Satzungen, Statuten, Gesetze*

[408] Im Original: "*precedents*". "*Präzedenzfälle*" sind Fälle, die als Vorbild genommen werden und nach denen das eigene Urteil gefällt wird. Meist sind sie im amerikanischen Gesetz bindend, d.h. sie werden zu neuem Recht. Doch diesen Fall meint Thoreau hier nicht. Ich vermute, dass es damals nur "*ähnliche Fälle*" waren, die dann herangezogen und zu wichtigen Richtschnüren für spätere Entscheidungen wurden. Ein neuer Präzedenzfall wäre dann lediglich ein neuer Fall, nach welchem andere sich richten, bzw. auf den sich andere stützen können.

[409] Im Original: "*We do not ask him to make up his mind, but to make up his pack.*" Leider hat das "*pack*" (= *Meute, Bande, Clique*, etc.) keinen Bezug zu irgendeiner Aussage vor oder nach dem Satz, so dass die genaue Bedeutung etwas unklar ist.

[410] Anthony Burns, ein geflüchteter Sklave (siehe Fußnote 431), wurde quasi entführt und vor Gericht geschleppt, obwohl er eigentlich ein "Bürger Massachusetts" (laut Thoreau) war, da er in Massachusetts lebte.

[411] Eigentlich "*he dwells in the deepest obscurity.*" = "*er verbleibt in der tiefsten Dunkelheit*". Im Deutschen sagen wir eher, jemand bleibt *unsichtbar*, als *in der Dunkelheit*.

[7] Auch vor drei Jahren, als die Sims-Tragödie[413] aufgeführt wurde, sagte ich zu mir: Es gibt [tatsächlich] einen solchen Offizier, wenn nicht gar einen solchen Mann, wie den Gouverneur von Massachusetts? - Was hat er in den letzten vierzehn Tagen gemacht? Hat er [nicht] alles getan, was in seiner Macht stand[414], um sich nicht auf eine Seite stellen zu müssen[415], während dieses moralischen Erdbebens? Es schien mir, dass keine schärfere Satire hätte aufgeführt[416] werden können, keine schärfere Beleidigung hätte diesem Manne angeboten werden können, als gerade das, was geschah? - Das Fehlen jeglicher Nachfrage nach ihm in dieser Krise. Das Schlimmste und meiste, was ich zufällig über ihn weiß, ist, dass er diese Gelegenheit nicht genutzt hat, um sich bekannt zu machen, und zwar würdig bekannt. Er hätte sich zumindest dem Ruhm hingeben können.[417] Es schien vergessen zu sein, dass es einen solchen Mann oder ein solches Amt gab. Doch zweifellos war er bemüht die ganze Zeit über den Gouverneursstuhl auszufüllen[418]. Er war nicht mein Gouverneur. Er hat mich nicht regiert.

[8] Aber im vorliegenden Fall wurde der Gouverneur endlich gehört. Nachdem er und die Regierung der Vereinigten Staaten darin erfolgreich waren, einen armen, unschuldigen Schwarzen lebenslänglich seiner Freiheit zu

---

[412] Im Original: "*the most leisure for literary pursuits*" ("*die meiste Freizeit für literarische Beschäftigungen*"). Der Beruf gibt ihm viel Freizeit, um Bücher lesen zu können.

[413] Thomas Sims floh 1851 aus der Sklaverei in Georgia nach Boston. Er wurde im selben Jahr nach dem *Fugitive Slave Act* von 1850 verhaftet, hatte eine Gerichtsverhandlung und musste zur Versklavung zurückkehren. Thomas Sims war einer der ersten Sklaven, die nach dem *Fugitive Slave Act* von 1850 gewaltsam aus Boston in die Sklaverei zurückgebracht wurden.

[414] Im Original: "*as much as he could do*" = "*so viel wie er tun konnte*"

[415] Im Original: "*to keep on the fence*" = "*um zwischen allen Stühlen zu sitzen*". Er hat sich weder für die Position der Gegner noch für die der Unterstützer der Sklaverei ausgesprochen..

[416] Eigentlich "*aimed at*" = *erstrebt, daraufhingearbeitet, bezweckt*

[417] Im Original: "*He could at least have resigned himself into fame.*" "*resigned himself into fate*" wäre, sich seinem Schicksal ergeben. Hier ist es nicht das Schicksal, sondern der Ruhm.

[418] Im Original: "*to fill*" (*füllen*): Er hat seine Zeit damit verbracht, einen Stuhl auszufüllen (mit seinem Körper), anstatt zu regieren.

berauben, und, sie gingen soweit[419], dass er, [der Gouverneur,] mit dem Gefühl Gottes auf seiner Seite[420], bei einem Gratulationsessen [zum erfolgreichen Abschluss der Abschiebung eines Menschen in die Sklaverei] eine Rede an seine Komplizen hielt!

[9] Ich habe ein kürzlich erlassenes Gesetz dieses Staates gelesen, das es für jeden Beamten des " Staates[421]" überall innerhalb seiner Grenzen strafbar ist, "irgendeine Person festzuhalten oder bei der Festnahme zu helfen, [...] wenn der Grund dafür ist, dass sie als flüchtiger Sklave beansprucht wird."[422] Es war auch bekannt, dass ein "Erlass auf Herausgabe wegen widerrechtlicher Festnahme"[423], um den Flüchtigen aus dem Gewahrsam des United States Marschalls zu nehmen, nicht eingereicht werden konnte, aus Mangel an ausreichender Unterstützung[424], um dem Beamten zu helfen [dies zu tun].

---

[419] Im Original: "*as far as they could*" (= "*so weit wie sie konnten*"): Das Original enthält kein Verb, das "*they*" bezieht sich auf den Satz zuvor, nicht auf den danach, weshalb ich mich zu dieser Deutung entschlossen habe.

[420] Im Original: "*of his Creator's likeness in his breast*", was wörtlich bedeutet: "*Mit dem Abbild des Schöpfers in der Brust*". Doch "*likeness*" enthält auch "*like*" im Sinne von "*mögen*". Gott mag, was sein Abbild ist. Zudem steht "*likeness*" auch für "*Gleichartigkeit*". Man ist also auch gottgleich. Um diese verschiedenen Bedeutungen einzufangen, habe ich etwas freier übersetzt.

[421] Im Original: "commonwealth" , was auch *Staatenbund* oder *Bürgerreich* heißen kann. Thoreau beschreibt Massachusetts häufiger als "Commonwealth".

[422] Das so genannte "*Latimer-Gesetz*" (*Personal Liberty Act*) von Massachusetts vom März 1843. Es kam zustande, nachdem Massachusetts auf Grund des *Fugitive Slave Acts* von 1793 (ein Bundesgesetz) ein ehemaliger Sklave mit Namen George Latimer in Massachusetts gefangen genommen wurde und in die Sklaverei zurück gebracht werden sollte. Daraufhin gab es einen großen Aufstand in er Bevölkerung und ein Gesetz, das "*Latimer-Gesetz*", wurde erlassen, das es verbietet, im Staat Massachusetts entflohene Sklaven gefangen zu nehmen und zu ihrem Sklavenhalter zurück zu schicken.

[423] Ein "*writ of replevin*", das ist Juristenenglisch.

[424] Im Original: "*sufficient force*". "*force*" ist *Macht, Kraft, Stärke*.
Cramer (Thoreau und Cramer 2013) schreibt:
"*Ein* 'writ of replevin' *wurde dem U.S. Marschall Watson Freeman zugestellt, der sich mit der Begründung weigerte, dass er Burns aufgrund eines legalen Prozesses besitze. Freeman hatte eine starke zivile und militärische Truppe hinter sich. Der Bostoner Gerichtsmediziner Charles Emery Stevens erklärte sich bereit, die Verfügung zuzustellen und den Gefangenen freizulassen, vorausgesetzt, es könnten genügend Kräfte angeworben werden, um Freemans Kräfte zu überwinden.*"
Doch nicht nur der Marschall wehrte sich, auch das Oberste Gericht lehnte eine "writ of replevin" ab.

[10] Ich hatte gedacht, der Gouverneur wäre in gewissem Sinne der [oberste] ausführende Beamte[425] des Staates; [und] dass es seine Aufgabe als Gouverneur sei, dafür zu sorgen, dass die Gesetze des Staates ausgeführt werden; während er als Mensch darauf achtet, dass er durch seine Handlungen nicht die Gesetze der Menschlichkeit bricht; aber, sobald es irgendeinen besonders wichtigen Nutzen für ihn gibt, ist er nutzlos, oder schlimmer als nutzlos, und lässt zu, dass die Gesetze des Staates [Massachusetts] nicht ausgeführt werden.[426] Vielleicht weiß ich nicht, was die Pflichten eines Gouverneurs sind; aber wenn Gouverneur zu sein erfordert, sich selbst so viel Schmach zu unterziehen ohne sich diesem entziehen zu können[427], wenn es bedeutet meine Männlichkeit zu beschneiden[428], werde ich darauf achten, nie Gouverneur von Massachusetts zu sein. Ich habe nicht viel in den Statuten dieses Staates[429] gelesen. Es ist keine gewinnbringende Lektüre. Sie sagen nicht immer, was wahr ist; und sie meinen nicht immer, was sie sagen. Was mir Sorge bereitet, ist zu wissen, dass der Einfluss und die Autorität dieses Mannes auf der Seite des Sklavenhalters waren und nicht auf der Seite des Sklaven? - [Auf der Seite] des Schuldigen und nicht des Unschuldigen? - [Auf der Seite] der Ungerechtigkeit und nicht der Gerechtigkeit.[430] Ich habe ihn, von dem ich spreche, nie gesehen; tatsächlich wusste ich nicht, dass er Gouverneur war, bis dieses Ereignis eintrat. Ich hörte von ihm und Anthony

---

[425] Tatsächlich ist dies wörtlich übersetzt: "*executive officer*", damit es im weiteren Satz passt, da am Ende nochmals "*executed*" kommt. Doch bedeutet "*the executive officer*" auch "*der Vollzugsbeamte*". Der "*executive officer of the State*" ist so etwas wie "*der Chef der Exekutive des Staates*".

[426] Thoreau spricht hier das sogenannte *Latimer-Gesetz* (siehe Fußnote 422) an, das extra in Massachusetts für diesen Zweck, damit keine Sklaven mehr in den Süden ausgeliefert werden müssen, erlassen worden war..

[427] Eigentlich "*witout remedy*", also ohne Abhilfe, Heilmittel, Gegenmittel

[428] Im Original: "*if it is to put a restraint upon my manhood*" bedeutet wörtlich: "*Eine Hemmung meiner Männlichkeit*"

[429] Im Original: "commonwealth", was auch *Staatenbund* oder *Bürgerreich* heißen kann.

[430] Im Original. "*of injustice, and not of justice*" kann auch heißen "*auf Seite des Unrechts und nicht des Rechts*", da das alte Recht von Massachusetts *(Latimer-Gesetz)* die stattgefundene Gefangennahme und Auslieferung verbietet.

Burns[431] zur gleichen Zeit, und auf diese Weise werden zweifellos die meisten [erst jetzt] von ihm hören. So weit bin ich davon entfernt, von ihm regiert zu werden. Ich meine nicht, dass das, was ich hörte[432], etwas zu seiner Schande war, sondern nur, dass ich hörte, was ich hörte. Das Schlimmste, was ich von ihm sagen werde, ist, dass er sich nicht besser bewährt hat, als die Mehrheit seiner Wähler es wahrscheinlich tun würde. Meiner Meinung nach war er dem Anlass nicht gewachsen.

[Soldaten]

[11] Die ganze Militärmacht des Staates steht einem Mr. Suttle, einem Sklavenhalter aus Virginia, zu Diensten, um ihn in die Lage zu versetzen, einen Mann zu fangen, den er sein Eigentum nennt; aber nicht ein einziger Soldat wird aufgeboten, um einen Bürger von Massachusetts davor zu bewahren, entführt zu werden![433] Ist es das, wofür all diese Soldaten, all diese Ausbildung, in den letzten neunundsiebzig Jahren gewesen sind?[434] Wurden sie nur ausgebildet, um Mexiko auszurauben[435] und flüchtige Sklaven zu ihren Herren zurückzubringen?

[12] Gerade in diesen Nächten hörte ich den Klang einer Trommel in unseren Straßen. Da waren Männer, die immer noch trainierten; und für was? Ich konnte mit Mühe den Hähnen von Concord verzeihen, dass sie immer noch

---

[431] Anthony Burns war ein flüchtiger Sklave, der am 24. Mai 1854 verhaftet wurde. Im Februar 1854 floh Anthony Burns aus Alexandria, Virginia, indem er sich auf einem Schiff in Richtung Norden versteckte und kam Ende März in Boston an. Es dauerte nicht lange, bis sein ehemaliger Besitzer, ein Mr. Suttle, von seinem Aufenthaltsort erfuhr und ihn zurückforderte.

[432] Im Original: "*I had not heard of him*". Ich vermute, dieses "*not*" wird im Sinne einer doppelten Verneinung verwendet, was im Englischen eine Betonung einer Verneinung ist, weshalb ich es weggelassen habe.

[433] Hier ist Anthony Burns gemeint.
Sowohl bei Burns als auch bei Sims (1851, siehe Fußnote 413) wurde eine Armee aufgefahren um sie an der Flucht zu hindern, nachdem es 1851, kurz vor der Festnahme von Sims, einem Sklaven, Shadrach Minkins, gelungen war aus dem Gefängnis zu fliehen.

[434] Von 1775 (Beginn des Kampfes für die Unabhängigkeit) bis 1854.

[435] Um Staaten von Mexiko zu erobern (wie zum Beispiel Kalifornien oder Teile von Texas).

krähten, denn vielleicht waren sie an diesem Morgen noch nicht [in diesem Wettstreit] geschlagen worden[436]; aber ich konnte dieses Geräusch der Trommeln, das diese "Übenden" machten, nicht entschuldigen. Der Sklave wurde von genau solchen zurückgebracht; d.h. von dem Soldaten, von dem man in diesem Zusammenhang höchstens sagen kann, dass er ein Narr ist, der durch einen bemalten Mantel Aufmerksamkeit erhält.

[Nachbarn]

[13] Auch vor drei Jahren [1851], nur eine Woche nachdem die Behörden von Boston sich versammelt hatten, um einen vollkommen unschuldigen Mann, von dem sie wussten, dass er unschuldig war, in die Sklaverei zurück-zutragen[437], ließen die Einwohner von Concord die Glocken läuten und die Kanonen abfeuern, um ihre Freiheit zu feiern[438]... und den Mut und die Freiheitsliebe ihrer Vorfahren, die an der Brücke [von Concord] gekämpft hatten. Als ob diese drei Millionen für das Recht gekämpft hätten, selbst frei zu sein, und drei Millionen andere in Sklaverei zu halten. Heutzutage tragen Männer eine Narrenkappe und nennen sie Freiheitsmütze.[439] Ich weiß nicht, ob es nicht einige gibt, die, wenn sie an einen Pfahl zum Auspeitschen[440] gebunden wären und nur eine Hand frei hätten, [dann] damit die Glocken läuten und die Kanonen abfeuern würden, um ihre Freiheit zu feiern. So nahmen sich einige meiner Stadtbewohner die Freiheit, zu läuten und zu feuern.

---

[436] Im Original: "*to be beaten*" bedeutet unter anderem "*geschlagen werden*" im Sinne von "*in einem Wettkampf*" geschlagen werden. Es könnte also eine Darstellung sein, eines Wettkampfes des Krähens, den die Hähne gegen die Offiziere noch nicht aufgegeben haben.

[437] Hier geht es wieder um Thomas Sims, einen geflüchteten Sklaven aus Georgia, der am 4. April 1851 in Boston verhaftet wurde.

[438] Es wurde die siegreiche Schlacht an der Nordbrücke in Concord am 19. April 1775 gefeiert, die die Unabhängigkeit der USA von England zur Folge hatte.

[439] Die "*Liberty Cap*" (Freiheitsmütze) ist eine rote Mütze, die an eine Zipfelmütze ohne Zipfel erinnert - oder an eine Narrenkappe. Sie war tatsächlich im 19. Jahrhundert populär.

[440] Ein "*whipping-post*" = "*Auspeitsch-Pfahl*"

Das war das Ausmaß ihrer Freiheit; und als der Klang der Glocken verstummte, verstummte auch ihre Freiheit; als das Pulver verbraucht war, verschwand ihre Freiheit mit dem Rauch.

[14] Der Witz könnte nicht größer sein, wenn die Insassen der Gefängnisse das gesamte Pulver, das für solche Salutschüsse verwendet werden sollte, bezahlen müssten[441] und die Gefängniswärter anstellen würden, um das Schießen und Läuten für sie zu erledigen, während sie es durch das Gitter genossen.

[15] Das ist es, was ich über meine Nachbarn[442] dachte.

[Eine neue Schande]

[16] Jeder humane und intelligente Einwohner von Concord dachte, als er oder sie diese Glocken und Kanonen hörte, nicht mit Stolz an die Ereignisse des 19. April 1775 [als Milizen von Massachusetts gegen die Engländer gewannen][443], sondern mit Scham an die Ereignisse des 12. April 1851[, der Abschiebung von Thomas Sims]. Aber jetzt haben wir diese alte Schande halb unter einer neuen begraben.

[17] Massachusetts saß da und wartete auf Mr. Lorings Entscheidung, als ob diese in irgendeiner Weise ihre eigene Kriminalität beeinflussen könnte. Ihr Verbrechen, [das Verbrechen der Einwohner von Massachusetts,] das auffälligste und verhängnisvollste Verbrechen von allen, war es, ihm zu erlauben, der Schiedsrichter in einem solchen Fall zu sein. Es war wirklich ein Prozess, bei welchem Massachusetts der Prozess gemacht wurde[444]. In jedem Augenblick, den es [(Massachusetts)] zögerte diesen Mann freizulassen - in

---

[441] Eigentlich *"were to subscribe for"*, also wörtlich *"dafür unterschreiben müssten"*. Manchmal auch übersetzt mit *"abonnieren müssten"*. Eigentlich ist es *"sich für etwas verpflichten"*. Da sie jedoch im Gefängnis sitzen, können sie nur für das Finanzielle herhalten, alles andere geht nicht.

[442] Thoreau nennt jeden Einwohner Concords *"Nachbarn"*

[443] Kämpfe zwischen britischen Truppen und und Soldaten der Kolonie Neuengland lösten am 19. April 1775 auf dem *Lexington Common* (siehe Fußnote 398) zwischen Lexington und Concord, den amerikanischen Unabhängigkeitskrieg aus.

jedem Augenblick, den es jetzt zögert, sein Verbrechen zu sühnen, wird es verurteilt. Der Richter[445] in seinem Fall[, im Fall von Massachusetts,] ist Gott; nicht Edward G. Gott[446], sondern einfach Gott.

[18] Ich wünsche, dass meine Landsleute bedenken, dass, was auch immer das menschliche Gesetz sein mag, weder ein Individuum noch eine Nation jemals den geringsten Akt der Ungerechtigkeit gegen das unbedeutendste Individuum begehen kann, ohne die Strafe dafür bezahlen zu müssen.[447] Eine Regierung, die absichtlich Ungerechtigkeit begeht und darauf beharrt, wird schließlich sogar zum Gespött der Welt werden.

[Würstchen]

[19] Es ist viel über die amerikanische Sklaverei gesagt worden, aber ich glaube, dass wir noch nicht einmal erkennen, was Sklaverei ist. Wenn ich dem Kongress ernsthaft vorschlagen würde, die Menschheit zu Würstchen zu machen[448], habe ich keinen Zweifel, dass die meisten Mitglieder über meinen Vorschlag lächeln würden, und wenn jemand glaubte, dass ich es ernst meine, würden sie denken, dass ich etwas viel Schlimmeres vorschlüge, als der Kongress je getan hat.

---

[444] Im Original: "*It was really the trial of Massachusetts.*" Dies bedeutet: Massachusetts stand vor Gericht, deshalb meine kleine Erweiterung.

[445] Im Original: "*Commissioner*". Der Comissioner ist unter anderem der Vertreter der Regierungsbehörde in einem Distrikt, einer Provinz oder einer anderen Einheit, der häufig sowohl gerichtliche als auch administrative Befugnisse besitzt. Deshalb werden Richter oft als "*Comissioner*" bezeichnet

[446] Der Richter im Burns-Fall hieß Edward G. Loring.

[447] Hier bezieht sich Thoreau auf Matthäus 25:40:
"*Und der König wird antworten und sagen zu ihnen: Wahrlich ich sage euch: Was ihr getan habt einem unter diesen meinen geringsten Brüdern, das habt ihr mir getan.*" (bibeltext.com 2020).

[448] Jonathan Swift machte einst (1729) den Vorschlag, die Engländer sollten irische Kinder essen um damit die Armut in Irland zu bekämpfen:
"*Ein sehr kundiger Amerikaner, den ich in London kenne, hat mir versichert, dass ein junges, gesundes und gut genährtes Kind im Alter von einem Jahr eine köstliche, nahrhafte und gesunde Speise ist, ob gedünstet, gebraten, gebacken oder gekocht; und ich zweifle nicht daran, dass es auch in einem Frikassee oder einem Ragout serviert werden kann.*" (Swift 1729)

[20] Aber wenn einer von ihnen mir sagen würde, dass es viel schlimmer wäre, einen Mann zu einem Würstchen zu machen? - schlimmer wäre? - als ihn zu einem Sklaven zu machen? - als es war, das Fugitive Slave Law zu erlassen, werde ich ihn der Dummheit beschuldigen, der intellektuellen Unfähigkeit, [und ich werde ihn beschuldigen genau da] einen Unterschied zu machen, wo es keinen Unterschied gibt[449]. Der eine ist ein ebenso vernünftiger Vorschlag wie der andere.

[21] Ich höre viel davon, dieses Gesetz mit Füßen zu treten. Dazu braucht man sich doch nicht zu bemühen. Dieses Gesetz erhebt sich nicht auf die Ebene des Kopfes oder der Vernunft[450]; sein natürlicher Lebensraum ist im Schmutz. Es wurde geboren und gezüchtet und hat sein Leben nur im Staub und Schlamm, auf einer Ebene mit den Füßen; und wer mit Freiheit geht und nicht mit Hindu-Gnade vermeidet auf jedes giftige Reptil zu treten, wird unvermeidlich darauf treten [auf dieses Gesetz] und es so mit Füßen treten... und Webster, seinen Schöpfer[451], mit ihm, [er ist] wie der Mistkäfer[452] und sein Ball.

---

[449] Im Original: *"of making a distinction without a difference." "Distinction without a difference"*: Eine *"Unterscheidung ohne Unterschied"* ist eine Art logischer Irrtum, bei welchem jemand versucht, eine Unterscheidung zwischen zwei Dingen zu beschreiben, bei denen kein erkennbarer Unterschied besteht.

[450] Im Original: *"reason"*, enthält auch *"Begründung"* oder *"Begründbarkeit"*

[451] Laut Cramer (Thoreau und Cramer 2013) bezichtigt Thoreau Daniel Webster hier zu Unrecht, doch ist seine Abneigung gegen ihn so groß, dass dass er dabei die Tatsachen etwas verändert (siehe auch *"Über die Pflicht zum Ungehorsam ..."* Absatz 44)

[452] Im Original *"dirt-bug"*, wahrscheinlich eine Slang-Bezeichnung für den Mistkäfer (*"dung beetle"*), denn er ist der Käfer mit dem Ball.

[Richter und Gerechtigkeit]

[22] Die jüngsten Ereignisse werden als Kritik an der Ausübung des Rechts[453] in unserer Mitte wertvoll sein, oder, besser gesagt, um zu zeigen, was die wahren Ressourcen der Gerechtigkeit in jeder Gemeinschaft sind. Es ist so weit gekommen, dass die Freunde der Freiheit, die Freunde des Sklaven, erschaudert sind, als sie begriffen haben, dass sein Schicksal den Gerichten[454] des Landes zur Entscheidung überlassen wurde. Freie Menschen haben kein Vertrauen, dass in einem solchen Fall Recht gesprochen wird. Der Richter mag so oder so entscheiden; es ist bestenfalls eine Art Zufall. Es ist offensichtlich, dass er keine kompetente Autorität in einem so wichtigen Fall ist. Es ist also nicht an der Zeit, nach seinen Präzedenzfällen zu urteilen, sondern einen Präzedenzfall für die Zukunft zu schaffen. Ich würde viel lieber auf die Meinung des Volkes vertrauen. In ihrer Entscheidung[455] würde man zumindest etwas von einigem Wert bekommen, wenn auch wenig; aber in dem anderen Fall [bekommen wir] nur das bindende Urteil eines einzelnen, von keiner Bedeutung, wie es auch immer ausfallen mag.

[23] Es ist in gewisser Weise fatal für die Gerichte, wenn das Volk gezwungen ist, hinter sie zu treten[456] [und sich ihnen zu unterwerfen]. Ich möchte nicht glauben, dass die Gerichte für Schönwetter und nur für sehr zivile Fälle[457] gemacht wurden; aber denken Sie daran, es irgendeinem Gericht im

---

[453] Im Original: "*administration of justice*" bedeutet auch *Rechtssprechung*, aber ich vermute, Thoreau meint es im übergreifenderen Sinne, deshalb diese etwas andere Formulierung

[454] Im Original: "*the legal tribunals*": wörtlich: "*Die legalen Gerichte*", oder "*die staatlichen Strafgerichte*" (im Gegensatz zu nichtstaalichen).

[455] Im Original: "*vote*" = Wahlentscheidung

[456] Im Original: "*to go behind*" ist "*nach hinten gehen*", "*hinterherlaufen*" aber auch "*hintergehen*". Ein Gericht kann man aber nicht hintergehen. Man kann seine Entscheidung ignorieren oder bekämpfen, doch irgendeine Form von Widerstand wird im weiteren Verlauf nicht erwähnt. Thoreau beschreibt Menschen häufig als sehr folgsam. Im Teilsatz zuvor heißt es, die Menschen werden gezwungen ("*compelled*") und deshalb habe ich mich für erstere Möglichkeit entschieden: Sie müssen das Gesetz vorlassen und selbst zurücktreten.

[457] "*civil*" hat auch die Bedeutung *anständig, höflich, zivilisiert* - also etwa dem "*Schönwetter*" im ersten Teilsatz entsprechend.

Lande zu überlassen, zu entscheiden, ob mehr als drei Millionen Menschen, in diesem Fall der sechste Teil einer Nation, ein Recht haben, freie Menschen zu sein oder nicht! Aber man hat es den so genannten Gerichten überlassen? - dem Obersten Gerichtshof des Landes? - und der hat, wie Sie alle wissen, unter Anerkennung keiner anderen Autorität als der Verfassung, entschieden, dass die drei Millionen [Menschen unseres Landes] Sklaven sind und bleiben sollen. Solche Richter wie diese sind nichts anderes, als die Begutachter eines Dietrichs und von Werkzeugen eines Mörders[458], um ihm zu sagen, ob sie funktionstüchtig sind oder nicht, und sie denken, dass da ihre Verantwortung endet. Es stand ein früherer Fall auf der Tagesordnung, den sie als von Gott eingesetzte Richter nicht übergehen durften und der, wenn er gerecht entschieden worden wäre, ihnen diese Demütigung erspart hätte. Es war der Fall des Mörders selbst[459].

[24] Das Gesetz wird die Menschen niemals frei machen; es sind die Menschen, die das Gesetz frei machen müssen. Sie sind die Liebhaber von Recht und Ordnung, die das Gesetz einhalten, wenn die Regierung es bricht.

[25] Unter den [wahren] Menschen ist [nicht derjenige] der [wahre] Richter, dessen Worte das Schicksal eines Menschen bis weit in die Ewigkeit hinein besiegeln, nicht derjenige [ist der eigentliche Richter], der nur das Urteil des Gesetzes ausspricht, sondern derjenige [ist der wahre Richter], der, wer immer er auch sein mag, aus Liebe zur Wahrheit und unvoreingenommen von irgendeiner Sitte oder Verordnung der Menschen, eine echte Meinung oder Urteil ihn betreffend ausspricht. Er ist es, der ihn [wirklich] verurteilt.[460]

---

[458] Im Original: "*are merely the inspectors of a pick-lock and murderer's tools*". "*merely*" bedeutet eigentlich *bloß, lediglich*, doch das ließ sich nicht so flüssig lesen.
Wahrscheinlich meint er hier, das Vorgehen der Sklavenhalter, die ihre Sklaven töten, wenn sie ihnen nicht gehorchen und der Dietrich könnte für die Möglichkeit, die Ketten der Sklaven aufzuschließen stehen.

[459] Der Fall, ob Sklaverei erlaubt sein dürfe, oder nicht.

[460] Dieser Abschnitt ist etwas seltsam. Hätte Thoreau geschrieben, dass nur derjenige der Richter *"sein sollte, der ..."*, wäre alles leichter verständlich.

[26] Wer die Wahrheit erkennen kann, hat seine Berufung[461] aus einer höheren Quelle erhalten als der oberste Richter der Welt, der nur das [niedergeschriebene] Recht erkennen kann. Er[, der die Wahrheit erkennen kann,] findet sich als [zum] Richter des Richters ernannt wieder. Seltsam, dass es notwendig ist, solch einfache Wahrheiten auszusprechen!

[Stadt und Land]

[27] Ich bin mehr und mehr davon überzeugt, dass es in Bezug auf jede öffentliche Frage wichtiger ist zu wissen, was die ländliche Bevölkerung[462] darüber denkt, als was die Stadt denkt. Die Stadt denkt nicht viel. In jeder moralischen Frage würde ich lieber die Meinung von Boxboro'[463] haben als die von Boston und New York zusammengenommen. Wenn ersteres spricht, ist es mir, als ob jemand gesprochen hätte, als ob die Menschlichkeit noch da wäre und ein vernünftiges Wesen seine Rechte geltend gemacht hätte ... als ob einige unvoreingenommene Menschen in den Hügeln des Landes endlich ihre Aufmerksamkeit auf das Thema gerichtet und durch ein paar vernünftige Worte den Ruf der Rasse [Mensch][464] wiederhergestellt hätten. Wenn in irgendeiner obskuren Stadt auf dem Lande die Farmer zu einer besonderen Stadtversammlung zusammenkommen, um ihre Meinung zu einem Thema

---

[461] Thoreau verwendet hier "*commission*", weil auch ein Richter ein "*comissioner*" ist. Ein "*commissioner*" ist allgemein ein Beauftragter des Staates, häufig ein Richter oder Gesetzeshüter. Da auch Richter *berufen* werden, habe ich mich für diese Übersetzung entschieden.

[462] Im Original: "*country*". Da es im Deutschen zu Missverständnissen kommen kann, wenn man "*country*" mit "*Land*" übersetzt (siehe Fußnote 465 und 467), habe ich das Wort "*country*" umschrieben.

[463] Eine kleine Stadt nordwestlich von Concord. Am 10. November 1859 schrieb Henry David Thoreau in sein Tagebuch *(Thoreau 2013): "Wie viele haben jemals von den Boxboro-Eichenwäldern gehört? Wie viele haben sie jemals erkundet? Ich lebe schon so lange in dieser Gegend und habe gerade erst von diesem edlen Wald gehört, - wahrscheinlich der schönste Eichenwald, den es in Neuengland gibt, nur acht Meilen westlich von mir."*

[464] Ich glaube nicht, dass er mit "*Rasse*" ("*race*") die "*weiße*" Rasse meint, sonder die menschliche Rasse ("*human race*"), da es hier um Grundsätzliches geht und nicht um Rassismus.

zu äußern, welches das Land[465][, die Vereinigten Staaten,] quält , dann ist das, denke ich, der wahre Kongress und der respektabelste, der jemals in den Vereinigten Staaten versammelt wurde.

[28] Es ist offensichtlich, dass es, zumindest in diesem Staatenbund[466], zwei Parteien gibt, die sich immer mehr unterscheiden - die Partei der Stadt und die Partei des Ländlichen[467]. Ich weiß, dass die Menschen auf dem Land ausreichend durchschnittlich sind[468], aber ich möchte glauben[469], dass es einen kleinen Unterschied zu ihren Gunsten gibt. Aber bis jetzt hat sie[, die ländliche Bevölkerung,] nur wenige, wenn überhaupt, Organe, durch die sie sich ausdrücken kann. Die Leitartikel, die sie liest, kommen, wie die Nachrichten [und Zeitungen][470], von [den Städten] der Küste[471]. Lasst uns, die ländlichen Bewohner, Selbstachtung kultivieren. Lassen Sie uns [uns selbst] nicht in die Stadt schicken, um etwas, das wichtiger ist, als unsere Wäsche und Lebensmittel, zu besorgen; oder, wenn wir die Meinungen der Stadt lesen, lassen Sie uns unsere eigenen Meinungen haben.

[Die Presse]

[29] Unter den Maßnahmen, die zu ergreifen sind, würde ich vorschlagen, einen ebenso ernsthaften und energischen Angriff auf die Presse zu unternehmen, wie er bereits auf die Kirche gemacht worden ist, und zwar mit Erfolg. Die Kirche hat sich innerhalb weniger Jahre stark verbessert; aber die Presse

---

[465] Thoreau verwendet für den "Stadt-Land-Gegensatz" die Worte "*city*" und "*country*". Englisch "*land*" meint die Vereinigten Staaten.

[466] Im Original: "commonwealth", was auch *Staat* oder *Bürgerreich* heißen kann.

[467] Um im Deutschen "*Land*" im Sinne von "*auf dem Land*" und "*Land*" im Sinne von "*das Land Italien*" nicht zu verwechseln, habe ich es hier mit "*ländlich*" übersetzt.

[468] Da es im Deutschen problematisch ist, einfach "*country*" mit "Land" zu übersetzen (siehe Fußnote 465 und 467), habe ich den Satz etwas umschrieben. Im Original heißt er "*I know that the country is mean enough*".

[469] Im Original: "*I am glad to believe*" = "*sehr gerne glaube ich*" im Sinne von "*ich will glauben*".

[470] "*News*" sind *Nachrichten, Neuigkeiten*, aber auch *Zeitungen*.

[471] Die großen Städte befinden sich alle an der Küste, wie Boston oder New York.

ist fast ausnahmslos korrupt. Ich glaube, dass die Presse in diesem Land einen größeren und schädlicheren Einfluss ausübt, als es die Kirche in ihrer schlimmsten Zeit tat.[472] Wir sind kein religiöses Volk, aber wir sind eine Nation von Politikern. Wir kümmern uns nicht um die Bibel, aber wir kümmern uns um die Zeitung. Bei jeder Versammlung von Politikern - wie zum Beispiel neulich in Concord - wie unverschämt wäre es, aus der Bibel zu zitieren! wie passend wäre es, aus einer Zeitung oder aus der Verfassung zu zitieren! Die Zeitung ist eine Bibel, die wir jeden Morgen und jeden Nachmittag lesen, im Stehen und im Sitzen, beim Reiten und beim Gehen. Es ist eine Bibel, die jeder Mensch in seiner Tasche trägt, die auf jedem Tisch und jeder Theke liegt und die die Post und Tausende von Missionaren ständig verteilen. Es ist, kurz gesagt, das einzige Buch, das Amerika gedruckt hat und das Amerika liest. So groß ist sein Einfluss. Der Herausgeber ist ein Prediger, den Sie freiwillig unterstützen. Ihre Steuer beträgt üblicherweise einen Cent pro Tag, und man zahlt keine Kirchenbankmiete[473]. Aber wie viele dieser Prediger predigen die Wahrheit? Ich wiederhole die Bezeugung vieler intelligenter Ausländer sowie meine eigene Überzeugung, wenn ich sage, dass wahrscheinlich kein Land jemals von einer so gemeinen Klasse von Tyrannen, wie es, mit ein paar edlen Ausnahmen, die Herausgeber der periodischen Presse in diesem Land sind, ausgeraubt wurde. Und da sie nur durch ihre Kriecherei leben und herrschen und an die schlechtere und nicht an die bessere Natur des Menschen appellieren, befinden sich die Menschen, die sie lesen, in dem Zustand des Hundes, der zu seinem Erbrochenen zurückkehrt.

---

[472] Leider ist nicht bekannt, welches Vorgehen gegen die Kirche Thoreau hier meint. Ende des 17. Jahrhunderts (1692 - 1693) gab es zahlreiche Hexenverfolgungen in Massachusetts, die sogenannten "Salem Witch Trials" (*Hexenprozesse von Salem*). Etwa 200 Menschen wurden dabei zu grausamen Toden verurteilt.

[473] Henry David Thoreau ärgerte sich ja schon in "*Von der Pflicht zum Ungehorsam ...*" über die Kirchensteuer, die der Staat (USA) im Auftrage der Kirche eintreibt, von jedem Menschen, der sich nicht ausdrücklich von der Kirche distanziert. Was Thoreau ja daraufhin tat.

[30] Der *Liberator* und der *Commonwealth* waren, soweit ich weiß, die einzigen Zeitungen in Boston, die sich Gehör verschafften, indem sie die Feigheit und Gemeinheit der Obrigkeit dieser Stadt, wie sie im Jahre '51 zur Schau gestellt wurde, anprangerten. Die anderen Zeitungen, nahezu ohne Ausnahme, beleidigten, in der Art und Weise, wie sie sich auf das Gesetz für flüchtige Sklaven beriefen und darüber schrieben, und [wie sie über] die Rückführung des Sklaven Sims [schrieben], fast ausnahmslos den gesunden Menschenverstand des Landes[474]. Und, man könnte sagen, zum größten Teil taten sie dies, weil sie glaubten, sich so die Zustimmung ihrer Gönner zu sichern, nicht wissend, dass im Herzen des Staates[475] in irgendeinem Ausmaß eine vernünftigere Meinung vorherrschte. Mir wurde gesagt, dass sich einige von ihnen in letzter Zeit verbessert haben; aber sie sind immer noch in hohem Maße opportunistisch. Das ist der Charakter, den sie erworben haben.

[31] Aber, dem Glück sei Dank, kann dieser Prediger noch leichter mit den Waffen des Reformators[476] erreicht werden, als der abtrünnige Priester. Die freien Menschen Neuenglands brauchen nur davon abzusehen, diese Blätter zu kaufen und zu lesen, brauchen nur ihre Cents zurückzuhalten, um eine Menge von ihnen auf einmal zu töten. Einer, den ich respektiere, erzählte mir, er habe Mitchells [Zeitung] *Citizen* im Zug[477] gekauft und dann aus dem Fenster geworfen. Aber hätte er seine Verachtung nicht tödlicher ausgedrückt, wenn er sie nicht gekauft hätte?

---

[474] Hier verwendet Thoreau "*country*" und meint somit den gesunden Menschenverstand der Menschen auf dem Land.

[475] Im Original: "*commonwealth*" , was auch *Staatenbund* oder *Bürgerreich* heißen kann. Thoreau verwendet "*commonwealth*" häufig als Bezeichnung für Massachusetts, und ich denke, hier ist es in diesem Sinne auch gemeint.

[476] Es könnte sein, dass Henry D. Thoreau hier den Ablasshandel anspricht. Die katholische Kirche verkaufte vor der Reformation viele Ablassbriefe, mit denen die "*Sünder*" sich von ihren Sünden freikaufen konnten. Dies war einer der wichtigsten Kritikpunkte Martin Luthers (des Reformators) an der katholischen Kirche, so dass sie bald mit diesem Handel keine guten Geschäfte mehr machen konnte.

[477] Im Original: "*in the cars*". "*Cars*" sind auch "*Wägen*". Ich nehme einmal an, dass er Eisenbahnwägen meint, da er den Plural verwendet. Es gibt nicht viele Verkehrsmittel, die Wägen (mehrere) haben.

[32] Sind das Amerikaner? Sind das Neuengländer? Sind das Bewohner von Lexington und Concord und Framingham, die [Zeitungen, wie] die *Boston Post*, die *Mail*, das *Journal*, den *Advertiser*, den *Courier* oder die *Times* lesen und unterstützen? Sind das die Flaggen unserer Union?[478] Ich bin kein Zeitungsleser, und unterlasse es[479], die schlimmsten zu nennen.

[33] Könnte die Sklaverei eine vollständigere Unterwürfigkeit nahelegen, als sie einige dieser Zeitschriften an den Tag legen? Gibt es irgendeinen Staub, den ihr Verhalten nicht leckt, und den sie [nicht] noch fauliger machen mit ihrem Schleim? Ich weiß nicht, ob es den Boston Herald noch gibt, aber ich erinnere mich, ihn auf der Straße gesehen zu haben, als Sims verschleppt wurde. Hat er[, der Boston Herald,] seine Rolle nicht gut gespielt, seinem Herrn treu gedient? Wie hätte er sich noch tiefer hinabbeugen können? Wie kann ein Mensch sich niedriger bücken, als er ist? - mehr tun, als seine Extremitäten an die Stelle seines Kopfes zu setzen? - als seinen Kopf zu seiner unteren Extremität zu machen?[480] Als ich diese Zeitung mit hochgeschlagenen Hemdsärmeln[481] in die Hand nahm, hörte ich das Gluckern der Kanalisation durch jede Spalte. Ich hatte das Gefühl, ein Blatt aus der öffentlichen Gosse in der Hand zu haben, ein Blatt aus dem Evangelium der Spielhölle, der Säuferkneipe[482] oder des Bordells, das mit dem Evangelium des *Merchants' Exchange*[483] harmoniert.

---

[478] Thoreau unterstellt den Zeitungen häufig, die eigentliche Regierung zu sein und die Regierenden zu steuern, wie in "*Leben ohne Prinzipien"* in Absatz 47, und dass sich die Amerikaner mit den Inhalten der Zeitungen identifizieren - wie mit der amerikanischen Flagge.
Cramer (Thoreau und Cramer 2013) vermutet hier eine Anspielung auf eine Bostoner Zeitung mit dem Namen "*Flag Of Our Union*".

[479] Eigentlich "*and may omit*", doch hört es sich im Deutschen seltsam an, wenn man das "*may*" (= *darf*) mit übersetzt, da dadurch eine falsche Assoziation oder ein falscher Bezug hergestellt werden könnte.

[480] Wenn ein Mensch seinen Kopf beugt, dann verwendet er ihn, wie ein Knie: Ein Kniefall, eine Unterwerfung. Außerdem ist bei einer tiefen Verbeugung der Kopf mit den Füßen auf der gleichen Höhe - und das höchste ist sein Hintern.

[481] Im Original: "*with my cuffs turned up*": Es kann auch sein, dass er Stulpen über den Hemdsärmeln trug, beim Lesen. Dies war früher durchaus üblich, um das Hemd nicht zu beschmutzen (Druckerschwärze).

[Zuerst Mensch sein]

[34] Die Mehrheit der Menschen des Nordens, des Südens, des Ostens und des Westens sind keine Menschen mit Prinzipien. Wenn sie wählen, so wählen[484] sie keine Männer in den Kongress, die sich für die Menschlichkeit einsetzen; aber während ihre Brüder und Schwestern ausgepeitscht und gehängt werden, weil sie die Freiheit lieben, während... - ich könnte hier alles anführen[485], was Sklaverei bedeutet und ist... - ist es das schlechte Management von Holz und Eisen und Stein und Gold, das sie beschäftigt. Tu, was du willst, oh Regierung, mit meiner Frau und meinen Kindern, meiner Mutter und meinem Bruder, meinem Vater und meiner Schwester, ich werde deinen Befehlen aufs Wort gehorchen.[486] Es wird mich in der Tat betrüben, wenn du ihnen weh tust, wenn du sie den Aufsehern übergibst, um sie zu jagen oder zu Tode zu peitschen; aber dennoch werde ich friedlich meinem auserwähl-

---

[482] Im Original: "*Groggery*". Eine *Groggery* ist ein Laden, oder auch eine Kneipe, der Grog, also Alkohol, verkauft und/oder ausschenkt. Zu Thoreaus Zeiten trafen sich Menschen dort zum gemeinsamen Besäufnis.

[483] Das *Merchants' Exchange* ist ein Gebäude in Boston. Das Gebäude diente als Handels- und Finanzzentrum. So befand sich darin unter anderem ein Seeversicherungsunternehmen, das *Board of Trade* und die *Boston Stock Exchange* (Aktienhandel). "*Das Merchants' Exchange diente als einer von Bostons 'großen Versammlungspunkten der Händler - eine mit Marmor gepflasterte und mit Fresken bemalte Halle ... mit Zeitungsordnern, Bulletins, Windfahnen und Schiffsregistern.*'" (Wikipedia 2017)

[484] Eigentlich "*send*" (*schicken*), doch im Deutschen sagen wir in diesem Zusammenhang "*wählen*", was sich zudem besser anhört.

[485] Im Original: "*insert*" (*einfügen*), was sich aber im Deutschen seltsam anhört

[486] Laut Cramer (Thoreau und Cramer 2013) bezieht sich Thoreau hier auf eine Rede des unitarischen Pfarrers Orville Dewey: "*Ich würde zustimmen, dass mein eigener Bruder, mein eigener Sohn, in die Sklaverei geht - zehnmal lieber würde ich selbst in die Sklaverei gehen - als dass diese Union für mich oder für uns geopfert wird.*"
Doch Pfarrer Dewey stützt sich dabei auf die Bibel. Dort heißt es in Lukas 14:26:
"*So jemand zu mir kommt und hasst nicht seinen Vater, Mutter, Weib, Kinder, Brüder, Schwestern, auch dazu sein eigen Leben, der kann nicht mein Jünger sein.*" (bibeltext.com 2020)
Und in Matthäus 10:37 heißt es: "*Wer Vater oder Mutter mehr liebt denn mich, der ist mein nicht wert; und wer Sohn oder Tochter mehr liebt denn mich, der ist mein nicht wert.*" (ebd.)

ten Beruf auf dieser schönen Erde nachgehen, bis ich dich vielleicht eines Tages, wenn ich Trauer um ihre Toten getragen habe, zum Einlenken überredet habe[487]. So ist die Haltung, so sind die Worte von Massachusetts.

[35] Anstatt dies zu tun, brauche ich nicht zu sagen, welches Streichholz ich anfassen würde, welches System ich zu sprengen versuchen würde[488]; aber da ich mein Leben liebe, würde ich mich auf die Seite des Lichts stellen und die dunkle Erde unter mir wegrollen lassen[489] und meine Mutter und meinen Bruder rufen, mir zu folgen.

[36] Ich würde meine Landsleute daran erinnern, dass sie zuerst Menschen sein sollen und erst zu späterer und passenderer Stunde Amerikaner. Es ist egal, wie wertvoll das Gesetz auch [immer] sein mag, um das Eigentum zu schützen, sogar um Seele und Körper zusammenzuhalten, wenn es dich[490] und die Menschlichkeit nicht zusammenhält.

[Richter und Politiker]

[37] Es tut mir leid, sagen zu müssen, dass ich bezweifle, dass es in Massachusetts einen Richter gibt, der bereit ist, sein Amt niederzulegen und unschuldig seinen Lebensunterhalt zu verdienen, wenn von ihm verlangt wird, ein Urteil nach einem Gesetz zu fällen, das lediglich im Widerspruch zum Gesetz Gottes steht[491]. Ich bin gezwungen zu sehen, dass sie sich selbst, oder besser gesagt, [dass sie] von ihrer Persönlichkeit her, [sich selbst] in

---

[487] Hier könnte Thoreau sich auf das alte Testament beziehen (ab 1. Mose 12:1): Abraham musste sein Elternhaus verlassen und durfte erst wieder zurückkehren, nachdem sein Vater gestorben war.

[488] In sein Tagebuch schrieb Henry David Thoreau am 29. Mai 1854:
"Anstatt also zuzustimmen, die Hölle auf Erden zu errichten - an dieser Einrichtung beteiligt zu sein - würde ich ein Streichholz anfassen, um Erde und Hölle gemeinsam zu sprengen." (Thoreau 2011, 264)

[489] Wenn Thoreau immer auf der Seite des Lichts steht, steht er immer da, wo es gerade Tag ist auf der Erde. Also bleibt er quasi stehen und lässt die Erde unter sich sich weiterbewegen.
Der Ausdruck erinnert etwas an Johannes 8:12:
"Da redete Jesus abermals zu ihnen und sprach: Ich bin das Licht der Welt; wer mir nachfolgt, der wird nicht wandeln in der Finsternis, sondern wird das Licht des Lebens haben." (bibeltext.com 2020)

[490] Das englische *"you"* könnte *"du"*, *"Sie"* aber auch *"euch"* bedeuten.

175

dieser Hinsicht auf eine Stufe mit dem Marinesoldaten stellen, der seine Muskete in jede Richtung entlädt, die ihm befohlen wird. Sie sind genauso sehr Werkzeug und genauso wenig Mensch [wie der Marinesoldat][492]. Sicherlich, man kann sie nicht länger respektieren[493], weil ihr Gebieter[494] ihr Denken[495] und ihr Gewissen versklavt (statt ihre Körper)[496].

[38] Die Richter und Anwälte... - einfach [nur] als solche [und nicht als Menschen], meine ich... und alle Männer der Zweckdienlichkeit, verhandeln diesen Fall nach einem sehr niedrigen und inkompetenten Maßstab. Sie überlegen nicht, ob das Gesetz richtig ist, sondern ob es verfassungsgemäß ist. Ist Tugend verfassungsgemäß, oder Laster? Ist Gerechtigkeit verfassungsgemäß oder Ungerechtigkeit? In wichtigen moralischen und lebenswichtigen Fragen wie dieser, ist es ebenso unverschämt zu fragen, ob ein Gesetz verfassungsgemäß ist oder nicht, wie zu fragen, ob es profitabel ist oder nicht. Sie beharren darauf, die Diener der schlimmsten Menschen, und nicht die Diener der Menschheit zu sein. Die Frage ist nicht, ob Sie[497] oder ihr Großvater vor

---

[491] Es mag sein, dass Thoreau *"Gesetz Gottes"* sehr allgemein versteht. Doch sei hier angemerkt, dass das wichtigste *"Gesetz Gottes"*, also das wichtigste der Zehn Gebote, laut Jesus lautet *"Du sollst deinen Nächsten lieben wie dich selbst. Es ist kein anderes Gebot größer denn diese. Liebe deinen Nächsten wie dich selbst"*. (Markus 12:31) (bibeltext.com 2020)

[492] Schon in "Von der Pflicht zum Ungehorsam ..." schreibt Henry David Thoreau (Absatz 4): *"Besuchen Sie die Marinewerft, und sehen Sie sich einen Soldaten an, einen Mann, wie ihn eine amerikanische Regierung machen kann, wie sie ihn mit ihren schwarzen Künsten machen kann – ein bloßer Schatten und eine Erinnerung an die Menschlichkeit, ein Mann, der lebendig und stehend aufgebahrt ist und bereits, wie man sagen kann, unter Waffen begraben ist"*

[493] Wörtlich *"they are not the more to be respected"* = *"sie sind nicht mehr zu respektieren"*

[494] Hier verwendet Thoreau *"master"*, das selbe Wort, das man auch für den Besitzer eines Sklaven verwendet.

[495] Eigentlich *"understandings"*, also die Art und Weise, wie sie etwas verstehen.

[496] Die Klammern habe ich gesetzt um Missverständnisse zu vermeiden. Ursprünglich ist hier nur ein Komma. Dieses *"statt ihre Körper"* ist ein nachgeschobener Gedanke Thoreaus und hat mit dem eigentlichen Satz nichts zu tun. Schon in *"Von der Pflicht zum Ungehorsam"* (Absatz 24 bis 36) schreibt Thoreau, dass der Staat nur den Körper fassen (und bestrafen) kann, niemals aber das Denken. Sein Denken zu unterwerfen ist also etwas, das man selbst tut.

[497] Hier verwendet Thoreau *"you"*, dies kann *"du"*, *"Sie"* oder *"ihr"* heißen, da englische Verben keinen Plural kennen. Allerdings hat er *"Großvater"* in der Einzahl geschrieben, weshalb ich annehme, dass er hier seine Zuhörer oder Leser in der Einzahl anspricht.

siebzig Jahren einen Vertrag [mit den Südstaaten] eingegangen sind, um dem Teufel zu dienen, und ob diese Dienstleistung jetzt folglich fällig ist; sondern ob Sie nicht jetzt, ein einziges Mal und endlich, Gott dienen wollen? - trotz Ihrer eigenen vergangenen schmählichen Feigheit oder der Ihres Vorfahren -, indem Sie jener ewigen und einzig gerechten VERFASSUNG gehorchen, die Er [-] und nicht irgendein Jefferson[498] oder Adams[499] [-] in ihr Wesen[500] geschrieben hat.

[39] Wenn die Mehrheit den Teufel zum Gott wählt, wird die Minderheit dementsprechend leben und sich verhalten... und dem erfolgreichen Kandidaten gehorchen, im Vertrauen darauf, dass sie[, die Mehrheit,] irgendwann, vielleicht durch die Stimme eines Sprechers, Gott wieder einsetzen wird. Das ist das höchste Prinzip, das ich für meine Nachbarn herausholen oder erfinden kann. Diese Menschen handeln, als ob sie glaubten, sie könnten einen Hügel ein Stück hinuntergleiten... oder ein gutes Stück... und würden sicher nach und nach an einen Ort kommen, wo sie wieder hinaufgleiten könnten. Das ist Zweckdienlichkeit, oder die Wahl des Weges, der den Füßen die geringsten Hindernisse bietet, also bergab. Aber man kann so etwas wie eine gerechte Reform nicht durch den Gebrauch von "Zweckdienlichkeit" erreichen. Es gibt kein "bergauf gleiten". In der Moral sind die einzigen Gleiter die Rückwärtsgleiter[, die Abtrünnigen][501].

---

[498] Thomas Jefferson gilt als der Hauptautor der Unabhängigkeitserklärung der USA. Er war Kongressabgeordneter aus Virginia. Als Gesetzgeber in Virginia entwarf er ein staatliches Gesetz für Religionsfreiheit. Thomas Jefferson gilt auch (zusammen mit James Madison) als der Gründervater der Demokratisch-Republikanischen Partei, auf die sich heute noch die amerikanischen Demokraten berufen.

[499] John Adams war einst Delegierter aus Massachusetts für den Kongress und einer der wichtigsten Autoren der Unabhängigkeitserklärung im Jahr 1776. Als Diplomat half er bei der Aushandlung des Friedensvertrags mit Großbritannien. Adams war auch der Hauptautor der Verfassung von Massachusetts im Jahr 1780, die die Verfassung der Vereinigten Staaten ebenso stark beeinflusste, wie seine frühere Schrift *"Thoughts on Government"* (*Gedanken über eine Regierung*).

[500] Im Original: *"being"*, also auch *"Sein"*, aber *Wesen* passt besser.

[501] Thoreau setzt dem *"slider"* den *"backslider"* entgegen. Ein *backslider* ist ein *Rückfälliger* oder ein *Abtrünniger*.

[40] So beten wir unaufhörlich den Mammon an[502], sowohl in der Schule als auch im Staat und in der Kirche, und verfluchen am siebenten Tage Gott mit einem Tintamarre[503] von einem Ende der Union zum andern.

[41] Wird die Menschheit nie lernen, dass Politik nicht Moral ist? - dass sie niemals irgendein moralisches Recht sichert, sondern nur das bedenkt, was zweckdienlich ist? - [und nur] den verfügbaren Kandidaten wählt [und nicht den fähigsten]?[504] - der immer der Teufel ist?[505] - und welches Recht haben seine Wähler, sich zu wundern, weil der Teufel sich nicht wie ein Engel des Lichts verhält? Was man braucht, sind Menschen, nicht der Politik, sondern der Redlichkeit, die ein höheres Gesetz als die Verfassung oder die Entscheidung der Mehrheit anerkennen.

[42] Das Schicksal des Landes hängt nicht davon ab, wie Sie an der Wahlurne abstimmen? - der schlechteste Mann ist so stark wie der beste in diesem Spiel; es hängt nicht davon ab, welche Art von Papier Sie einmal im Jahr in die Wahlurne fallen lassen, sondern davon, [als] welche Art von Mensch Sie [sich] jeden Morgen aus Ihrer Kammer auf die Straße fallen lassen[506].

---

[502] In Matthäus 6:24 heißt es: "*Niemand kann zwei Herren dienen: entweder er wird den einen hassen und den andern lieben, oder er wird dem einen anhängen und den andern verachten. Ihr könnt nicht Gott dienen und dem Mammon.*" (bibeltext.com 2020)

[503] Ein *Tintamarre* ist eine Tradition der französischen Einwanderer (der Akadier), bei der man durch die eigene Gemeinde marschiert und mit improvisierten Instrumenten und anderen Krachmachern Lärm erzeugt, meist zur Feier des *National Acadian Day*. Auch Thoreaus Vorfahren waren Franzosen. Viele Akadier lebten in Massachusetts oder in Kanada.

[504] In *"Von der Pflicht zum Ungehorsam ..."* (Absatz 13) spricht Thoreau dieses Problem ebenfalls an: *"Ich höre von einer Versammlung [...] um einen Kandidaten für die Präsidentschaftswahl auszuwählen; [...] der so genannte ehrbare Mensch [...] akzeptiert sofort den einen ausgewählten Kandidaten als den einzig verfügbaren und beweist damit, dass er selbst für alle Zwecke eines Demagogen verfügbar ist"*.

[505] Weiter oben, Absatz 38 und 39, wird bereits der Teufel erwähnt: Es ist ein Mann aus den Südstaaten (ein Sklavenhalter) oder derjenige, der Kompromisse mit den Südstaaten eingeht und die Sklaverei nicht verbietet.

[506] Thoreau verwendet zweimal "*drop into*". Ich wollte dieses Wortspiel übernehmen, deshalb diese seltsame Wortwahl *("fallen lassen")*. Nicht meine Stimme ist wichtig, die ich einmal im Jahr abgebe, sondern meine tägliche Haltung als Mensch, möchte Thoreau hier sagen.

[Verantwortung und Gerechtigkeit]

[43] Was Massachusetts beunruhigen sollte, ist nicht das Nebraska-Gesetz oder das Gesetz über flüchtige Sklaven, sondern ihre eigene Sklavenhaltung und Unterwürfigkeit. Lasst den Staat seinen Bund mit dem Sklavenhalter auflösen. Er[, der Staat,] mag zappeln und zögern und um Erlaubnis bitten, die Verfassung noch einmal zu lesen; aber er kann kein respektables Gesetz oder einen Präzedenzfall finden, der das Fortbestehen einer solchen Union auch nur für einen Augenblick rechtfertigt.

[44] Lasst jeden Einwohner des Staates seine Verbindung mit ihm[, dem Staat,] lösen, solange er zögert, seine Pflicht zu tun.

[45] Die Ereignisse des letzten Monats lehren mich, Ruhm zu misstrauen. Ich sehe, dass er [,der Ruhm,] nicht auf feine Art unterscheidet, sondern derb jubelt[507]. Er bedenkt nicht das einfache Heldentum einer Handlung, sondern nur, wie sie[, die Handlung,] mit ihren offensichtlichen Folgen verbunden ist. Er lobt die leichte Heldentat der *Boston Tea Party*[508] bis er heiser ist, aber er[, der Ruhm] wird vergleichsweise schweigen über den mutigeren und uneigennützigeren heroischen Angriff auf das Bostoner Gerichtsgebäude, einfach weil er[, der heroische Angriff,] erfolglos war!

[46] Mit Schande bedeckt, hat sich der Staat kühl hingesetzt, um die Menschen für ihr Leben und ihre Freiheit vor Gericht zu stellen, die versucht haben, ihre Pflicht für ihn zu tun. Und das nennt man Gerechtigkeit! Diejenigen, die gezeigt haben, dass sie sich besonders gut benehmen können, wer-

---

[507] Im Original: "*hurrahs*", was auch im Deutschen "*Hurras*" (Jubelrufe) heißt, oder umschrieben "*Zustimmungen*".

[508] Bei der so genannten *Boston Tea Party* in Boston, Massachusetts, am 16. Dezember 1773, wurden Tee-Kisten der *East India Company* (einem staatlichen britischen Unternehmen) im Bostoner Hafen ins Meer geworfen aus Protest gegen ungerechte Steuern und Zwangsmaßnahmen des englischen Königs. Als daraufhin die englische Regierung mit härteren Maßnahmen reagierte, bewaffneten sich die Amerikaner und es kam schließlich zum Bürgerkrieg. Die *Boston Tea Party* wurde somit zu einem bedeutenden Ereignis in der Geschichte der amerikanischen Unabhängigkeit und zu einem Symbol des Widerstands.

den vielleicht für ihr gutes Benehmen unter Kaution frei gelassen[509]. Diejenigen, von denen die Wahrheit derzeit verlangt, dass sie sich schuldig bekennen, sind, von allen Einwohnern des Staates [diejenigen], [die] herausragend unschuldig [sind]. Während der Gouverneur, der Bürgermeister und zahllose Beamte des Staates auf freiem Fuß sind, sind die Verfechter der Freiheit inhaftiert.

[47] Nur sie sind schuldlos, die das Verbrechen der Missachtung eines solchen Gerichts begehen. Es liegt an jedem Menschen, dafür zu sorgen, dass sein Einfluss auf der Seite der Gerechtigkeit steht, und [dass er] die Gerichte ihre eigenen Wertmaßstäbe bilden lässt[510]. Meine Sympathien in diesem Fall sind ganz mit den Angeklagten, und ganz gegen ihre Ankläger und Richter. Gerechtigkeit ist lieblich und musikalisch; aber Ungerechtigkeit ist streng und dissharmonisch. Der Richter sitzt immer noch kurbelnd[511] an seiner Orgel[512], aber sie bringt keine Musik hervor, und wir hören nur den Klang der Kurbel. Er glaubt, dass die ganze Musik in der Kurbel liegt, und die Menge wirft ihm ihre Münzen zu, wie zuvor.

[48] Nehmen Sie an, dass dieses Massachusetts, das jetzt diese Dinge tut, das zögert, diese Männer, einige dieser Anwälte und sogar Richter, die vielleicht dazu getrieben werden, sich in irgendeine armselige Spitzfindigkeit zu flüchten, damit sie ihren instinktiven Gerechtigkeitsinn nicht völlig verletzen, nehmen Sie an, dass es[, dieses Massachusetts,] etwas anderes ist als niederträchtig und unterwürfig, dass es der Verfechter der Freiheit ist?

---

[509] Im Original: "*be put under bonds for their good behavior.*" Eigentlich steht hier "*werden unter Kaution gestellt*", aber das ist nicht deutsch.

[510] Eigentlich "*and let the courts make their own characters*", was etwa wörtlich bedeutet, die Gerichte ihr eigenes "*Wesen*", ihren eigenen "*Charakter*", machen lassen. Oder auf Deutsch: Lasst sie ihr Ding machen, wir machen unseres!

[511] Im Original: "*grinding*". Der "*Organ Grinder*" ist der Drehorgelspieler. Der Richter dreht also an seiner Orgel und glaubt, dass das alleinige Drehen der Kurbel bereits Musik erzeugt.

[512] Im Englischen heißt Orgel "*organ*". Der Richter ist ein Rechtsorgan. "*Organ*" kann man also auch für ihn als "*rechtssprechendes Organ*" verwenden.

[49] Zeigen Sie mir einen freien Staat, und ein wahrhaft gerechtes Gericht, und ich werde für sie kämpfen, wenn nötig; aber zeigen Sie mir Massachusetts, und ich verweigere ihm[, Massachusetts,] meine Loyalität, und drücke meine Verachtung für seine Gerichte aus.

[50] Die Wirkung einer guten Regierung ist, das Leben wertvoller zu machen... einer schlechten, es weniger wertvoll zu machen.

[Ich habe mein Land verloren]

[51] Wir können es uns leisten, dass die Eisenbahn und alle bloß materiellen Güter etwas von ihrem Wert verlieren, denn das zwingt uns nur, einfacher und sparsamer zu leben; aber nehmen wir an, dass der Wert des Lebens selbst vermindert werden sollte! Wie können wir [noch] weniger Ansprüche an Mensch und Natur stellen, wie [können wir noch] sparsamer leben in Bezug auf die Tugend und alle edlen Eigenschaften, als wir es [bereits] tun? Ich habe den letzten Monat mit dem Gefühl gelebt, einen großen und unbestimmten Verlust erlitten zu haben und ich denke, dass jeder Mensch in Massachusetts, der des Gefühls des Patriotismus fähig ist, eine ähnliche Erfahrung gemacht haben muss? Ich wusste zuerst nicht, was mich bedrückte. Endlich wurde mir klar, dass ich ein Land verloren hatte. Ich hatte die Regierung, in deren Nähe ich lebte, nie respektiert, aber ich hatte törichterweise gedacht, dass es mir gelingen könnte, hier zu leben, mich um meine privaten Angelegenheiten zu kümmern und sie[, die Regierung,] zu vergessen. Ich für meinen Teil habe den Antrieb[513], ich kann nicht sagen, wie viel davon, meinen alten und wertvollsten Bestrebungen nachzugehen, verloren und ich fühle, dass meine Investition in das Leben hier viele Prozent weniger wert ist, seit Massachusetts zuletzt absichtlich einen unschuldigen Mann, Anthony Burns, in die Sklaverei zurückgeschickt hat. Vorher lebte ich vielleicht in der Illusion, dass mein Leben nur irgendwo zwischen Himmel und Hölle verlief, aber jetzt kann ich mich nicht [mehr] davon überzeugen, dass

---

[513] Im Original: "*attraction*" = Anreiz

ich nicht ganz in der Hölle wohne. Die Örtlichkeit dieser politischen Organisation namens Massachusetts ist für mich moralisch mit vulkanischen Schlacken und Asche bedeckt, wie sie Milton in den höllischen Regionen beschreibt.[514] Wenn es eine Hölle gibt, die prinzipienloser ist als unsere Herrscher und wir, die Beherrschten, dann bin ich neugierig, sie zu sehen. Da das Leben selbst [nun] weniger wert ist, sind alle Dinge, die ihm dienen, auch weniger wert. Nehmen wir an, Sie haben eine kleine Bibliothek, mit Bildern, die die Wände schmücken, einen Garten, der ringsherum angelegt ist, und [Sie] erwägen wissenschaftliche und literarische Beschäftigungen usw., und entdecken auf einmal, dass Ihre Villa mit allem Inhalt in der Hölle liegt und dass der Friedensrichter einen hat[515] - verlieren diese Dinge nicht plötzlich ihren Wert in Ihren Augen?

[52] Ich habe das Gefühl, dass der Staat in gewissem Ausmaß verhängnisvoll in meine rechtmäßigen Geschäfte eingegriffen hat. Er hat mich nicht nur bei meinem Durchgang durch die *Court Street[, die Straße des Gerichts,]*[516] bei meinen geschäftlichen Besorgungen unterbrochen, sondern er hat mich und jeden Menschen auf seinem Weg voraus und nach oben unterbrochen, auf dem er darauf vertraut hatte, die *Court Street* bald hinter sich zu lassen. Wel-

---

[514] Hier bezieht er sich auf John Milton's Werk *"Paradise Lost"*. In Buch I, Zeile 59-71 (Milton o. J.) lesen wir:
"Auf einmal so weit wie Engel sehen, erkennt er / die düstere Lage wüst und wild, / ein Kerker schrecklich, auf allen Seiten rund / wie ein großer Ofen flammte, doch von diesen Flammen / kommt kein Licht, sondern Dunkelheit, / die nur dazu dient, Anblicke des Elends zu entdecken, / Regionen des Kummers, trübselige Schatten, wo Frieden / und Ruhe nie wohnen können, Hoffnung kommt nie, / die zu allen kommt; aber Qual ohne Ende/ bedrängt sie immer noch, und eine feurige Sintflut, gespeist / mit immer brennendem Schwefel, unverbraucht: / Solch einen Ort hatte die ewige Gerechtigkeit / für die Aufmüpfigen vorbereitet, und hier ihr Gefängnis bestimmt"

[515] Der Teufel hat einen Pferdefuß (mit Huf, vergleiche Fußnote 284) und einen gegabelten Schwanz.

[516] Die *Court Street* war die Straße, die am Gericht vorbeiführte, in welchem Anthony Burns festgehalten und verurteilt wurde (deshalb "Court Street" = "Gerichts-Straße"). Die Court Street befindet sich im Finanzviertel von Boston, Massachusetts. Vor 1788 hieß sie *Prison Lane* und dann *Queen Street*. Eine Straße hinunterzugehen bedeutet auch: Etwas tun, zu leben, seinen Weg zu gehen. Der Staat störte also Henry David Thoreau ganz allgemein in seinem Leben, denn eigentlich wollte er mit dem Staat ja nichts zu tun haben.

ches Recht hatte er, mich an die *Court Street* zu erinnern? Ich musste feststellen, dass dies bedeutungslos war, worauf ich mich als sicher und stabil[517] verlassen hatte.

[53] Ich bin überrascht, Menschen zu sehen, die ihren Geschäften nachgehen, als ob nichts geschehen wäre. Ich sage mir: "Unglückliche! Sie haben die Nachricht nicht gehört." Ich wundere mich, dass der Mann, den ich gerade zu Pferd getroffen habe, so ernsthaft bemüht ist, seine neu gekauften Kühe zu überholen, die ihm weglaufen ... - denn alles Eigentum ist unsicher, und wenn sie[, seine Kühe,] nicht wieder weglaufen, kann man sie ihm wegnehmen, nachdem er sie [wieder] bekommen hat. Narr! Weiß er nicht, dass sein Saatkorn dieses Jahr weniger wert ist? - dass alle segensreichen Ernten ausfallen, wenn man sich dem Reich der Hölle nähert? Kein kluger Mensch wird unter diesen Umständen ein steinernes Haus bauen, oder sich auf irgendein friedliches Unternehmen einlassen, das eine lange Zeit zur Vollendung erfordert. Die Kunst ist so lang [andauernd] wie immer[518], aber das Leben ist mehr unterbrochen und weniger verfügbar für die eigentlichen Beschäftigungen eines Menschen. Es ist kein Zeitalter der Ruhe. Wir haben alle unsere ererbte Freiheit aufgebraucht. Wenn wir unser Leben retten wollen, müssen wir darum kämpfen.

---

[517] Im Original nur "*solid*" (*stabil, solide*), ich habe es etwas erweitert.

[518] Im Original: "*Art is as long as ever, but life is more interrupted and less available for a man's proper pursuits.*" Es bedeutet, dass die Kunst, die man schafft, das Leben überdauert und lange weiterbesteht, auch wenn das eigene Leben eher kurz ist.
Cramer (Thoreau und Cramer 2013) weist auf "*Vita brevis, ars longa*" ("*Die Kunst ist lang, das Leben ist kurz*") hin, was auf Hippokrates zurück geht. Auf Deutsch heißen die Zeilen bei Hippokrates: "*Das Leben ist kurz, / und Kunst lang, / Gelegenheit flüchtig, / Experimente gefährlich, / und Urteil schwierig.*" (Hippokrates und Addams o. J.)
Henry David Thoreau könnte sich auch auf "*A Psalm of Life*" von Henry Wadsworth Longfellow (*Longfellow und Poetry Foundation 2021*) beziehen:
"*Art is long, and Time is fleeting, / And our hearts, though stout and brave, / Still, like muffled drums, are beating / Funeral marches to the grave.*" ("*Kunst ist lang und die Zeit flüchtig, / Und unsere Herzen, obwohl kräftig und mutig, / Trotzdem schlagen sie wie gedämpfte Trommeln / Trauermärsche ins Grab.*")
Henry Wadsworth Longfellow war ein bekannter amerikanischer Dichter und ein Zeitgenosse Henry David Thoreaus, er wurde in Massachusetts geboren.

[54] Ich gehe zu einem unserer Teiche; aber was bedeutet die Schönheit der Natur, wenn die Menschen niederträchtig sind? Wir gehen zu Seen, um unsere Gelassenheit in ihnen widergespiegelt zu sehen; wenn wir nicht gelassen sind, gehen wir nicht zu ihnen. Wer kann gelassen sein in einem Land, in dem sowohl die Herrscher als auch die Beherrschten keine Prinzipien haben? Die Gedanken[519] an mein Land verderben mir meinen Spaziergang [in die Natur]. Meine Gedanken sind Mord am Staat, und unwillkürlich verschwören sie sich gegen ihn.

[Hoffnung]

[55] Aber es traf sich, dass ich am anderen Tag den Duft einer weißen Wasserlilie[520] wahrnahm, und die Zeit, auf die ich gewartet hatte, war gekommen. Sie[, die weiße Wasserlilie,] ist das Sinnbild der Reinheit.[521]

[56] Sie explodiert [geradezu] so rein und schön in unser Auge, und [mit] einem so süßen Duft, als ob sie uns zeigen wolle, welche Reinheit und Süße im und aus dem Schlamm und Dreck der Erde extrahiert werden kann. Ich glaube, ich habe die erste gepflückt, die sich seit einer Meile geöffnet hat. Welch eine Bestätigung unserer Hoffnungen liegt in dem Duft dieser Blume! Ich werde nicht so schnell an der Welt verzweifeln, trotz der Sklaverei und der Feigheit und Prinzipienlosigkeit der Nordstaatler. Sie[, die weiße Seerosse,] deutet an, welche Art von Gesetzen am längsten und am weitesten vorherrschten und immer noch vorherrschen, und dass die Zeit kommen mag, in der die Taten der Menschen ebenso süß duften werden. Das ist der Geruch, den die Pflanze verströmt. So lange die Natur diesen Duft jedes Jahr zusammensetzen kann, werde ich glauben, dass sie noch jung und voller Kraft ist, dass ihre Integrität und ihr Genie unbeeinträchtigt sind, und dass es

---

[519] Im Original: "*remembrance*", doch ist "*Erinnerung*" im Deutschen eher das Denken an etwas Vergangenes - aber er denkt an den Jetzt-Zustrand.

[520] Obwohl die Seerose keine Lilie ist, wird sie als Wasserlilie (*Water Lily*) bezeichnet

[521] Offiziell gibt es keine weißen Seerosen (weiße Wasserlilien) in Nordamerika, sie heißt auch "*Europäische Wasserlilie*". Henry David Thoreau erwähnt folglich etwas Seltenes, nicht weit Verbreitetes.

auch im Menschen [eine] Tugend gibt, die geeignet ist, sie zu erkennen und zu lieben. Es erinnert mich daran, dass die Natur kein Partner für einen Missouri-Kompromiss gewesen ist. Ich rieche keinen Kompromiss im Duft der Seerose. Es ist keine Nymphoea Douglasii[522]. In ihr ist das Süße, Reine und Unschuldige völlig getrennt vom Obszönen und Unheilvollen. Ich rieche hierin nicht die zeitraubende Unentschlossenheit eines Gouverneurs von Massachusetts oder eines Bürgermeisters von Boston. Verhalte dich so, dass der Duft deiner Handlungen die allgemeine Süße der Atmosphäre verstärken kann[523], damit wir, wenn wir eine Blume sehen oder riechen, nicht daran erinnert werden, wie unvereinbar deine Taten mit ihr sind; denn jeder Duft ist nur eine Form der Werbung für eine moralische Qualität, und wenn keine anständigen Handlungen durchgeführt worden wären, würde die Lilie nicht süß riechen. Der faulige Schleim steht für die Trägheit und das Laster des Menschen, den Verfall der Menschheit; die duftende Blume, die aus ihm entspringt, für die Reinheit und den Mut, welche unsterblich sind.

[57] Sklaverei und Knechtschaft haben nicht jedes Jahr eine süß duftende Blume hervorgebracht, um die Sinne der Menschen zu bezaubern, denn sie haben kein wirkliches Leben: sie sind nur ein Verfall und ein Tod, widerwärtig für alle gesunden Nasenlöcher. Wir beklagen nicht, dass sie *leben*, sondern dass sie *nicht begraben werden*. Lasst die Lebenden sie begraben[524]: auch sie sind gut für Dünger.

---

[522] Eine *Nymphoea* ist eine Seerose, eine *Douglasii* ist eigentlich eine Tanne (Douglasie). Da Thoreau zuvor jedoch den Missouri Kompromiss erwähnt, vermutet Cramer (Thoreau und Cramer 2013) hier eine Anspielung auf Senator A. Douglas, der federführend beim besagten Kompromiss war.

[523] Eine originale Abwandlung des Kategorischen Imperatives von Immanuel Kant: "*Handle so, dass die Maxime deines Willens jederzeit zugleich als Prinzip einer allgemeinen Gesetzgebung gelten könne.*" (Kant o. J., §7)

[524] Könnte ein Bezug auf Matthäus 8:22 sein:
"*Aber Jesus sprach zu ihm: Folge du mir und lass die Toten ihre Toten begraben!*" (bibeltext.com 2020)

UNABHÄNGIGKEIT[525]

(Autor: Henry David Thoreau, Übersetzung und Fußnoten: Christina Schieferdecker)

Mein Leben ist anständiger und freier
Als jede anständige Staatsorganisation,

Ihr Prinzen, behaltet eure Reiche
Und eingegrenzte Macht,
Nicht weit wie meine Träume,
Noch reich wie diese Stunde.

Was könnt ihr geben, was ich nicht habe?
Was könnt ihr nehmen, was ich habe?
Könnt ihr das Ungefährliche verteidigen?
Könnt ihr die Nacktheit erben?

Für alle wahren Bedürfnisse ist das Ohr der Zeit taub,
Geizige Staaten vergeben keine Hilfen
Aus ihren Vermögen:
Doch eine freie Seele - Gott sei Dank -
Kann sich selbst helfen.

Seid gewiss, dass euer Schicksal
Seinen Zustand getrennt hält,
Verbunden mit keiner Bande,
Auch nicht mit der edelsten im Lande,

---

[525] *Aus: Poems Of Nature von Henry David Thoreau* (Thoreau 1895). Leider ist er kein Poet, doch die Aussagen dieses Gedichtes passen gut als Abschluss dieses Buches.

Auf Feldern mit Zelten aus goldenen Tüchern
Gibt es keinen Ort,
Der ritterlicher ist als es[526][, das Schicksal],
Und nach einem edleren Krieg Ausschau hält,
Einen feineren Zug seine Trompete erklingen lässt,
Einen helleren Glanz [durch] seine Rüstung wirft.

Das Leben, das ich zu leben trachte,
schlägt mir kein Mensch vor;
Kein Gewerbe auf der Straße
Trägt sein Wappen.

---

[526] Thoreau verwendet einmal wieder zu viele Personalpronomen. Dass es sich hier auf das Schicksal bezieht, ist eine Vermutung.

H. D. Thoreaus Texte im Original (Englisch)

ON THE DUTY OF CIVIL DISOBEDIENCE
(ÜBER DIE PFLICHT ZUM UNGEHORSAM GEGEN DEN STAAT)

[Was sind Regierungen?]

[1] I heartily accept the motto, "That government is best which governs least"; and I should like to see it acted up to more rapidly and systematically. Carried out, it finally amounts to this, which also I believe— "That government is best which governs not at all"; and when men are prepared for it, that will be the kind of government which they will have. Government is at best but an expedient; but most governments are usually, and all governments are sometimes, inexpedient. The objections which have been brought against a standing army, and they are many and weighty, and deserve to prevail, may also at last be brought against a standing government. The standing army is only an arm of the standing government. The government itself, which is only the mode which the people have chosen to execute their will, is equally liable to be abused and perverted before the people can act through it. Witness the present Mexican war, the work of comparatively a few individuals using the standing government as their tool; for, in the outset, the people would not have consented to this measure.

[2] This American government— what is it but a tradition, though a recent one, endeavoring to transmit itself unimpaired to posterity, but each instant losing some of its integrity? It has not the vitality and force of a single living man; for a single man can bend it to his will. It is a sort of wooden gun to the people themselves. But it is not the less necessary for this; for the people must have some complicated machinery or other, and hear its din, to satisfy that idea of government which they have. Governments show thus how successfully men can be imposed on, even impose on themselves, for their own advantage. It is excellent, we must all allow. Yet this government never of itself furthered any enterprise, but by the alacrity with which it got out of its way. It does not keep the country free. It does not settle the West. It does not educate. The character inherent in the American people has done all that has been accomplished; and it would have done somewhat more, if the government had not sometimes got in its way. For government is an expedient by which men would fain succeed in letting one another alone; and, as has been said,

when it is most expedient, the governed are most let alone by it. Trade and commerce, if they were not made of india-rubber, would never manage to bounce over the obstacles which legislators are continually putting in their way; and, if one were to judge these men wholly by the effects of their actions and not partly by their intentions, they would deserve to be classed and punished with those mischievous persons who put obstructions on the railroads.

[3] But, to speak practically and as a citizen, unlike those who call themselves no-government men, I ask for, not at once no government, but at once a better government. Let every man make known what kind of government would command his respect, and that will be one step toward obtaining it.

[Mehrheiten und Untertanen]

[4] After all, the practical reason why, when the power is once in the hands of the people, a majority are permitted, and for a long period continue, to rule is not because they are most likely to be in the right, nor because this seems fairest to the minority, but because they are physically the strongest. But a government in which the majority rule in all cases cannot be based on justice, even as far as men understand it. Can there not be a government in which majorities do not virtually decide right and wrong, but conscience?— in which majorities decide only those questions to which the rule of expediency is applicable? Must the citizen ever for a moment, or in the least degree, resign his conscience to the legislation? Why has every man a conscience, then? I think that we should be men first, and subjects afterward. It is not desirable to cultivate a respect for the law, so much as for the right. The only obligation which I have a right to assume is to do at any time what I think right. It is truly enough said that a corporation has no conscience; but a corporation of conscientious men is a corporation with a conscience. Law never made men a whit more just; and, by means of their respect for it, even the well-disposed are daily made the agents of injustice. A common and natural result of an undue respect for law is, that you may see a file of soldiers, colonel, captain, corporal, privates, powder-monkeys, and all, marching in admirable order over hill and dale to the wars, against their wills, ay, against their common sense and consciences, which makes it very steep marching indeed, and produces a palpitation of the heart. They have no doubt that it is a damnable business in which they are concerned; they are all peaceably inclined. Now, what are they? Men at all? or small movable forts and magazines, at the ser-

vice of some unscrupulous man in power? Visit the Navy-Yard, and behold a marine, such a man as an American government can make, or such as it can make a man with its black arts— a mere shadow and reminiscence of humanity, a man laid out alive and standing, and already, as one may say, buried under arms with funeral accompaniments, though it may be,

"Not a drum was heard, not a funeral note,
As his corpse to the rampart we hurried;
Not a soldier discharged his farewell shot
O'er the grave where our hero we buried."
[Charles Wolfe The Burial of Sir John Moore at Corunna]

[5] The mass of men serve the state thus, not as men mainly, but as machines, with their bodies. They are the standing army, and the militia, jailers, constables, posse comitatus, etc. In most cases there is no free exercise whatever of the judgment or of the moral sense; but they put themselves on a level with wood and earth and stones; and wooden men can perhaps be manufactured that will serve the purpose as well. Such command no more respect than men of straw or a lump of dirt. They have the same sort of worth only as horses and dogs. Yet such as these even are commonly esteemed good citizens. Others— as most legislators, politicians, lawyers, ministers, and office-holders— serve the state chiefly with their heads; and, as they rarely make any moral distinctions, they are as likely to serve the devil, without intending it, as God. A very few— as heroes, patriots, martyrs, reformers in the great sense, and men— serve the state with their consciences also, and so necessarily resist it for the most part; and they are commonly treated as enemies by it. A wise man will only be useful as a man, and will not submit to be "clay," and "stop a hole to keep the wind away," but leave that office to his dust at least:

"I am too high-born to be propertied,
To be a secondary at control,
Or useful serving-man and instrument
To any sovereign state throughout the world."
[William Shakespeare King John]

[6] He who gives himself entirely to his fellow-men appears to them useless and selfish; but he who gives himself partially to them is pronounced a benefactor and philanthropist.

[7] How does it become a man to behave toward this American government today? I answer, that he cannot without disgrace be associated with it. I cannot for an instant recognize that political organization as my government which is the slave's government also.

[Das Recht der Revolution]

[8] All men recognize the right of revolution; that is, the right to refuse allegiance to, and to resist, the government, when its tyranny or its inefficiency are great and unendurable. But almost all say that such is not the case now. But such was the case, they think, in the Revolution Of '75. If one were to tell me that this was a bad government because it taxed certain foreign commodities brought to its ports, it is most probable that I should not make an ado about it, for I can do without them. All machines have their friction; and possibly this does enough good to counterbalance the evil. At any rate, it is a great evil to make a stir about it. But when the friction comes to have its machine, and oppression and robbery are organized, I say, let us not have such a machine any longer. In other words, when a sixth of the population of a nation which has undertaken to be the refuge of liberty are slaves, and a whole country is unjustly overrun and conquered by a foreign army, and subjected to military law, I think that it is not too soon for honest men to rebel and revolutionize. What makes this duty the more urgent is the fact that the country so overrun is not our own, but ours is the invading army.

[Paley]

[9] Paley, a common authority with many on moral questions, in his chapter on the "Duty of Submission to Civil Government," resolves all civil obligation into expediency; and he proceeds to say that "so long as the interest of the whole society requires it, that is, so long as the established government cannot be resisted or changed without public inconveniency, it is the will of God... that the established government be obeyed— and no longer. This principle being admitted, the justice of every particular case of resistance is reduced to a computation of the quantity of the danger and grievance on the one side, and of the probability and expense of redressing it on the other." Of this, he says, every man shall judge for himself. But Paley appears never to have contemplated those cases to which the rule of expediency does not

apply, in which a people, as well as an individual, must do justice, cost what it may. If I have unjustly wrested a plank from a drowning man, I must restore it to him though I drown myself. This, according to Paley, would be inconvenient. But he that would save his life, in such a case, shall lose it. This people must cease to hold slaves, and to make war on Mexico, though it cost them their existence as a people.

[10] In their practice, nations agree with Paley; but does any one think that Massachusetts does exactly what is right at the present crisis?

"A drab of state, a cloth-o'-silver slut,
To have her train borne up,
and her soul trail in the dirt."
[Cyril Tourneur The Revengers Tragadie]

[Freiheit oder Freihandel]

[11] Practically speaking, the opponents to a reform in Massachusetts are not a hundred thousand politicians at the South, but a hundred thousand merchants and farmers here, who are more interested in commerce and agriculture than they are in humanity, and are not prepared to do justice to the slave and to Mexico, cost what it may. I quarrel not with far-off foes, but with those who, near at home, cooperate with, and do the bidding of those far away, and without whom the latter would be harmless. We are accustomed to say, that the mass of men are unprepared; but improvement is slow, because the few are not materially wiser or better than the many. It is not so important that many should be as good as you, as that there be some absolute goodness somewhere; for that will leaven the whole lump. There are thousands who are in opinion opposed to slavery and to the war, who yet in effect do nothing to put an end to them; who, esteeming themselves children of Washington and Franklin, sit down with their hands in their pockets, and say that they know not what to do, and do nothing; who even postpone the question of freedom to the question of free trade, and quietly read the prices-current along with the latest advices from Mexico, after dinner, and, it may be, fall asleep over them both. What is the price-current of an honest man and patriot today? They hesitate, and they regret, and sometimes they petition; but they do nothing in earnest and with effect. They will wait, well disposed, for others to remedy the evil, that they may no longer have it to regret. At most, they give only a cheap vote, and a feeble countenance and God-

speed, to the right, as it goes by them. There are nine hundred and ninety-nine patrons of virtue to one virtuous man. But it is easier to deal with the real possessor of a thing than with the temporary guardian of it.

[Die Wahl]

[12] All voting is a sort of gaming, like checkers or backgammon, with a slight moral tinge to it, a playing with right and wrong, with moral questions; and betting naturally accompanies it. The character of the voters is not staked. I cast my vote, perchance, as I think right; but I am not vitally concerned that that right should prevail. I am willing to leave it to the majority. Its obligation, therefore, never exceeds that of expediency. Even voting for the right is doing nothing for it. It is only expressing to men feebly your desire that it should prevail. A wise man will not leave the right to the mercy of chance, nor wish it to prevail through the power of the majority. There is but little virtue in the action of masses of men. When the majority shall at length vote for the abolition of slavery, it will be because they are indifferent to slavery, or because there is but little slavery left to be abolished by their vote. They will then be the only slaves. Only his vote can hasten the abolition of slavery who asserts his own freedom by his vote.

[13] I hear of a convention to be held at Baltimore, or elsewhere, for the selection of a candidate for the Presidency, made up chiefly of editors, and men who are politicians by profession; but I think, what is it to any independent, intelligent, and respectable man what decision they may come to? Shall we not have the advantage of his wisdom and honesty, nevertheless? Can we not count upon some independent votes? Are there not many individuals in the country who do not attend conventions? But no: I find that the respectable man, so called, has immediately drifted from his position, and despairs of his country, when his country has more reason to despair of him. He forthwith adopts one of the candidates thus selected as the only available one, thus proving that he is himself available for any purposes of the demagogue. His vote is of no more worth than that of any unprincipled foreigner or hireling native, who may have been bought. O for a man who is a man, and, as my neighbor says, has a bone in his back which you cannot pass your hand through! Our statistics are at fault: the population has been returned too large. How many men are there to a square thousand miles in this country? Hardly one. Does not America offer any inducement for men to settle here? The American has dwindled into an Odd Fellow

— one who may be known by the development of his organ of gregariousness, and a manifest lack of intellect and cheerful self-reliance; whose first and chief concern, on coming into the world, is to see that the almshouses are in good repair; and, before yet he has lawfully donned the virile garb, to collect a fund for the support of the widows and orphans that may be; who, in short, ventures to live only by the aid of the Mutual Insurance company, which has promised to bury him decently.

[Unmoral und Falschheit]

[14] It is not a man's duty, as a matter of course, to devote himself to the eradication of any, even the most enormous, wrong; he may still properly have other concerns to engage him; but it is his duty, at least, to wash his hands of it, and, if he gives it no thought longer, not to give it practically his support. If I devote myself to other pursuits and contemplations, I must first see, at least, that I do not pursue them sitting upon another man's shoulders. I must get off him first, that he may pursue his contemplations too. See what gross inconsistency is tolerated. I have heard some of my townsmen say, "I should like to have them order me out to help put down an insurrection of the slaves, or to march to Mexico;— see if I would go"; and yet these very men have each, directly by their allegiance, and so indirectly, at least, by their money, furnished a substitute. The soldier is applauded who refuses to serve in an unjust war by those who do not refuse to sustain the unjust government which makes the war; is applauded by those whose own act and authority he disregards and sets at naught; as if the state were penitent to that degree that it differed one to scourge it while it sinned, but not to that degree that it left off sinning for a moment. Thus, under the name of Order and Civil Government, we are all made at last to pay homage to and support our own meanness. After the first blush of sin comes its indifference; and from immoral it becomes, as it were, unmoral, and not quite unnecessary to that life which we have made.

[15] The broadest and most prevalent error requires the most disinterested virtue to sustain it. The slight reproach to which the virtue of patriotism is commonly liable, the noble are most likely to incur. Those who, while they disapprove of the character and measures of a government, yield to it their allegiance and support are undoubtedly its most conscientious supporters, and so frequently the most serious obstacles to reform. Some are petitioning the State to dissolve the Union, to disregard the requisitions of the President. Why do they not dissolve it themselves— the union

between themselves and the State— and refuse to pay their quota into its treasury? Do not they stand in the same relation to the State that the State does to the Union? And have not the same reasons prevented the State from resisting the Union which have prevented them from resisting the State?

[Unterwürfigkeit]

[16] How can a man be satisfied to entertain an opinion merely, and enjoy it? Is there any enjoyment in it, if his opinion is that he is aggrieved? If you are cheated out of a single dollar by your neighbor, you do not rest satisfied with knowing that you are cheated, or with saying that you are cheated, or even with petitioning him to pay you your due; but you take effectual steps at once to obtain the full amount, and see that you are never cheated again. Action from principle, the perception and the performance of right, changes things and relations; it is essentially revolutionary, and does not consist wholly with anything which was. It not only divides States and churches, it divides families; ay, it divides the individual, separating the diabolical in him from the divine.

[17] Unjust laws exist: shall we be content to obey them, or shall we endeavor to amend them, and obey them until we have succeeded, or shall we transgress them at once? Men generally, under such a government as this, think that they ought to wait until they have persuaded the majority to alter them. They think that, if they should resist, the remedy would be worse than the evil. But it is the fault of the government itself that the remedy is worse than the evil. It makes it worse. Why is it not more apt to anticipate and provide for reform? Why does it not cherish its wise minority? Why does it cry and resist before it is hurt? Why does it not encourage its citizens to be on the alert to point out its faults, and do better than it would have them? Why does it always crucify Christ, and excommunicate Copernicus and Luther, and pronounce Washington and Franklin rebels?

[Das Übel und Widerstand]

[18] One would think, that a deliberate and practical denial of its authority was the only offence never contemplated by government; else, why has it not assigned its definite, its suitable and proportionate, penalty? If a man who has no property refuses but once to earn nine shillings for the State, he is put in prison for a period

unlimited by any law that I know, and determined only by the discretion of those who placed him there; but if he should steal ninety times nine shillings from the State, he is soon permitted to go at large again.

[19] If the injustice is part of the necessary friction of the machine of government, let it go, let it go: perchance it will wear smooth— certainly the machine will wear out. If the injustice has a spring, or a pulley, or a rope, or a crank, exclusively for itself, then perhaps you may consider whether the remedy will not be worse than the evil; but if it is of such a nature that it requires you to be the agent of injustice to another, then, I say, break the law. Let your life be a counter-friction to stop the machine. What I have to do is to see, at any rate, that I do not lend myself to the wrong which I condemn.

[20] As for adopting the ways which the State has provided for remedying the evil, I know not of such ways. They take too much time, and a man's life will be gone. I have other affairs to attend to. I came into this world, not chiefly to make this a good place to live in, but to live in it, be it good or bad. A man has not everything to do, but something; and because he cannot do everything, it is not necessary that he should do something wrong. It is not my business to be petitioning the Governor or the Legislature any more than it is theirs to petition me; and if they should not bear my petition, what should I do then? But in this case the State has provided no way: its very Constitution is the evil. This may seem to be harsh and stubborn and uncon-ciliatory; but it is to treat with the utmost kindness and consideration the only spirit that can appreciate or deserves it. So is an change for the better, like birth and death, which convulse the body.

[Bereits ein Mensch ist eine Mehrheit]

[21] I do not hesitate to say, that those who call themselves Abolitionists should at once effectually withdraw their support, both in person and property, from the government of Massachusetts, and not wait till they constitute a majority of one, before they suffer the right to prevail through them. I think that it is enough if they have God on their side, without waiting for that other one. Moreover, any man more right than his neighbors constitutes a majority of one already.

[22] I meet this American government, or its representative, the State government, directly, and face to face, once a year— no more— in the person of its tax-gatherer; this is the only mode in which a man situated as I am necessarily meets it; and it then says distinctly, Recognize me; and the simplest, the most effectual, and, in the present posture of affairs, the indispensablest mode of treating with it on this head, of expressing your little satisfaction with and love for it, is to deny it then. My civil neighbor, the tax-gatherer, is the very man I have to deal with— for it is, after all, with men and not with parchment that I quarrel— and he has voluntarily chosen to be an agent of the government. How shall he ever know well what he is and does as an officer of the government, or as a man, until he is obliged to consider whether he shall treat me, his neighbor, for whom he has respect, as a neighbor and well-dispo-sed man, or as a maniac and disturber of the peace, and see if he can get over this obstruction to his neighborliness without a ruder and more impetuous thought or speech corresponding with his action. I know this well, that if one thousand, if one hundred, if ten men whom I could name— if ten honest men only— ay, if one HONEST man, in this State of Massachusetts, ceasing to hold slaves, were actually to withdraw from this copartnership, and be locked up in the county jail therefor, it would be the abolition of slavery in America. For it matters not how small the begin-ning may seem to be: what is once well done is done forever. But we love better to talk about it: that we say is our mission, Reform keeps many scores of newspapers in its service, but not one man. If my esteemed neighbor, the State's ambassador, who will devote his days to the settlement of the question of human rights in the Council Chamber, instead of being threatened with the prisons of Carolina, were to sit down the prisoner of Massachusetts, that State which is so anxious to foist the sin of sla-very upon her sister— though at present she can discover only an act of inhospitality to be the ground of a quarrel with her— the Legislature would not wholly waive the subject the following winter.

[Körper, Eigentum und Freiheit]

[23] Under a government which imprisons any unjustly, the true place for a just man is also a prison. The proper place today, the only place which Massachusetts has pro-vided for her freer and less desponding spirits, is in her prisons, to be put out and locked out of the State by her own act, as they have already put themselves out by their principles. It is there that the fugitive slave, and the Mexican prisoner on

parole, and the Indian come to plead the wrongs of his race should find them; on that separate, but more free and honorable, ground, where the State places those who are not with her, but against her— the only house in a slave State in which a free man can abide with honor. If any think that their influence would be lost there, and their voices no longer afflict the ear of the State, that they would not be as an enemy within its walls, they do not know by how much truth is stronger than error, nor how much more eloquently and effectively he can combat injustice who has experienced a little in his own person. Cast your whole vote, not a strip of paper merely, but your whole influence. A minority is powerless while it conforms to the majority; it is not even a minority then; but it is irresistible when it clogs by its whole weight. If the alternative is to keep all just men in prison, or give up war and slavery, the State will not hesitate which to choose. If a thousand men were not to pay their tax-bills this year, that would not be a violent and bloody measure, as it would be to pay them, and enable the State to commit violence and shed innocent blood. This is, in fact, the definition of a peaceable revolution, if any such is possible. If the tax-gatherer, or any other public officer, asks me, as one has done, "But what shall I do?" my answer is, "If you really wish to do anything, resign your office." When the subject has refused allegiance, and the officer has resigned his office, then the revolution is accomplished. But even suppose blood should flow. Is there not a sort of blood shed when the conscience is wounded? Through this wound a man's real manhood and immortality flow out, and he bleeds to an everlasting death. I see this blood flowing now.

[24] I have contemplated the imprisonment of the offender, rather than the seizure of his goods— though both will serve the same purpose— because they who assert the purest right, and consequently are most dangerous to a corrupt State, commonly have not spent much time in accumulating property. To such the State renders comparatively small service, and a slight tax is wont to appear exorbitant, particularly if they are obliged to earn it by special labor with their hands. If there were one who lived wholly without the use of money, the State itself would hesitate to demand it of him. But the rich man— not to make any invidious comparison— is always sold to the institution which makes him rich. Absolutely speaking, the more money, the less virtue; for money comes between a man and his objects, and obtains them for him; and it was certainly no great virtue to obtain it. It puts to rest many questions which he would otherwise be taxed to answer; while the only new question which it puts is the hard but superfluous one, how to spend it. Thus his moral ground is taken from under his feet. The opportunities of living are diminished in proportion as what are

called the "means" are increased. The best thing a man can do for his culture when he is rich is to endeavor to carry out those schemes which he entertained when he was poor. Christ answered the Herodians according to their condition. "Show me the tribute-money," said he;— and one took a penny out of his pocket;— if you use money which has the image of Caesar on it, and which he has made current and valuable, that is, if you are men of the State, and gladly enjoy the advantages of Caesar's government, then pay him back some of his own when he demands it. "Render therefore to Caesar that which is Caesar's, and to God those things which are God's"— leaving them no wiser than before as to which was which; for they did not wish to know.

[Sicherheit und Freiheit]

[25] When I converse with the freest of my neighbors, I perceive that, whatever they may say about the magnitude and seriousness of the question, and their regard for the public tranquillity, the long and the short of the matter is, that they cannot spare the protection of the existing government, and they dread the consequences to their property and families of disobedience to it. For my own part, I should not like to think that I ever rely on the protection of the State. But, if I deny the authority of the State when it presents its tax-bill, it will soon take and waste all my property, and so harass me and my children without end. This is hard. This makes it impossible for a man to live honestly, and at the same time comfortably, in outward respects. It will not be worth the while to accumulate property; that would be sure to go again. You must hire or squat somewhere, and raise but a small crop, and eat that soon. You must live within yourself, and depend upon yourself always tucked up and ready for a start, and not have many affairs. A man may grow rich in Turkey even, if he will be in all respects a good subject of the Turkish government. Confucius said: "If a state is governed by the principles of reason, poverty and misery are subjects of shame; if a state is not governed by the principles of reason, riches and honors are the subjects of shame." No: until I want the protection of Massachusetts to be extended to me in some distant Southern port, where my liberty is endangered, or until I am bent solely on building up an estate at home by peaceful enterprise, I can afford to refuse allegiance to Massachusetts, and her right to my property and life. It costs me less in every sense to incur the penalty of disobedience to the State than it would to obey. I should feel as if I were worth less in that case.

[Steuern und Unabhängigkeit]

[26] Some years ago, the State met me in behalf of the Church, and commanded me to pay a certain sum toward the support of a clergyman whose preaching my father attended, but never I myself. "Pay," it said, "or be locked up in the jail." I declined to pay. But, unfortunately, another man saw fit to pay it. I did not see why the schoolmaster should be taxed to support the priest, and not the priest the schoolmaster; for I was not the State's schoolmaster, but I supported myself by voluntary subscription. I did not see why the lyceum should not present its tax-bill, and have the State to back its demand, as well as the Church. However, at the request of the selectmen, I condescended to make some such statement as this in writing:— "Know all men by these presents, that I, Henry Thoreau, do not wish to be regarded as a member of any incorporated society which I have not joined." This I gave to the town clerk; and he has it. The State, having thus learned that I did not wish to be regarded as a member of that church, has never made a like demand on me since; though it said that it must adhere to its original presumption that time. If I had known how to name them, I should then have signed off in detail from all the societies which I never signed on to; but I did not know where to find a complete list.

[Die Hilflosigkeit des Staates]

[27] I have paid no poll-tax for six years. I was put into a jail once on this account, for one night; and, as I stood considering the walls of solid stone, two or three feet thick, the door of wood and iron, a foot thick, and the iron grating which strained the light, I could not help being struck with the foolishness of that institution which treated me as if I were mere flesh and blood and bones, to be locked up. I wondered that it should have concluded at length that this was the best use it could put me to, and had never thought to avail itself of my services in some way. I saw that, if there was a wall of stone between me and my townsmen, there was a still more difficult one to climb or break through before they could get to be as free as I was. I did not for a moment feel confined, and the walls seemed a great waste of stone and mortar. I felt as if I alone of all my townsmen had paid my tax. They plainly did not know how to treat me, but behaved like persons who are underbred. In every threat and in every compliment there was a blunder; for they thought that my chief desire was to stand the other side of that stone wall. I could not but smile to see how industriously they locked the door on my meditations, which followed them out again without let or hindrance, and they were really all that was dangerous. As they could not reach me,

they had resolved to punish my body; just as boys, if they cannot come at some person against whom they have a spite, will abuse his dog. I saw that the State was half-witted, that it was timid as a lone woman with her silver spoons, and that it did not know its friends from its foes, and I lost all my remaining respect for it, and pitied it.

[28] Thus the State never intentionally confronts a man's sense, intellectual or moral, but only his body, his senses. It is not armed with superior wit or honesty, but with superior physical strength. I was not born to be forced. I will breathe after my own fashion. Let us see who is the strongest. What force has a multitude? They only can force me who obey a higher law than I. They force me to become like themselves. I do not hear of men being forced to have this way or that by masses of men. What sort of life were that to live? When I meet a government which says to me, "Your money or your life," why should I be in haste to give it my money? It may be in a great strait, and not know what to do: I cannot help that. It must help itself; do as I do. It is not worth the while to snivel about it. I am not responsible for the successful working of the machinery of society. I am not the son of the engineer. I perceive that, when an acorn and a chestnut fall side by side, the one does not remain inert to make way for the other, but both obey their own laws, and spring and grow and flourish as best they can, till one, perchance, overshadows and destroys the other. If a plant cannot live according to its nature, it dies; and so a man.

[Die Nacht im Gefängnis]

[29] The night in prison was novel and interesting enough. The prisoners in their shirt-sleeves were enjoying a chat and the evening air in the doorway, when I entered. But the jailer said, "Come, boys, it is time to lock up"; and so they dispersed, and I heard the sound of their steps returning into the hollow apartments. My room-mate was introduced to me by the jailer as "a first-rate fellow and a clever man." When the door was locked, he showed me where to hang my hat, and how he managed matters there. The rooms were whitewashed once a month; and this one, at least, was the whitest, most simply furnished, and probably the neatest apartment in the town. He naturally wanted to know where I came from, and what brought me there; and, when I had told him, I asked him in my turn how he came there, presuming him to be an honest man, of course; and, as the world goes, I believe he was. "Why," said he, "they accuse me of burning a barn; but I never did it." As near as I could discover, he had probably gone to bed in a barn when drunk, and smoked his

pipe there; and so a barn was burnt. He had the reputation of being a clever man, had been there some three months waiting for his trial to come on, and would have to wait as much longer; but he was quite domesticated and contented, since he got his board for nothing, and thought that he was well treated.

[30] He occupied one window, and I the other; and I saw that if one stayed there long, his principal business would be to look out the window. I had soon read all the tracts that were left there, and examined where former prisoners had broken out, and where a grate had been sawed off, and heard the history of the various occupants of that room; for I found that even here there was a history and a gossip which never circulated beyond the walls of the jail. Probably this is the only house in the town where verses are composed, which are afterward printed in a circular form, but not published. I was shown quite a long list of verses which were composed by some young men who had been detected in an attempt to escape, who avenged themselves by singing them.

[31] I pumped my fellow-prisoner as dry as I could, for fear I should never see him again; but at length he showed me which was my bed, and left me to blow out the lamp.

[32] It was like travelling into a far country, such as I had never expected to behold, to lie there for one night. It seemed to me that I never had heard the town clock strike before, nor the evening sounds of the village; for we slept with the windows open, which were inside the grating. It was to see my native village in the light of the Middle Ages, and our Concord was turned into a Rhine stream, and visions of knights and castles passed before me. They were the voices of old burghers that I heard in the streets. I was an involuntary spectator and auditor of whatever was done and said in the kitchen of the adjacent village inn— a wholly new and rare experience to me. It was a closer view of my native town. I was fairly inside of it. I never had seen its institutions before. This is one of its peculiar institutions; for it is a shire town. I began to comprehend what its inhabitants were about.

[33] In the morning, our breakfasts were put through the hole in the door, in small oblong-square tin pans, made to fit, and holding a pint of chocolate, with brown bread, and an iron spoon. When they called for the vessels again, I was green enough to return what bread I had left; but my comrade seized it, and said that I

should lay that up for lunch or dinner. Soon after he was let out to work at haying in a neighboring field, whither he went every day, and would not be back till noon; so he bade me good-day, saying that he doubted if he should see me again.

[Erkenntnisse nach dem Gefängnis]

[34] When I came out of prison— for some one interfered, and paid that tax— I did not perceive that great changes had taken place on the common, such as he observed who went in a youth and emerged a tottering and gray-headed man; and yet a change had to my eyes come over the scene— the town, and State, and country— greater than any that mere time could effect. I saw yet more distinctly the State in which I lived. I saw to what extent the people among whom I lived could be trusted as good neighbors and friends; that their friendship was for summer weather only; that they did not greatly propose to do right; that they were a distinct race from me by their prejudices and superstitions, as the Chinamen and Malays are; that in their sacrifices to humanity they ran no risks, not even to their property; that after all they were not so noble but they treated the thief as he had treated them, and hoped, by a certain outward observance and a few prayers, and by walking in a particular straight though useless path from time to time, to save their souls. This may be to judge my neighbors harshly; for I believe that many of them are not aware that they have such an institution as the jail in their village.

[35] It was formerly the custom in our village, when a poor debtor came out of jail, for his acquaintances to salute him, looking through their fingers, which were crossed to represent the grating of a jail window, "How do ye do?" My neighbors did not thus salute me, but first looked at me, and then at one another, as if I had returned from a long journey. I was put into jail as I was going to the shoemaker's to get a shoe which was mended. When I was let out the next morning, I proceeded to finish my errand, and, having put on my mended shoe, joined a huckleberry party, who were impatient to put themselves under my conduct; and in half an hour— for the horse was soon tackled— was in the midst of a huckleberry field, on one of our highest hills, two miles off, and then the State was nowhere to be seen.

[36] This is the whole history of "My Prisons."

[Einsatz für Andere]

[37] I have never declined paying the highway tax, because I am as desirous of being a good neighbor as I am of being a bad subject; and as for supporting schools, I am doing my part to educate my fellow-countrymen now. It is for no particular item in the tax-bill that I refuse to pay it. I simply wish to refuse allegiance to the State, to withdraw and stand aloof from it effectually. I do not care to trace the course of my dollar, if I could, till it buys a man or a musket to shoot one with- the dollar is innocent— but I am concerned to trace the effects of my allegiance. In fact, I quietly declare war with the State, after my fashion, though I will still make what use and get what advantage of her I can, as is usual in such cases.

[38] If others pay the tax which is demanded of me, from a sympathy with the State, they do but what they have already done in their own case, or rather they abet injustice to a greater extent than the State requires. If they pay the tax from a mistaken interest in the individual taxed, to save his property, or prevent his going to jail, it is because they have not considered wisely how far they let their private feelings interfere with the public good.

[39] This, then, is my position at present. But one cannot be too much on his guard in such a case, lest his action be biased by obstinacy or an undue regard for the opinions of men. Let him see that he does only what belongs to himself and to the hour.

[Naturgewalt und menschlicher Widerstand]

[40] I think sometimes, Why, this people mean well, they are only ignorant; they would do better if they knew how: why give your neighbors this pain to treat you as they are not inclined to? But I think again, This is no reason why I should do as they do, or permit others to suffer much greater pain of a different kind. Again, I sometimes say to myself, When many millions of men, without heat, without ill will, without personal feeling of any kind, demand of you a few shillings only, without the possibility, such is their constitution, of retracting or altering their present demand, and without the possibility, on your side, of appeal to any other millions, why expose yourself to this overwhelming brute force? You do not resist cold and hunger, the winds and the waves, thus obstinately; you quietly submit to a thousand similar necessities. You do not put your head into the fire. But just in proportion as I regard this as not wholly a brute force, but partly a human force, and consider that I

have relations to those millions as to so many millions of men, and not of mere brute or inanimate things, I see that appeal is possible, first and instantaneously, from them to the Maker of them, and, secondly, from them to themselves. But if I put my head deliberately into the fire, there is no appeal to fire or to the Maker of fire, and I have only myself to blame. If I could convince myself that I have any right to be satisfied with men as they are, and to treat them accordingly, and not according, in some respects, to my requisitions and expectations of what they and I ought to be, then, like a good Mussulman and fatalist, I should endeavor to be satisfied with things as they are, and say it is the will of God. And, above all, there is this diffe-rence between resisting this and a purely brute or natural force, that I can resist this with some effect; but I cannot expect, like Orpheus, to change the nature of the rocks and trees and beasts.

[Anpassung und Befreiung]

[41] I do not wish to quarrel with any man or nation. I do not wish to split hairs, to make fine distinctions, or set myself up as better than my neighbors. I seek rather, I may say, even an excuse for conforming to the laws of the land. I am but too ready to conform to them. Indeed, I have reason to suspect myself on this head; and each year, as the tax-gatherer comes round, I find myself disposed to review the acts and position of the general and State governments, and the spirit of the people, to disco-ver a pretext for conformity.

"We must affect our country as our parents,
And if at any time we alienate
Our love or industry from doing it honor,
We must respect effects and teach the soul
Matter of conscience and religion,
And not desire of rule or benefit."
[George Peele Battle of Alcazar]

[42] I believe that the State will soon be able to take all my work of this sort out of my hands, and then I shall be no better a patriot than my fellow-countrymen. Seen from a lower point of view, the Constitution, with all its faults, is very good; the law and the courts are very respectable; even this State and this American government are, in many respects, very admirable, and rare things, to be thankful for, such as a

great many have described them; but seen from a point of view a little higher, they are what I have described them; seen from a higher still, and the highest, who shall say what they are, or that they are worth looking at or thinking of at all?

[43] However, the government does not concern me much, and I shall bestow the fewest possible thoughts on it. It is not many moments that I live under a government, even in this world. If a man is thought-free, fancy-free, imagination-free, that which is not never for a long time appearing to be to him, unwise rulers or reformers cannot fatally interrupt him.

[Webster]

[44] I know that most men think differently from myself; but those whose lives are by profession devoted to the study of these or kindred subjects content me as little as any. Statesmen and legislators, standing so completely within the institution, never distinctly and nakedly behold it. They speak of moving society, but have no resting-place without it. They may be men of a certain experience and discrimination, and have no doubt invented ingenious and even useful systems, for which we sincerely thank them; but all their wit and usefulness lie within certain not very wide limits. They are wont to forget that the world is not governed by policy and expediency. Webster never goes behind government, and so cannot speak with authority about it. His words are wisdom to those legislators who contemplate no essential reform in the existing government; but for thinkers, and those who legislate for all time, he never once glances at the subject. I know of those whose serene and wise speculations on this theme would soon reveal the limits of his mind's range and hospitality. Yet, compared with the cheap professions of most reformers, and the still cheaper wisdom and eloquence of politicians in general, his are almost the only sensible and valuable words, and we thank Heaven for him. Comparatively, he is always strong, original, and, above all, practical. Still, his quality is not wisdom, but prudence. The lawyer's truth is not Truth, but consistency or a consistent expediency. Truth is always in harmony with herself, and is not concerned chiefly to reveal the justice that may consist with wrong-doing. He well deserves to be called, as he has been called, the Defender of the Constitution. There are really no blows to be given by him but defensive ones. He is not a leader, but a follower. His leaders are the men of '87— "I have never made an effort," he says, "and never propose to make an effort; I have never countenanced an effort, and never mean to countenance an effort, to

disturb the arrangement as originally made, by which the various States came into the Union." Still thinking of the sanction which the Constitution gives to slavery, he says, "Because it was a part of the original compact— let it stand." Notwithstanding his special acuteness and ability, he is unable to take a fact out of its merely political relations, and behold it as it lies absolutely to be disposed of by the intellect— what, for instance, it behooves a man to do here in America today with regard to slavery— but ventures, or is driven, to make some such desperate answer as the following, while professing to speak absolutely, and as a private man— from which what new and singular code of social duties might be inferred? "The manner," says he, "in which the governments of those States where slavery exists are to regulate it is for their own consideration, under their responsibility to their constituents, to the general laws of propriety, humanity, and justice, and to God. Associations formed elsewhere, springing from a feeling of humanity, or any other cause, have nothing whatever to do with it. They have never received any encouragement from me, and they never will."

[45] They who know of no purer sources of truth, who have traced up its stream no higher, stand, and wisely stand, by the Bible and the Constitution, and drink at it there with reverence and humility; but they who behold where it comes trickling into this lake or that pool, gird up their loins once more, and continue their pilgrimage toward its fountain-head.

[Schluss]

[46] No man with a genius for legislation has appeared in America. They are rare in the history of the world. There are orators, politicians, and eloquent men, by the thousand; but the speaker has not yet opened his mouth to speak who is capable of settling the much-vexed questions of the day. We love eloquence for its own sake, and not for any truth which it may utter, or any heroism it may inspire. Our legislators have not yet learned the comparative value of free trade and of freedom, of union, and of rectitude, to a nation. They have no genius or talent for comparatively humble questions of taxation and finance, commerce and manufactures and agriculture. If we were left solely to the wordy wit of legislators in Congress for our guidance, uncorrected by the seasonable experience and the effectual complaints of the people, America would not long retain her rank among the nations. For eighteen

hundred years, though perchance I have no right to say it, the New Testament has been written; yet where is the legislator who has wisdom and practical talent enough to avail himself of the light which it sheds on the science of legislation?

[47] The authority of government, even such as I am willing to submit to— for I will cheerfully obey those who know and can do better than I, and in many things even those who neither know nor can do so well— is still an impure one: to be strictly just, it must have the sanction and consent of the governed. It can have no pure right over my person and property but what I concede to it. The progress from an absolute to a limited monarchy, from a limited monarchy to a democracy, is a progress toward a true respect for the individual. Even the Chinese philosopher was wise enough to regard the individual as the basis of the empire. Is a democracy, such as we know it, the last improvement possible in government? Is it not possible to take a step further towards recognizing and organizing the rights of man? There will never be a really free and enlightened State until the State comes to recognize the individual as a higher and independent power, from which all its own power and authority are derived, and treats him accordingly. I please myself with imagining a State at least which can afford to be just to all men, and to treat the individual with respect as a neighbor; which even would not think it inconsistent with its own repose if a few were to live aloof from it, not meddling with it, nor embraced by it, who fulfilled all the duties of neighbors and fellow-men. A State which bore this kind of fruit, and suffered it to drop off as fast as it ripened, would prepare the way for a still more perfect and glorious State, which also I have imagined, but not yet anywhere seen.

LIFE WITHOUT PRINCIPLE
(LEBEN OHNE PRINZIPIEN)

[Einleitung]

[1] AT a lyceum, not long since, I felt that the lecturer had chosen a theme too foreign to himself, and so failed to interest me as much as he might have done. He described things not in or near to his heart, but toward his extremities and superficies. There was, in this sense, no truly central or centralizing thought in the lecture. I would have had him deal with his privatest experience, as the poet does. The greatest compliment that was ever paid me was when one asked me what I thought, and attended to my answer. I am surprised, as well as delighted, when this happens, it is such a rare use he would make of me, as if he were acquainted with the tool. Commonly, if men want anything of me, it is only to know how many acres I make of their land,—since I am a surveyor,—or, at most, what trivial news I have burdened myself with. They never will go to law for my meat; they prefer the shell. A man once came a considerable distance to ask me to lecture on Slavery; but on conversing with him, I found that he and his clique expected seven-eighths of the lecture to be theirs, and only one-eighth mine; so I declined. I take it for granted, when I am invited to lecture anywhere,—for I have had a little experience in that business,—that there is a desire to hear what I think on some subject, though I may be the greatest fool in the country,—and not that I should say pleasant things merely, or such as the audience will assent to; and I resolve, accordingly, that I will give them a strong dose of myself. They have sent for me, and engaged to pay for me, and I am determined that they shall have me, though I bore them beyond all precedent.

[2] So now I would say something similar to you, my readers. Since you are my readers, and I have not been much of a traveller, I will not talk about people a thousand miles off, but come as near home as I can. As the time is short, I will leave out all the flattery, and retain all the criticism.

[3] Let us consider the way in which we spend our lives.

[Geschäftigkeit und Ansehen]

[4] This world is a place of business. What an infinite bustle! I am awaked almost every night by the panting of the locomotive. It interrupts my dreams. There is no sabbath. It would be glorious to see mankind at leisure for once. It is nothing but work, work, work. I cannot easily buy a blank-book to write thoughts in; they are commonly ruled for dollars and cents. An Irishman, seeing me making a minute in the fields, took it for granted that I was calculating my wages. If a man was tossed out of a window when an infant, and so made a cripple for life, or scared out of his wits by the Indians, it is regretted chiefly because he was thus incapacitated for— business! I think that there is nothing, not even crime, more opposed to poetry, to philosophy, ay, to life itself, than this incessant business.

[5] There is a coarse and boisterous money-making fellow in the outskirts of our town, who is going to build a bank-wall under the hill along the edge of his meadow. The powers have put this into his head to keep him out of mischief, and he wishes me to spend three weeks digging there with him. The result will be that he will per- haps get some more money to hoard, and leave for his heirs to spend foolishly. If I do this, most will commend me as an industrious and hard-working man; but if I choose to devote myself to certain labors which yield more real profit, though but little money, they may be inclined to look on me as an idler. Nevertheless, as I do not need the police of meaningless labor to regulate me, and do not see anything absolutely praiseworthy in this fellow's undertaking, any more than in many an enterprise of our own or foreign governments, however amusing it may be to him or them, I prefer to finish my education at a different school.

[6] If a man walk in the woods for love of them half of each day, he is in danger of being regarded as a loafer; but if he spends his whole day as a speculator, shearing off those woods and making earth bald before her time, he is esteemed an indus- trious and enterprising citizen. As if a town had no interest in its forests but to cut them down!

[Würdevolle Arbeit]

[7] Most men would feel insulted, if it were proposed to employ them in throwing stones over a wall, and then in throwing them back, merely that they might earn their wages. But many are no more worthily employed now. For instance: just after sun-

rise, one summer morning, I noticed one of my neighbors walking beside his team, which was slowly drawing a heavy hewn stone swung under the axle, surrounded by an atmosphere of industry,—his day's work begun,—his brow commenced to sweat, —a reproach to all sluggards and idlers,—pausing abreast the shoulders of his oxen, and half turning round with a flourish of his merciful whip, while they gained their length on him. And I thought, Such is the labor which the American Congress exists to protect,—honest, manly toil,—honest as the day is long,—that makes his bread taste sweet, and keeps society sweet,—which all men respect and have consecrated: one of the sacred band, doing the needful, but irksome drudgery. Indeed, I felt a slight reproach, because I observed this from the window, and was not abroad and stirring about a similar business. The day went by, and at evening I passed the yard of another neighbor, who keeps many servants, and spends much money foolishly, while he adds nothing to the common stock, and there I saw the stone of the morning lying beside a whimsical structure intended to adorn this Lord Timothy Dexter's premises, and the dignity forthwith departed from the teamster's labor, in my eyes. In my opinion, the sun was made to light worthier toil than this. I may add, that his employer has since run off, in debt to a good part of the town, and, after passing through Chancery, has settled somewhere else, there to become once more a patron of the arts.

[8] The ways by which you may get money almost without exception lead downward. To have done anything by which you earned money merely is to have been truly idle or worse. If the laborer gets no more than the wages which his employer pays him, he is cheated, he cheats himself. If you would get money as a writer or lecturer, you must be popular, which is to go down perpendicularly. Those services which the community will most readily pay for it is most disagreeable to render. You are paid for being something less than a man. The State does not commonly reward a genius any more wisely. Even the poet-laureate would rather not have to celebrate the accidents of royalty. He must be bribed with a pipe of wine; and perhaps another poet is called away from his muse to gauge that very pipe. As for my own business, even that kind of surveying which I could do with most satisfaction my employers do not want. They would prefer that I should do my work coarsely and not too well, ay, not well enough. When I observe that there are different ways of surveying, my employer commonly asks which will give him the most land, not which is most correct. I once invented a rule for measuring cord-wood, and tried to introduce it in

Boston; but the measurer there told me that the sellers did not wish to have their wood measured correctly,—that he was already too accurate for them, and therefore they commonly got their wood measured in Charlestown before crossing the bridge.

[9] The aim of the laborer should be, not to get his living, to get "a good job," but to perform well a certain work; and, even in a pecuniary sense, it would be economy for a town to pay its laborers so well that they would not feel that they were working for low ends, as for a livelihood merely, but for scientific, or even moral ends. Do not hire a man who does your work for money, but him who does it for love of it.

[10] It is remarkable that there are few men so well employed, so much to their minds, but that a little money or fame would commonly buy them off from their present pursuit. I see advertisements for active young men, as if activity were the whole of a young man's capital. Yet I have been surprised when one has with confidence proposed to me, a grown man, to embark in some enterprise of his, as if I had absolutely nothing to do, my life having been a complete failure hitherto. What a doubtful compliment this is to pay me! As if he had met me half-way across the ocean beating up against the wind, but bound nowhere, and proposed to me to go along with him! If I did, what do you think the underwriters would say? No, no! I am not without employment at this stage of the voyage. To tell the truth, I saw an advertisement for able-bodied seamen, when I was a boy, sauntering in my native port, and as soon as I came of age I embarked.

[11] The community has no bribe that will tempt a wise man. You may raise money enough to tunnel a mountain, but you cannot raise money enough to hire a man who is minding his own business. An efficient and valuable man does what he can, whether the community pay him for it or not. The inefficient offer their inefficiency to the highest bidder, and are forever expecting to be put into office. One would suppose that they were rarely disappointed.

[12] Perhaps I am more than usually jealous with respect to my freedom. I feel that my connection with and obligation to society are still very slight and transient. Those slight labors which afford me a livelihood, and by which it is allowed that I am to some extent serviceable to my contemporaries, are as yet commonly a pleasure to me, and I am not often reminded that they are a necessity. So far I am successful. But I foresee, that, if my wants should be much increased, the labor required to supply them would become a drudgery. If I should sell both my forenoons and afternoons to society, as most appear to do, I am sure, that, for me, there would be

nothing left worth living for. I trust that I shall never thus sell my birthright for a mess of pottage. I wish to suggest that a man may be very industrious, and yet not spend his time well. There is no more fatal blunderer than he who consumes the greater part of his life getting his living. All great enterprises are self-supporting. The poet, for instance, must sustain his body by his poetry, as a steam planing-mill feeds its boilers with the shavings it makes. You must get your living by loving. But as it is said of the merchants that ninety-seven in a hundred fail, so the life of men generally, tried by this standard, is a failure, and bankruptcy may be surely prophesied.

[Geld und Arbeit]

[13] Merely to come into the world the heir of a fortune is not to be born, but to be still-born, rather. To be supported by the charity of friends, or a government-pension, —provided you continue to breathe,—by whatever fine synonymes you describe these relations, is to go into the almshouse. On Sundays the poor debtor goes to church to take an account of stock, and finds, of course, that his outgoes have been greater than his income. In the Catholic Church, especially, they go into Chancery, make a clean confession, give up all, and think to start again. Thus men will lie on their backs, talking about the fall of man, and never make an effort to get up.

[14] As for the comparative demand which men make on life, it is an important difference between two, that the one is satisfied with a level success, that his marks can all be hit by point-blank shots, but the other, however low and unsuccessful his life may be, constantly elevates his aim, though at a very slight angle to the horizon. I should much rather be the last man,—though, as the Orientals say, "Greatness doth not approach him who is forever looking down; and all those who are looking high are growing poor."

[15] It is remarkable that there is little or nothing to be remembered written on the subject of getting a living: how to make getting a living not merely honest and honorable, but altogether inviting and glorious; for if getting a living is not so, then living is not. One would think, from looking at literature, that this question had never disturbed a solitary individual's musings. Is it that men are too much disgusted with their experience to speak of it? The lesson of value which money teaches, which the Author of the Universe has taken so much pains to teach us, we are inclined to skip altogether. As for the means of living, it is wonderful how indifferent men of all

classes are about it, even reformers, so called,—whether they inherit, or earn, or steal it. I think that society has done nothing for us in this respect, or at least has undone what she has done. Cold and hunger seem more friendly to my nature than those methods which men have adopted and advise to ward them off.

[16] The title wise is, for the most part, falsely applied. How can one be a wise man, if he does not know any better how to live than other men?—if he is only more cunning and intellectually subtle? Does Wisdom work in a tread-mill? or does she teach how to succeed by her example? Is there any such thing as wisdom not applied to life? Is she merely the miller who grinds the finest logic? It is pertinent to ask if Plato got his living in a better way or more successfully than his contemporaries,—or did he succumb to the difficulties of life like other men? Did he seem to prevail over some of them merely by indifference, or by assuming grand airs? or find it easier to live, because his aunt remembered him in her will? The ways in which most men get their living, that is, live, are mere make-shifts, and a shirking of the real business of life,—chiefly because they do not know, but partly because they do not mean, any better.

[Der Goldrausch]

[17] The rush to California, for instance, and the attitude, not merely of merchants, but of philosophers and prophets, so called, in relation to it, reflect the greatest disgrace on mankind. That so many are ready to live by luck, and so get the means of commanding the labor of others less lucky, without contributing any value to society! And that is called enterprise! I know of no more startling development of the immorality of trade, and all the common modes of getting a living. The philosophy and poetry and religion of such a mankind are not worth the dust of a puff-ball. The hog that gets his living by rooting, stirring up the soil so, would be ashamed of such company. If I could command the wealth of all the worlds by lifting my finger, I would not pay such a price for it. Even Mahomet knew that God did not make this world in jest. It makes God to be a moneyed gentleman who scatters a handful of pennies in order to see mankind scramble for them. The world's raffle! A subsistence in the domains of Nature a thing to be raffled for! What a comment, what a satire on our institutions! The conclusion will be, that mankind will hang itself upon a tree. And have all the precepts in all the Bibles taught men only this? and is the last and most admirable invention of the human race only an improved

muck-rake? Is this the ground on which Orientals and Occidentals meet? Did God direct us so to get our living, digging where we never planted,—and He would, perchance, reward us with lumps of gold?

[18] God gave the righteous man a certificate entitling him to food and raiment, but the unrighteous man found a facsimile of the same in God's coffers, and appropriated it, and obtained food and raiment like the former. It is one of the most extensive systems of counterfeiting that the world has seen. I did not know that mankind were suffering for want of gold. I have seen a little of it. I know that it is very malleable, but not so malleable as wit. A grain of gold will gild a great surface, but not so much as a grain of wisdom.

[19] The gold-digger in the ravines of the mountains is as much a gambler as his fellow in the saloons of San Francisco. What difference does it make, whether you shake dirt or shake dice? If you win, society is the loser. The gold-digger is the enemy of the honest laborer, whatever checks and compensations there may be. It is not enough to tell me that you worked hard to get your gold. So does the Devil work hard. The way of transgressors may be hard in many respects. The humblest observer who goes to the mines sees and says that gold-digging is of the character of a lottery; the gold thus obtained is not the same thing with the wages of honest toil. But, practically, he forgets what he has seen, for he has seen only the fact, not the principle, and goes into trade there, that is, buys a ticket in what commonly proves another lottery, where the fact is not so obvious.

[20] After reading Howitt's account of the Australian gold-diggings one evening, I had in my mind's eye, all night, the numerous valleys, with their streams, all cut up with foul pits, from ten to one hundred feet deep, and half a dozen feet across, as close as they can be dug, and partly filled with water,—the locality to which men furiously rush to probe for their fortunes,—uncertain where they shall break ground, —not knowing but the gold is under their camp itself;—sometimes digging one hundred and sixty feet before they strike the vein, or then missing it by a foot,—turned into demons, and regardless of each other's rights, in their thirst for riches,—whole valleys, for thirty miles, suddenly honey-combed by the pits of the miners, so that even hundreds are drowned in them,—standing in water, and covered with mud and clay, they work night and day, dying of exposure and disease.

[20a] Having read this, and partly forgotten it, I was thinking, accidentally, of my own unsatisfactory life, doing as others do; and with that vision of the diggings still before me, I asked myself, why I might not be washing some gold daily, though it were only the finest particles,—why I might not sink a shaft down to the gold within me, and work that mine. There is a Ballarat, a Bendigo for you,—what though it were a sulky-gully? At any rate, I might pursue some path, however solitary and narrow and crooked, in which I could walk with love and reverence. Wherever a man separates from the multitude, and goes his own way in this mood, there indeed is a fork in the road, though ordinary travellers may see only a gap in the paling. His solitary path across-lots will turn out the higher way of the two.

[Das Gold der Heimat]

[21] Men rush to California and Australia as if the true gold were to be found in that direction; but that is to go to the very opposite extreme to where it lies. They go prospecting farther and farther away from the true lead, and are most unfortunate when they think themselves most successful. Is not our native soil auriferous? Does not a stream from the golden mountains flow through our native valley? and has not this for more than geologic ages been bringing down the shining particles and forming the nuggets for us? Yet, strange to tell, if a digger steal away, prospecting for this true gold, into the unexplored solitudes around us, there is no danger that any will dog his steps, and endeavor to supplant him. He may claim and undermine the whole valley even, both the cultivated and the uncultivated portions, his whole life long in peace, for no one will ever dispute his claim. They will not mind his cradles or his toms. He is not confined to a claim twelve feet square, as at Ballarat, but may mine anywhere, and wash the whole wide world in his tom.

[Der Teufelskerl]

[22] Howitt says of the man who found the great nugget which weighed twenty-eight pounds, at the Bendigo diggings in Australia:—"He soon began to drink; got a horse, and rode all about, generally at full gallop, and, when he met people, called out to inquire if they knew who he was, and then kindly informed them that he was 'the bloody wretch that had found the nugget.' At last he rode full speed against a tree, and nearly knocked his brains out." I think, however, there was no danger of

that, for he had already knocked his brains out against the nugget. Howitt adds, "He is a hopelessly ruined man." But he is a type of the class. They are all fast men. Hear some of the names of the places where they dig:—"Jackass Flat,"—"Sheep's-Head Gully,"—"Murderer's Bar," etc. Is there no satire in these names? Let them carry their ill-gotten wealth where they will, I am thinking it will still be "Jackass Flat," if not "Murderer's Bar," where they live.

[Die Plünderung der Friedhöfe]

[23] The last resource of our energy has been the robbing of graveyards on the Isthmus of Darien, an enterprise which appears to be but in its infancy; for, according to late accounts, an act has passed its second reading in the legislature of New Granada, regulating this kind of mining: and a correspondent of the "Tribune" writes:—"In the dry season, when the weather will permit of the country being properly prospected, no doubt other rich `guacas' [that is, graveyards] will be found." To emigrants he says:—"Do not come before December; take the Isthmus route in preference to the Boca del Toro one; bring no useless baggage, and do not cumber yourself with a tent; but a good pair of blankets will be necessary; a pick, shovel, and axe of good material will be almost all that is required": advice which might have been taken from the "Burker's Guide." And he concludes with this line in Italics and small capitals: "If you are doing well at home, STAY THERE," which may fairly be interpreted to mean, "If you are getting a good living by robbing graveyards at home, stay there."

[24] But why go to California for a text? She is the child of New England, bred at her own school and church.

[Morallehrer und Bigotterie]

[25] It is remarkable that among all the preachers there are so few moral teachers. The prophets are employed in excusing the ways of men. Most reverend seniors, the illuminati of the age, tell me, with a gracious, reminiscent smile, betwixt an aspiration and a shudder, not to be too tender about these things,—to lump all that, that is, make a lump of gold of it. The highest advice I have heard on these subjects was grovelling. The burden of it was,—It is not worth your while to undertake to reform the world in this particular. Do not ask how your bread is buttered; it will make you

sick, if you do,—and the like. A man had better starve at once than lose his inno-
cence in the process of getting his bread. If within the sophisticated man there is not
an unsophisticated one, then he is but one of the Devil's angels. As we grow old, we
live more coarsely, we relax a little in our disciplines, and, to some extent, cease to
obey our finest instincts. But we should be fastidious to the extreme of sanity, disre-
garding the gibes of those who are more unfortunate than ourselves.

[26] In our science and philosophy, even, there is commonly no true and absolute
account of things. The spirit of sect and bigotry has planted its hoof amid the stars.
You have only to discuss the problem, whether the stars are inhabited or not, in order
to discover it. Why must we daub the heavens as well as the earth? It was an unfortunate discovery that Dr. Kane was a Mason, and that Sir John Franklin was another.
But it was a more cruel suggestion that possibly that was the reason why the former
went in search of the latter. There is not a popular magazine in this country that
would dare to print a child's thought on important subjects without comment. It must
be submitted to the D. D.s. I would it were the chickadee-dees.

[27] You come from attending the funeral of mankind to attend to a natural phenomenon. A little thought is sexton to all the world.

[Echte Menschen sind schwer zu finden]

[28] I hardly know an intellectual man, even, who is so broad and truly liberal that
you can think aloud in his society. Most with whom you endeavor to talk soon come
to a stand against some institution in which they appear to hold stock,—that is, some
particular, not universal, way of viewing things. They will continually thrust their
own low roof, with its narrow skylight, between you and the sky, when it is the
unobstructed heavens you would view. Get out of the way with your cobwebs, wash
your windows, I say! In some lyceums they tell me that they have voted to exclude
the subject of religion. But how do I know what their religion is, and when I am near
to or far from it? I have walked into such an arena and done my best to make a clean
breast of what religion I have experienced, and the audience never suspected what I
was about. The lecture was as harmless as moonshine to them. Whereas, if I had
read to them the biography of the greatest scamps in history, they might have
thought that I had written the lives of the deacons of their church. Ordinarily, the

inquiry is, Where did you come from? or, Where are you going? That was a more pertinent question which I overheard one of my auditors put to another once, —"What does he lecture for?" It made me quake in my shoes.

[29] To speak impartially, the best men that I know are not serene, a world in themselves. For the most part, they dwell in forms, and flatter and study effect only more finely than the rest. We select granite for the underpinning of our houses and barns; we build fences of stone; but we do not ourselves rest on an underpinning of granitic truth, the lowest primitive rock. Our sills are rotten. What stuff is the man made of who is not coexistent in our thought with the purest and subtilest truth? I often accuse my finest acquaintances of an immense frivolity; for, while there are manners and compliments we do not meet, we do not teach one another the lessons of honesty and sincerity that the brutes do, or of steadiness and solidity that the rocks do. The fault is commonly mutual, however; for we do not habitually demand any more of each other.

[Oberflächlichkeit unserer Gesellschaft]

[30] That excitement about Kossuth, consider how characteristic, but superficial, it was!—only another kind of politics or dancing. Men were making speeches to him all over the country, but each expressed only the thought, or the want of thought, of the multitude. No man stood on truth. They were merely banded together, as usual, leaning on another, and all together on nothing; as the Hindoos made the world rest on an elephant, the elephant on a tortoise, and the tortoise on a serpent, and had nothing to put under the serpent. For all fruit of that stir we have the Kossuth hat.

[31] Just so hollow and ineffectual, for the most part, is our ordinary conversation. Surface meets surface. When our life ceases to be inward and private, conversation degenerates into mere gossip. We rarely meet a man who can tell us any news which he has not read in a newspaper, or been told by his neighbor; and, for the most part, the only difference between us and our fellow is, that he has seen the newspaper, or been out to tea, and we have not. In proportion as our inward life fails, we go more constantly and desperately to the post-office. You may depend on it, that the poor fellow who walks away with the greatest number of letters, proud of his extensive correspondence, has not heard from himself this long while.

[Neuigkeiten und Belanglosigkeiten]

[32] I do not know but it is too much to read one newspaper a week. I have tried it recently, and for so long it seems to me that I have not dwelt in my native region. The sun, the clouds, the snow, the trees say not so much to me. You cannot serve two masters. It requires more than a day's devotion to know and to possess the wealth of a day.

[33] We may well be ashamed to tell what things we have read or heard in our day. I do not know why my news should be so trivial,—considering what one's dreams and expectations are, why the developments should be so paltry. The news we hear, for the most part, is not news to our genius. It is the stalest repetition. You are often tempted to ask, why such stress is laid on a particular experience which you have had,—that, after twenty-five years, you should meet Hobbins, Registrar of Deeds, again on the sidewalk. Have you not budged an inch, then? Such is the daily news. Its facts appear to float in the atmosphere, insignificant as the sporules of fungi, and impinge on some neglected thallus, or surface of our minds, which affords a basis for them, and hence a parasitic growth. We should wash ourselves clean of such news. Of what consequence, though our planet explode, if there is no character involved in the explosion? In health we have not the least curiosity about such events. We do not live for idle amusement. I would not run round a corner to see the world blow up.

[34] All summer, and far into the autumn, perchance, you unconsciously went by the newspapers and the news, and now you find it was because the morning and the evening were full of news to you. Your walks were full of incidents. You attended, not to the affairs of Europe, but to your own affairs in Massachusetts fields. If you chance to live and move and have your being in that thin stratum in which the events that make the news transpire,—thinner than the paper on which it is printed,—then these things will fill the world for you; but if you soar above or dive below that plane, you cannot remember nor be reminded of them. Really to see the sun rise or go down every day, so to relate ourselves to a universal fact, would preserve us sane forever.

[34a] Nations! What are nations? Tartars, and Huns, and Chinamen! Like insects, they swarm. The historian strives in vain to make them memorable. It is for want of a man that there are so many men. It is individuals that populate the world. Any man thinking may say with the Spirit of Lodin,—

"I look down from my height on nations,
And they become ashes before me;—
Calm is my dwelling in the clouds;
Pleasant are the great fields of my rest."

[35] Pray, let us live without being drawn by dogs, Esquimaux-fashion, tearing over hill and dale, and biting each other's ears.

[Der Müll in unserem Denken]

[36] Not without a slight shudder at the danger, I often perceive how near I had come to admitting into my mind the details of some trivial affair,—the news of the street; and I am astonished to observe how willing men are to lumber their minds with such rubbish,—to permit idle rumors and incidents of the most insignificant kind to intrude on ground which should be sacred to thought. Shall the mind be a public arena, where the affairs of the street and the gossip of the tea-table chiefly are discussed? Or shall it be a quarter of heaven itself,—an hypæthral temple, consecrated to the service of the gods? I find it so difficult to dispose of the few facts which to me are significant, that I hesitate to burden my attention with those which are insignificant, which only a divine mind could illustrate. Such is, for the most part, the news in newspapers and conversation. It is important to preserve the mind's chastity in this respect. Think of admitting the details of a single case of the criminal court into our thoughts, to stalk profanely through their very sanctum sanctorum for an hour, ay, for many hours! to make a very bar-room of the mind's inmost apartment, as if for so long the dust of the street had occupied us,—the very street itself, with all its travel, its bustle, and filth had passed through our thoughts' shrine! Would it not be an intellectual and moral suicide? When I have been compelled to sit spectator and auditor in a court-room for some hours, and have seen my neighbors, who were not compelled, stealing in from time to time, and tiptoeing about with washed hands and faces, it has appeared to my mind's eye, that, when they took off their hats, their ears suddenly expanded into vast hoppers for sound, between which even their narrow heads were crowded. Like the vanes of windmills, they caught the

broad, but shallow stream of sound, which, after a few titillating gyrations in their coggy brains, passed out the other side. I wondered if, when they got home, they were as careful to wash their ears as before their hands and faces. It has seemed to me, at such a time, that the auditors and the witnesses, the jury and the counsel, the judge and the criminal at the bar,—if I may presume him guilty before he is convicted,—were all equally criminal, and a thunderbolt might be expected to descend and consume them all together.

[37] By all kinds of traps and sign-boards, threatening the extreme penalty of the divine law, exclude such trespassers from the only ground which can be sacred to you. It is so hard to forget what it is worse than useless to remember! If I am to be a thoroughfare, I prefer that it be of the mountain-brooks, the Parnassian streams, and not the town-sewers. There is inspiration, that gossip which comes to the ear of the attentive mind from the courts of heaven. There is the profane and stale revelation of the bar-room and the police court. The same ear is fitted to receive both communications. Only the character of the hearer determines to which it shall be open, and to which closed. I believe that the mind can be permanently profaned by the habit of attending to trivial things, so that all our thoughts shall be tinged with triviality. Our very intellect shall be macadamized, as it were,—its foundation broken into fragments for the wheels of travel to roll over; and if you would know what will make the most durable pavement, surpassing rolled stones, spruce blocks, and asphaltum, you have only to look into some of our minds which have been subjected to this treatment so long.

[38] If we have thus desecrated ourselves,—as who has not?—the remedy will be by wariness and devotion to reconsecrate ourselves, and make once more a fane of the mind. We should treat our minds, that is, ourselves, as innocent and ingenuous children, whose guardians we are, and be careful what objects and what subjects we thrust on their attention. Read not the Times. Read the Eternities. Conventionalities are at length as bad as impurities. Even the facts of science may dust the mind by their dryness, unless they are in a sense effaced each morning, or rather rendered fertile by the dews of fresh and living truth. Knowledge does not come to us by details, but in flashes of light from heaven. Yes, every thought that passes through the mind helps to wear and tear it, and to deepen the ruts, which, as in the streets of Pompeii, evince how much it has been used. How many things there are concerning which we might well deliberate, whether we had better know them,—had better let their peddling-carts be driven, even at the slowest trot or walk, over that bridge of glorious

span by which we trust to pass at last from the farthest brink of time to the nearest shore of eternity! Have we no culture, no refinement,—but skill only to live coarsely and serve the Devil?—to acquire a little worldly wealth, or fame, or liberty, and make a false show with it, as if we were all husk and shell, with no tender and living kernel to us? Shall our institutions be like those chestnut-burs which contain abortive nuts, perfect only to prick the fingers?

[Die Selbstversklavung]

[39] America is said to be the arena on which the battle of freedom is to be fought; but surely it cannot be freedom in a merely political sense that is meant. Even if we grant that the American has freed himself from a political tyrant, he is still the slave of an economical and moral tyrant. Now that the republic—the res-publica—has been settled, it is time to look after the res-privata,—the private state,—to see, as the Roman senate charged its consuls, "ne quid res-PRIVATA detrimenti caperet," that the private state receive no detriment.

[40] Do we call this the land of the free? What is it to be free from King George and continue the slaves of King Prejudice? What is it to be born free and not to live free? What is the value of any political freedom, but as a means to moral freedom? Is it a freedom to be slaves, or a freedom to be free, of which we boast? We are a nation of politicians, concerned about the outmost defences only of freedom. It is our children's children who may perchance be really free. We tax ourselves unjustly. There is a part of us which is not represented. It is taxation without representation. We quarter troops, we quarter fools and cattle of all sorts upon ourselves. We quarter our gross bodies on our poor souls, till the former eat up all the latter's substance.

[Provinzialität]

[41] With respect to a true culture and manhood, we are essentially provincial still, not metropolitan,—mere Jonathans. We are provincial, because we do not find at home our standards,—because we do not worship truth, but the reflection of truth,—because we are warped and narrowed by an exclusive devotion to trade and commerce and manufactures and agriculture and the like, which are but means, and not the end.

[42] So is the English Parliament provincial. Mere country-bumpkins, they betray themselves, when any more important question arises for them to settle, the Irish question, for instance,—the English question why did I not say? Their natures are subdued to what they work in. Their "good breeding" respects only secondary objects. The finest manners in the world are awkwardness and fatuity, when contrasted with a finer intelligence. They appear but as the fashions of past days,—mere courtliness, knee-buckles and small-clothes, out of date. It is the vice, but not the excellence of manners, that they are continually being deserted by the character; they are cast-off clothes or shells, claiming the respect which belonged to the living creature. You are presented with the shells instead of the meat, and it is no excuse generally, that, in the case of some fishes, the shells are of more worth than the meat. The man who thrusts his manners upon me does as if he were to insist on introducing me to his cabinet of curiosities, when I wished to see himself. It was not in this sense that the poet Decker called Christ "the first true gentleman that ever breathed." I repeat that in this sense the most splendid court in Christendom is provincial, having authority to consult about Transalpine interests only, and not the affairs of Rome. A prætor or proconsul would suffice to settle the questions which absorb the attention of the English Parliament and the American Congress.

[Rhetorische Fragen]

[43] Government and legislation! these I thought were respectable professions. We have heard of heaven-born Numas, Lycurguses, and Solons, in the history of the world, whose names at least may stand for ideal legislators; but think of legislating to regulate the breeding of slaves, or the exportation of tobacco! What have divine legislators to do with the exportation or the importation of tobacco? what humane ones with the breeding of slaves? Suppose you were to submit the question to any son of God,—and has He no children in the nineteenth century? is it a family which is extinct?—in what condition would you get it again? What shall a State like Virginia say for itself at the last day, in which these have been the principal, the staple productions? What ground is there for patriotism in such a State? I derive my facts from statistical tables which the States themselves have published.

[Der Preis des Handels]

[44] A commerce that whitens every sea in quest of nuts and raisins, and makes slaves of its sailors for this purpose! I saw, the other day, a vessel which had been wrecked, and many lives lost, and her cargo of rags, juniper-berries, and bitter almonds were strewn along the shore. It seemed hardly worth the while to tempt the dangers of the sea between Leghorn and New York for the sake of a cargo of juniper-berries and bitter almonds. America sending to the Old World for her bitters! Is not the sea-brine, is not shipwreck, bitter enough to make the cup of life go down here? Yet such, to a great extent, is our boasted commerce; and there are those who style themselves statesmen and philosophers who are so blind as to think that progress and civilization depend on precisely this kind of interchange and activity,—the activity of flies about a molasses-hogshead. Very well, observes one, if men were oysters. And very well, answer I, if men were mosquitoes.

[45] Lieutenant Herndon, whom our Government sent to explore the Amazon, and, it is said, to extend the area of Slavery, observed that there was wanting there "an industrious and active population, who know what the comforts of life are, and who have artificial wants to draw out the great resources of the country." But what are the "artificial wants" to be encouraged? Not the love of luxuries, like the tobacco and slaves of, I believe, his native Virginia, nor the ice and granite and other material wealth of our native New England; nor are "the great resources of a country" that fertility or barrenness of soil which produces these. The chief want, in every State that I have been into, was a high and earnest purpose in its inhabitants. This alone draws out "the great resources" of Nature, and at last taxes her beyond her resources; for man naturally dies out of her. When we want culture more than potatoes, and illumination more than sugar-plums, then the great resources of a world are taxed and drawn out, and the result, or staple production, is, not slaves, nor operatives, but men,—those rare fruits called heroes, saints, poets, philosophers, and redeemers.

[Regierungen]

[46] In short, as a snow-drift is formed where there is a lull in the wind, so, one would say, where there is a lull of truth, an institution springs up. But the truth blows right on over it, nevertheless, and at length blows it down.

[47] What is called politics is comparatively something so superficial and inhuman, that, practically, I have never fairly recognized that it concerns me at all. The newspapers, I perceive, devote some of their columns specially to politics or government without charge; and this, one would say, is all that saves it; but, as I love literature, and, to some extent, the truth also, I never read those columns at any rate. I do not wish to blunt my sense of right so much. I have not got to answer for having read a single President's Message. A strange age of the world this, when empires, kingdoms, and republics come a-begging to a private man's door, and utter their complaints at his elbow! I cannot take up a newspaper but I find that some wretched government or other, hard pushed, and on its last legs, is interceding with me, the reader, to vote for it,—more importunate than an Italian beggar; and if I have a mind to look at its certificate, made, perchance, by some benevolent merchant's clerk, or the skipper that brought it over, for it cannot speak a word of English itself, I shall probably read of the eruption of some Vesuvius, or the overflowing of some Po, true or forged, which brought it into this condition. I do not hesitate, in such a case, to suggest work, or the almshouse; or why not keep its castle in silence, as I do commonly? The poor President, what with preserving his popularity and doing his duty, is completely bewildered. The newspapers are the ruling power. Any other government is reduced to a few marines at Fort Independence. If a man neglects to read the Daily Times, Government will go down on its knees to him, for this is the only treason in these days.

[Schluss]

[48] Those things which now most engage the attention of men, as politics and the daily routine, are, it is true, vital functions of human society, but should be unconsciously performed, like the corresponding functions of the physical body. They are infra-human, a kind of vegetation. I sometimes awake to a half-consciousness of them going on about me, as a man may become conscious of some of the processes of digestion in a morbid state, and so have the dyspepsia, as it is called. It is as if a thinker submitted himself to be rasped by the great gizzard of creation. Politics is, as it were, the gizzard of society, full of grit and gravel, and the two political parties are its two opposite halves,—sometimes split into quarters, it may be, which grind on each other. Not only individuals, but States, have thus a confirmed dyspepsia, which expresses itself, you can imagine by what sort of eloquence. Thus our life is not alto-

gether a forgetting, but also, alas! to a great extent, a remembering of that which we should never have been conscious of, certainly not in our waking hours. Why should we not meet, not always as dyspeptics, to tell our bad dreams, but sometimes as eupeptics, to congratulate each other on the ever glorious morning? I do not make an exorbitant demand, surely.

SLAVERY IN MASSACHUSETTS
(SKLAVEREI IN MASSACHUSETTS)

[Die Versammlung]

[1] I lately attended a meeting of the citizens of Concord, expecting, as one among many, to speak on the subject of slavery in Massachusetts; but I was surprised and disappointed to find that what had called my townsmen together was the destiny of Nebraska, and not of Massachusetts, and that what I had to say would be entirely out of order. I had thought that the house was on fire, and not the prairie; but though several of the citizens of Massachusetts are now in prison for attempting to rescue a slave from her own clutches, not one of the speakers at that meeting expressed regret for it, not one even referred to it. It was only the disposition of some wild lands a thousand miles off which appeared to concern them. The inhabitants of Concord are not prepared to stand by one of their own bridges, but talk only of taking up a position on the highlands beyond the Yellowstone River. Our Buttricks and Davises and Hosmers are retreating thither, and I fear that they will leave no Lexington Common between them and the enemy. There is not one slave in Nebraska; there are perhaps a million slaves in Massachusetts.

[2] They who have been bred in the school of politics fail now and always to face the facts. Their measures are half measures and makeshifts merely. They put off the day of settlement indefinitely, and meanwhile the debt accumulates. Though the Fugitive Slave Law had not been the subject of discussion on that occasion, it was at length faintly resolved by my townsmen, at an adjourned meeting, as I learn, that the compromise compact of 1820 having been repudiated by one of the parties, "Therefore,... the Fugitive Slave Law of 1850 must be repealed." But this is not the reason why an iniquitous law should be repealed. The fact which the politician faces is merely that there is less honor among thieves than was supposed, and not the fact that they are thieves.

[3] As I had no opportunity to express my thoughts at that meeting, will you allow me to do so here?

233

[Der Gouverneur]

[4] Again it happens that the Boston Court-House is full of armed men, holding prisoner and trying a MAN, to find out if he is not really a SLAVE. Does any one think that justice or God awaits Mr. Loring's decision? For him to sit there deciding still, when this question is already decided from eternity to eternity, and the unlettered slave himself and the multitude around have long since heard and assented to the decision, is simply to make himself ridiculous. We may be tempted to ask from whom he received his commission, and who he is that received it; what novel statutes he obeys, and what precedents are to him of authority. Such an arbiter's very existence is an impertinence. We do not ask him to make up his mind, but to make up his pack.

[5] I listen to hear the voice of a Governor, Commander-in-Chief of the forces of Massachusetts. I hear only the creaking of crickets and the hum of insects which now fill the summer air. The Governor's exploit is to review the troops on muster days. I have seen him on horseback, with his hat off, listening to a chaplain's prayer. It chances that that is all I have ever seen of a Governor. I think that I could manage to get along without one. If he is not of the least use to prevent my being kidnapped, pray of what important use is he likely to be to me? When freedom is most endangered, he dwells in the deepest obscurity.

[6] A distinguished clergyman told me that he chose the profession of a clergyman because it afforded the most leisure for literary pursuits. I would recommend to him the profession of a Governor.

[7] Three years ago, also, when the Sims tragedy was acted, I said to myself, There is such an officer, if not such a man, as the Governor of Massachusetts?--what has he been about the last fortnight? Has he had as much as he could do to keep on the fence during this moral earthquake? It seemed to me that no keener satire could have been aimed at, no more cutting insult have been offered to that man, than just what happened?--the absence of all inquiry after him in that crisis. The worst and the most I chance to know of him is that he did not improve that opportunity to make himself known, and worthily known. He could at least have resigned himself into fame. It appeared to be forgotten that there was such a man or such an office. Yet no doubt he was endeavoring to fill the gubernatorial chair all the while. He was no Governor of mine. He did not govern me.

[8] But at last, in the present case, the Governor was heard from. After he and the United States government had perfectly succeeded in robbing a poor innocent black man of his liberty for life, and, as far as they could, of his Creator's likeness in his breast, he made a speech to his accomplices, at a congratulatory supper!

[9] I have read a recent law of this State, making it penal for any officer of the "Commonwealth" to "detain or aid in the... detention," anywhere within its limits, "of any person, for the reason that he is claimed as a fugitive slave." Also, it was a matter of notoriety that a writ of replevin to take the fugitive out of the custody of the United States Marshal could not be served for want of sufficient force to aid the officer.

[10] I had thought that the Governor was, in some sense, the executive officer of the State; that it was his business, as a Governor, to see that the laws of the State were executed; while, as a man, he took care that he did not, by so doing, break the laws of humanity; but when there is any special important use for him, he is useless, or worse than useless, and permits the laws of the State to go unexecuted. Perhaps I do not know what are the duties of a Governor; but if to be a Governor requires to subject one's self to so much ignominy without remedy, if it is to put a restraint upon my manhood, I shall take care never to be Governor of Massachusetts. I have not read far in the statutes of this Commonwealth. It is not profitable reading. They do not always say what is true; and they do not always mean what they say. What I am concerned to know is, that that man's influence and authority were on the side of the slaveholder, and not of the slave?--of the guilty, and not of the innocent?--of injustice, and not of justice. I never saw him of whom I speak; indeed, I did not know that he was Governor until this event occurred. I heard of him and Anthony Burns at the same time, and thus, undoubtedly, most will hear of him. So far am I from being governed by him. I do not mean that it was anything to his discredit that I had not heard of him, only that I heard what I did. The worst I shall say of him is, that he proved no better than the majority of his constituents would be likely to prove. In my opinion, be was not equal to the occasion.

[Soldaten]

[11] The whole military force of the State is at the service of a Mr. Suttle, a slaveholder from Virginia, to enable him to catch a man whom he calls his property; but not a soldier is offered to save a citizen of Massachusetts from being kidnapped! Is this

what all these soldiers, all this training, have been for these seventy-nine years past? Have they been trained merely to rob Mexico and carry back fugitive slaves to their masters?

[12] These very nights I heard the sound of a drum in our streets. There were men training still; and for what? I could with an effort pardon the cockerels of Concord for crowing still, for they, perchance, had not been beaten that morning; but I could not excuse this rub-a-dub of the "trainers." The slave was carried back by exactly such as these; i.e., by the soldier, of whom the best you can say in this connection is that he is a fool made conspicuous by a painted coat.

[Nachbarn]

[13] Three years ago, also, just a week after the authorities of Boston assembled to carry back a perfectly innocent man, and one whom they knew to be innocent, into slavery, the inhabitants of Concord caused the bells to be rung and the cannons to be fired, to celebrate their liberty?--and the courage and love of liberty of their ancestors who fought at the bridge. As if those three millions had fought for the right to be free themselves, but to hold in slavery three million others. Nowadays, men wear a fool's-cap, and call it a liberty-cap. I do not know but there are some who, if they were tied to a whipping-post, and could but get one hand free, would use it to ring the bells and fire the cannons to celebrate their liberty. So some of my townsmen took the liberty to ring and fire. That was the extent of their freedom; and when the sound of the bells died away, their liberty died away also; when the powder was all expended, their liberty went off with the smoke.

[14] The joke could be no broader if the inmates of the prisons were to subscribe for all the powder to be used in such salutes, and hire the jailers to do the firing and ringing for them, while they enjoyed it through the grating.

[15] This is what I thought about my neighbors.

[Eine neue Schande]

[16] Every humane and intelligent inhabitant of Concord, when he or she heard those bells and those cannons, thought not with pride of the events of the 19th of April, 1775, but with shame of the events of the 12th of April, 1851. But now we have half buried that old shame under a new one.

[17] Massachusetts sat waiting Mr. Loring's decision, as if it could in any way affect her own criminality. Her crime, the most conspicuous and fatal crime of all, was permitting him to be the umpire in such a case. It was really the trial of Massachusetts. Every moment that she hesitated to set this man free?--every moment that she now hesitates to atone for her crime, she is convicted. The Commissioner on her case is God; not Edward G. God, but simply God.

[18] I wish my countrymen to consider, that whatever the human law may be, neither an individual nor a nation can ever commit the least act of injustice against the obscurest individual without having to pay the penalty for it. A government which deliberately enacts injustice, and persists in it, will at length even become the laughing-stock of the world.

[Würstchen]

[19] Much has been said about American slavery, but I think that we do not even yet realize what slavery is. If I were seriously to propose to Congress to make mankind into sausages, I have no doubt that most of the members would smile at my proposition, and if any believed me to be in earnest, they would think that I proposed something much worse than Congress had ever done.

[20] But if any of them will tell me that to make a man into a sausage would be much worse?--would be any worse?--than to make him into a slave?--than it was to enact the Fugitive Slave Law, I will accuse him of foolishness, of intellectual incapacity, of making a distinction without a difference. The one is just as sensible a proposition as the other.

[21] I hear a good deal said about trampling this law under foot. Why, one need not go out of his way to do that. This law rises not to the level of the head or the reason; its natural habitat is in the dirt. It was born and bred, and has its life, only in the dust and mire, on a level with the feet; and he who walks with freedom, and does not

with Hindoo mercy avoid treading on every venomous reptile, will inevitably tread on it, and so trample it under foot?--and Webster, its maker, with it, like the dirt-bug and its ball.

[Richter und Gerechtigkeit]

[22] Recent events will be valuable as a criticism on the administration of justice in our midst, or, rather, as showing what are the true resources of justice in any community. It has come to this, that the friends of liberty, the friends of the slave, have shuddered when they have understood that his fate was left to the legal tribunals of the country to be decided. Free men have no faith that justice will be awarded in such a case. The judge may decide this way or that; it is a kind of accident, at best. It is evident that he is not a competent authority in so important a case. It is no time, then, to be judging according to his precedents, but to establish a precedent for the future. I would much rather trust to the sentiment of the people. In their vote you would get something of some value, at least, however small; but in the other case, only the trammeled judgment of an individual, of no significance, be it which way it might.

[23] It is to some extent fatal to the courts, when the people are compelled to go behind them. I do not wish to believe that the courts were made for fair weather, and for very civil cases merely; but think of leaving it to any court in the land to decide whether more than three millions of people, in this case a sixth part of a nation, have a right to be freemen or not! But it has been left to the courts of justice, so called?-- to the Supreme Court of the land?--and, as you all know, recognizing no authority but the Constitution, it has decided that the three millions are and shall continue to be slaves. Such judges as these are merely the inspectors of a pick-lock and murderer's tools, to tell him whether they are in working order or not, and there they think that their responsibility ends. There was a prior case on the docket, which they, as judges appointed by God, had no right to skip; which having been justly settled, they would have been saved from this humiliation. It was the case of the murderer himself.

[24] The law will never make men free; it is men who have got to make the law free. They are the lovers of law and order who observe the law when the government breaks it.

[25] Among human beings, the judge whose words seal the fate of a man furthest into eternity is not he who merely pronounces the verdict of the law, but he, whoever he may be, who, from a love of truth, and unprejudiced by any custom or enactment of men, utters a true opinion or sentence concerning him. He it is that sentences him.

[26] Whoever can discern truth has received his commission from a higher source than the chiefest justice in the world who can discern only law. He finds himself constituted judge of the judge. Strange that it should be necessary to state such simple truths!

[Stadt und Land]

[27] I am more and more convinced that, with reference to any public question, it is more important to know what the country thinks of it than what the city thinks. The city does not think much. On any moral question, I would rather have the opinion of Boxboro' than of Boston and New York put together. When the former speaks, I feel as if somebody had spoken, as if humanity was yet, and a reasonable being had asserted its rights?--as if some unprejudiced men among the country's hills had at length turned their attention to the subject, and by a few sensible words redeemed the reputation of the race. When, in some obscure country town, the farmers come together to a special town-meeting, to express their opinion on some subject which is vexing the land, that, I think, is the true Congress, and the most respectable one that is ever assembled in the United States.

[28] It is evident that there are, in this Commonwealth at least, two parties, becoming more and more distinct?--the party of the city, and the party of the country. I know that the country is mean enough, but I am glad to believe that there is a slight difference in her favor. But as yet she has few, if any organs, through which to express herself. The editorials which she reads, like the news, come from the seaboard. Let us, the inhabitants of the country, cultivate self-respect. Let us not send to the city for aught more essential than our broadcloths and groceries; or, if we read the opinions of the city, let us entertain opinions of our own.

[Die Presse]

[29] Among measures to be adopted, I would suggest to make as earnest and vigorous an assault on the press as has already been made, and with effect, on the church. The church has much improved within a few years; but the press is, almost without exception, corrupt. I believe that in this country the press exerts a greater and a more pernicious influence than the church did in its worst period. We are not a religious people, but we are a nation of politicians. We do not care for the Bible, but we do care for the newspaper. At any meeting of politicians?--like that at Concord the other evening, for instance?--how impertinent it would be to quote from the Bible! how pertinent to quote from a newspaper or from the Constitution! The newspaper is a Bible which we read every morning and every afternoon, standing and sitting, riding and walking. It is a Bible which every man carries in his pocket, which lies on every table and counter, and which the mail, and thousands of missionaries, are continually dispersing. It is, in short, the only book which America has printed and which America reads. So wide is its influence. The editor is a preacher whom you voluntarily support. Your tax is commonly one cent daily, and it costs nothing for pew hire. But how many of these preachers preach the truth? I repeat the testimony of many an intelligent foreigner, as well as my own convictions, when I say, that probably no country was ever rubled by so mean a class of tyrants as, with a few noble exceptions, are the editors of the periodical press in this country. And as they live and rule only by their servility, and appealing to the worse, and not the better, nature of man, the people who read them are in the condition of the dog that returns to his vomit.

[30] The Liberator and the Commonwealth were the only papers in Boston, as far as I know, which made themselves heard in condemnation of the cowardice and meanness of the authorities of that city, as exhibited in '51. The other journals, almost without exception, by their manner of referring to and speaking of the Fugitive Slave Law, and the carrying back of the slave Sims, insulted the common sense of the country, at least. And, for the most part, they did this, one would say, because they thought so to secure the approbation of their patrons, not being aware that a sounder sentiment prevailed to any extent in the heart of the Commonwealth. I am told that some of them have improved of late; but they are still eminently time-serving. Such is the character they have won.

[31] But, thank fortune, this preacher can be even more easily reached by the weapons of the reformer than could the recreant priest. The free men of New England have only to refrain from purchasing and reading these sheets, have only to withhold their cents, to kill a score of them at once. One whom I respect told me that he purchased Mitchell's Citizen in the cars, and then throw it out the window. But would not his contempt have been more fatally expressed if he had not bought it?

[32] Are they Americans? are they New Englanders? are they inhabitants of Lexington and Concord and Framingham, who read and support the Boston Post, Mail, Journal, Advertiser, Courier, and Times? Are these the Flags of our Union? I am not a newspaper reader, and may omit to name the worst.

[33] Could slavery suggest a more complete servility than some of these journals exhibit? Is there any dust which their conduct does not lick, and make fouler still with its slime? I do not know whether the Boston Herald is still in existence, but I remember to have seen it about the streets when Sims was carried off. Did it not act its part well-serve its master faithfully! How could it have gone lower on its belly? How can a man stoop lower than he is low? do more than put his extremities in the place of the head he has? than make his head his lower extremity? When I have taken up this paper with my cuffs turned up, I have heard the gurgling of the sewer through every column. I have felt that I was handling a paper picked out of the public gutters, a leaf from the gospel of the gambling-house, the groggery, and the brothel, harmonizing with the gospel of the Merchants' Exchange.

[Zuerst Mensch sein]

[34] The majority of the men of the North, and of the South and East and West, are not men of principle. If they vote, they do not send men to Congress on errands of humanity; but while their brothers and sisters are being scourged and hung for loving liberty, while?--I might here insert all that slavery implies and is?--it is the mismanagement of wood and iron and stone and gold which concerns them. Do what you will, O Government, with my wife and children, my mother and brother, my father and sister, I will obey your commands to the letter. It will indeed grieve me if you hurt them, if you deliver them to overseers to be hunted by bounds or to be whipped to death; but, nevertheless, I will peaceably pursue my chosen calling on

this fair earth, until perchance, one day, when I have put on mourning for them dead, I shall have persuaded you to relent. Such is the attitude, such are the words of Massachusetts.

[35] Rather than do thus, I need not say what match I would touch, what system endeavor to blow up; but as I love my life, I would side with the light, and let the dark earth roll from under me, calling my mother and my brother to follow.

[36] I would remind my countrymen that they are to be men first, and Americans only at a late and convenient hour. No matter how valuable law may be to protect your property, even to keep soul and body together, if it do not keep you and humanity together.

[Richter und Politiker]

[37] I am sorry to say that I doubt if there is a judge in Massachusetts who is prepared to resign his office, and get his living innocently, whenever it is required of him to pass sentence under a law which is merely contrary to the law of God. I am compelled to see that they put themselves, or rather are by character, in this respect, exactly on a level with the marine who discharges his musket in any direction he is ordered to. They are just as much tools, and as little men. Certainly, they are not the more to be respected, because their master enslaves their understandings and consciences, instead of their bodies.

[38] The judges and lawyers?--simply as such, I mean?--and all men of expediency, try this case by a very low and incompetent standard. They consider, not whether the Fugitive Slave Law is right, but whether it is what they call constitutional. Is virtue constitutional, or vice? Is equity constitutional, or iniquity? In important moral and vital questions, like this, it is just as impertinent to ask whether a law is constitutional or not, as to ask whether it is profitable or not. They persist in being the servants of the worst of men, and not the servants of humanity. The question is, not whether you or your grandfather, seventy years ago, did not enter into an agreement to serve the Devil, and that service is not accordingly now due; but whether you will not now, for once and at last, serve God?--in spite of your own past recreancy, or that of your ancestor?--by obeying that eternal and only just CONSTITUTION, which He, and not any Jefferson or Adams, has written in your being.

[39] The amount of it is, if the majority vote the Devil to be God, the minority will live and behave accordingly?--and obey the successful candidate, trusting that, some time or other, by some Speaker's casting-vote, perhaps, they may reinstate God. This is the highest principle I can get out or invent for my neighbors. These men act as if they believed that they could safely slide down a hill a little way?--or a good way?--and would surely come to a place, by and by, where they could begin to slide up again. This is expediency, or choosing that course which offers the slightest obstacles to the feet, that is, a downhill one. But there is no such thing as accomplishing a righteous reform by the use of "expediency." There is no such thing as sliding up hill. In morals the only sliders are backsliders.

[40] Thus we steadily worship Mammon, both school and state and church, and on the seventh day curse God with a tintamar from one end of the Union to the other.

[41] Will mankind never learn that policy is not morality?--that it never secures any moral right, but considers merely what is expedient? chooses the available candidate?--who is invariably the Devil?--and what right have his constituents to be surprised, because the Devil does not behave like an angel of light? What is wanted is men, not of policy, but of probity?--who recognize a higher law than the Constitution, or the decision of the majority.

[42] The fate of the country does not depend on how you vote at the polls?--the worst man is as strong as the best at that game; it does not depend on what kind of paper you drop into the ballot-box once a year, but on what kind of man you drop from your chamber into the street every morning.

[Verantwortung und Gerechtigkeit]

[43] What should concern Massachusetts is not the Nebraska Bill, nor the Fugitive Slave Bill, but her own slaveholding and servility. Let the State dissolve her union with the slaveholder. She may wriggle and hesitate, and ask leave to read the Constitution once more; but she can find no respectable law or precedent which sanctions the continuance of such a union for an instant.

[44] Let each inhabitant of the State dissolve his union with her, as long as she delays to do her duty.

243

[45] The events of the past month teach me to distrust Fame. I see that she does not finely discriminate, but coarsely hurrahs. She considers not the simple heroism of an action, but only as it is connected with its apparent consequences. She praises till she is hoarse the easy exploit of the Boston tea party, but will be comparatively silent about the braver and more disinterestedly heroic attack on the Boston Court-House, simply because it was unsuccessful!

[46] Covered with disgrace, the State has sat down coolly to try for their lives and liberties the men who attempted to do its duty for it. And this is called justice! They who have shown that they can behave particularly well may perchance be put under bonds for their good behavior. They whom truth requires at present to plead guilty are, of all the inhabitants of the State, preeminently innocent. While the Governor, and the Mayor, and countless officers of the Commonwealth are at large, the champions of liberty are imprisoned.

[47] Only they are guiltless who commit the crime of contempt of such a court. It behooves every man to see that his influence is on the side of justice, and let the courts make their own characters. My sympathies in this case are wholly with the accused, and wholly against their accusers and judges. Justice is sweet and musical; but injustice is harsh and discordant. The judge still sits grinding at his organ, but it yields no music, and we hear only the sound of the handle. He believes that all the music resides in the handle, and the crowd toss him their coppers the same as before.

[48] Do you suppose that that Massachusetts which is now doing these things?-- which hesitates to crown these men, some of whose lawyers, and even judges, perchance, may be driven to take refuge in some poor quibble, that they may not wholly outrage their instinctive sense of justice?--do you suppose that she is anything but base and servile? that she is the champion of liberty?

[49] Show me a free state, and a court truly of justice, and I will fight for them, if need be; but show me Massachusetts, and I refuse her my allegiance, and express contempt for her courts.

[50] The effect of a good government is to make life more valuable?--of a bad one, to make it less valuable.

[Ich habe mein Land verloren]

[51] We can afford that railroad and all merely material stock should lose some of its value, for that only compels us to live more simply and economically; but suppose that the value of life itself should be diminished! How can we make a less demand on man and nature, how live more economically in respect to virtue and all noble qualities, than we do? I have lived for the last month?--and I think that every man in Massachusetts capable of the sentiment of patriotism must have had a similar experience?--with the sense of having suffered a vast and indefinite loss. I did not know at first what ailed me. At last it occurred to me that what I had lost was a country. I had never respected the government near to which I lived, but I had foolishly thought that I might manage to live here, minding my private affairs, and forget it. For my part, my old and worthiest pursuits have lost I cannot say how much of their attraction, and I feel that my investment in life here is worth many per cent less since Massachusetts last deliberately sent back an innocent man, Anthony Burns, to slavery. I dwelt before, perhaps, in the illusion that my life passed somewhere only between heaven and hell, but now I cannot persuade myself that I do not dwell wholly within hell. The site of that political organization called Massachusetts is to me morally covered with volcanic scoriae and cinders, such as Milton describes in the infernal regions. If there is any hell more unprincipled than our rulers, and we, the ruled, I feel curious to see it. Life itself being worth less, all things with it, which minister to it, are worth less. Suppose you have a small library, with pictures to adorn the walls?--a garden laid out around?--and contemplate scientific and literary pursuits.&c., and discover all at once that your villa, with all its contents is located in hell, and that the justice of the peace has a cloven foot and a forked tail?--do not these things suddenly lose their value in your eyes?

[52] I feel that, to some extent, the State has fatally interfered with my lawful business. It has not only interrupted me in my passage through Court Street on errands of trade, but it has interrupted me and every man on his onward and upward path, on which he had trusted soon to leave Court Street far behind. What right had it to remind me of Court Street? I have found that hollow which even I had relied on for solid.

[53] I am surprised to see men going about their business as if nothing had happened. I say to myself, "Unfortunates! they have not heard the news." I am surprised that the man whom I just met on horseback should be so earnest to overtake his

newly bought cows running away?--since all property is insecure, and if they do not run away again, they may be taken away from him when he gets them. Fool! does he not know that his seed-corn is worth less this year?--that all beneficent harvests fail as you approach the empire of hell? No prudent man will build a stone house under these circumstances, or engage in any peaceful enterprise which it requires a long time to accomplish. Art is as long as ever, but life is more interrupted and less available for a man's proper pursuits. It is not an era of repose. We have used up all our inherited freedom. If we would save our lives, we must fight for them.

[54] I walk toward one of our ponds; but what signifies the beauty of nature when men are base? We walk to lakes to see our serenity reflected in them; when we are not serene, we go not to them. Who can be serene in a country where both the rulers and the ruled are without principle? The remembrance of my country spoils my walk. My thoughts are murder to the State, and involuntarily go plotting against her.

[Hoffnung]

[55] But it chanced the other day that I scented a white water-lily, and a season I had waited for had arrived. It is the emblem of purity.

[56] It bursts up so pure and fair to the eye, and so sweet to the scent, as if to show us what purity and sweetness reside in, and can be extracted from, the slime and muck of earth. I think I have plucked the first one that has opened for a mile. What confirmation of our hopes is in the fragrance of this flower! I shall not so soon despair of the world for it, notwithstanding slavery, and the cowardice and want of principle of Northern men. It suggests what kind of laws have prevailed longest and widest, and still prevail, and that the time may come when man's deeds will smell as sweet. Such is the odor which the plant emits. If Nature can compound this fragrance still annually, I shall believe her still young and full of vigor, her integrity and genius unimpaired, and that there is virtue even in man, too, who is fitted to perceive and love it. It reminds me that Nature has been partner to no Missouri Compromise. I scent no compromise in the fragrance of the water-lily. It is not a Nymphoea Douglasii. In it, the sweet, and pure, and innocent are wholly sundered from the obscene and baleful. I do not scent in this the time-serving irresolution of a Massachusetts Governor, nor of a Boston Mayor. So behave that the odor of your actions may enhance the general sweetness of the atmosphere, that when we behold or scent a flower, we may not be reminded how inconsistent your deeds are with it;

for all odor is but one form of advertisement of a moral quality, and if fair actions had not been performed, the lily would not smell sweet. The foul slime stands for the sloth and vice of man, the decay of humanity; the fragrant flower that springs from it, for the purity and courage which are immortal.

[57] Slavery and servility have produced no sweet-scented flower annually, to charm the senses of men, for they have no real life: they are merely a decaying and a death, offensive to all healthy nostrils. We do not complain that they live, but that they do not get buried. Let the living bury them: even they are good for manure.

Slavery in Massachusetts (Sklaverei in Massachusetts)

INDEPENDENCE (UNABHÄNGIGKEIT)

My life more civil is and free
Than any civil polity.

Ye princes, keep your realms
And circumscribèd power,
Not wide as are my dreams,
Nor rich as is this hour.

What can ye give which I have not?
What can ye take which I have got?
Can ye defend the dangerless?
Can ye inherit nakedness?

To all true wants Time's ear is deaf,
Penurious states lend no relief
Out of their pelf:
But a free soul—thank God—
Can help itself.

Be sure your fate
Doth keep apart its state,
Not linked with any band,
Even the noblest of the land;

In tented fields with cloth of gold
No place doth hold,
But is more chivalrous than they are,
And sigheth for a nobler war;
A finer strain its trumpet sings,
A brighter gleam its armor flings.

The life that I aspire to live
No man proposeth me;
No trade upon the street
Wears its emblazonry.

Independence (Unabhängigkeit)

Quellenangaben

Quellenangaben

ABBILDUNGSVERZEICHNIS

Das Titelbild wurde gestaltet von Kim Schicklang nach einem Bild von P. D. Maxham (public domain)

LITERATURANGABEN

Hinweise:

Beim Verweis auf Cramer (Thoreau und Cramer), ist die genaue Quellenangabe immer der entsprechende Absatz bei Cramer. Ich habe deshalb auf die genaue Angabe der Seitenzahl verzichtet.

Bei Verweisen auf Lexika oder Bibeltexte habe ich meist nur auf die Hauptseite verwiesen – außer bei Wikipedia.

Zitate von Gandhi und King auf dem Umschlag

University of North Florida. o. J. „Thoreau's Table". Unf.Edu. Zugegriffen 30. November 2020. https://www.unf.edu/artoncampus/thoreau/.

Im Text verwendete oder erwähnte Literatur

Archaeology, Current World. 2018. „Driving the Streets of Pompeii". *World Archaeology* (blog). 25. Januar 2018. https://www.world-archaeology.com/features/crosstown-traffic-driving-streets-pompeii/.

Bell, J. L. 2013. „‚No Taxation without Representation' (Part 2)". Journal of the American Revolution. 22. Mai 2013. https://allthingsliberty.com/2013/05/no-taxation-without-representation-part-2/.

bibeltext.com. 2020. „Bibel Online". bibeltext.com. 2020. https://www.bibeltext.com/.

Bunyan, John. 1917. *Pilgrim's Progress*. Boston, New York [etc.] Ginn and Company. http://archive.org/details/pilgrimsprogress04buny.

Cicero, Marcus Tullius. 1970. „Cicero, 1. Catilinarische Rede (lateinisch / deutsch)". *gottwein.de* (blog). 1. Januar 1970. https://gottwein.de/Lat/CicRed/catilina1.php.

Claque, Mark. 2014. „Banner Moments: The National Anthem in American Life". https://deepblue.lib.umich.edu/documents.

Dekker, Thomas und Boston Public Library. Thomas Pennant Barton Collection of Shakespeare. 1616. *The Honest Whore : With the Humours of the Patient Man, and the Longing Wife*. London : Printed by Nicholas Okes for Robert Basse, and are to sold at his shop vnder S. Butolphes Church without Alders gate. http://archive.org/details/honestvvhorewith00dekk.

Emerson, Ralph Waldo, und Edward Waldo Emerson. 1903. *The Complete Works of Ralph Waldo Emerson*. Boston and New York: Houghton, Mifflin and Company. http://archive.org/details/cu31924021972629.

Grammarist. o. J. „Honor among Thieves and No Honor among Thieves – Grammarist". Grammarist. Zugegriffen 7. Januar 2021. https://grammarist.com/proverb/honor-among-thieves-and-no-honor-among-thieves/.

Hawthorne, Nathaniel. 2009. *The French and Italian Note-Books*. Newcastle: CSP Classic Texts.

Henry, Patrick. 1775. „Give Me Liberty Or Give Me Death". *Ushistory.Org* (blog). 23. März 1775. https://www.ushistory.org/documents/libertydeath.htm.

Hippokrates, und Charles Darwin Addams. o. J. „Hippocrates, Aphorismi, SECTION I, Part 1". Library. Perseus Digital Library. Zugegriffen 6. Januar 2021. http://www.perseus.tufts.edu/hopper/text?doc=Perseus%3atext%3a1999.01.0248%3atext%3dAph.

Howitt, William. 1855. *Land, Labor and Gold; or, Two Years in Victoria : With Visits to Sydney and Van Diemen's Land. By William Howitt*. Boston, Mass.: Ticknor and Fields. http://archive.org/details/land-laborgoldort02howi.

islam.de. o. J. „islam.de / Quran Übersetzung - Suren /". Zugegriffen 23. Dezember 2020. http://islam.de/13827.php?sura=38.

John Shepard Keyes, Social Circle in Concord. 1888. *Memoirs of Members of the Social Circle in Concord*. Riverside Press. http://archive.org/details/memoirsmemberss00emergoog.

Kant, Immanuel. o. J. „Kritik der praktischen Vernunft". Projekt Gutenberg.de. Zugegriffen 6. Januar 2021. https://www.projekt-gutenberg.org/kant/kritikpr/krt11103.html.

Konfuzius, und Richard Wilhelm. o. J. „Gespräche". Zugegriffen 26. November 2020. https://www.projekt-gutenberg.org/konfuziu/gespraec/gespraec.html.

Laozi, Dr. Ralf Schlüter, und Dr. Hilmar Alquiros. o. J. „Daudejing". Tao-Te-King.org. Zugegriffen 11. Dezember 2020. http://www.tao-te-king.org/.

Lee, James. 2004. „Hobbins, Registrar of Deeds". Narkive Newsgroup Archive. 2004. https://sci.lang.translation.narkive.com/PauOXvCh/hobbins-registrar-of-deeds.

Library Of Congress, J. De Costa, und Charles Hall. 1775. „A Plan of the Town and Harbour of Boston and the Country Adjacent with the Road from Boston to Concord, Shewing the Place of the Late Engagement between the King's Troops & the Provincials, Together with the Several Encampments of Both Armies in & about Boston. Taken from an Actual Survey." Image. Library of Congress, Washington, D.C. 20540 USA. 1775. https://www.loc.gov/resource/g3764b.ar090000/.

Longfellow, Henry Woodsworth, und Poetry Foundation. 2021. „A Psalm of Life". Text/html. *Poetry Foundation* (blog). Poetry Foundation. Https://www.poetryfoundation.org/. 5. Januar 2021. https://www.poetryfoundation.org/poems/44644/a-psalm-of-life.

Lunt, Horace. 1888. *Across Lots*. Boston, D. Lothrop company. http://archive.org/details/cu31924031320132.

Macpherson, James, und Patrick MacGregor. 1841. *The Genuine Remains of Ossian, Literally Translated*. Smith, Elder.

Merriam Webster. o. J. „Definition of PARNASSIAN". Zugegriffen 12. Dezember 2020. https://www.merriam-webster.com/dictionary/Parnassian.

Milton, John. o. J. „Paradise Lost: The Poem". Paradiselost.Org. Zugegriffen 7. Januar 2021. http://www.paradiselost.org/8-Search-All.html.

Moritz, Ralf. 1990. *Die Philosophie im alten China*. Berlin: Deutscher Verlag der Wissenschaften.

Paley, William. 1978. *The Principles of Moral and Political Philosophy*. New York : Garland Pub. http://archive.org/details/principlesmoral00palegoog.

Peele, George, Peter Lukacs, und elizabethandrama.org. o. J. „THE BATTLE OF ALCAZAR". Zugegriffen 27. November 2020. http://elizabethandrama.org/wp-content/uploads/2019/05/Battle-of-Alcazar-Annotated-Text-File.htm.

Pellico, Silvio. 1844. *Memoirs of Silvio Pellico, or, My Prisons*. New York : J. & H.G. Langley, 57 Chatham Street. http://archive.org/details/memoirsofsilviop00pelliala.

Plotinus. 1918. „PLOTINUS, THE DIVINE MIND; BEING THE TREATISES OF THE FIFTH ENNEAD". Übersetzt von Stephen Mackenna. THE ONLINE LIBRARY OF LIBERTY © Liberty Fund, Inc. 2005. URL of this E-Book: http://oll.libertyfund.org/EBooks/Plotinus_0742.04.pdf.

Randall, Varnellia R. 2012. „Slavery on the Web". Academic.Udayton.Edu. 24. April 2012. https://academic.udayton.edu/race/02rights/slave01.htm#Article%201-9.

Roosevelt, Theodore. 1906. „Theodore Roosevelt - The Man with the Muck-Rake". *Americanrhetoric.Com* (blog). 1906. https://www.americanrhetoric.com/speeches/teddyrooseveltmuckrake.htm.

Schwab, Gustav. 1974. *Sagen des klassischen Altertums: vollständige Ausgabe*. Wien: Gondrom.

Shakespeare, William. 1880. „Speech of the Dauphin By William Shakespeare (1564–1616)". In *Parnassus: An Anthology of Poetry*, herausgegeben von Ralph Waldo Emerson. Boston: Houghton, Osgood and Company, Bartleby.com. https://www.bartleby.com/371/.

———. o. J. „HAMLET, Act 5, Scene 1". Zugegriffen 30. November 2020a. https://www.shakespeare-navigators.com/hamlet/H51.html.

———. o. J. „Henry IV, Part 1: Entire Play". Shakespeare.Mit.Edu. Zugegriffen 7. Januar 2021b. http://shakespeare.mit.edu/1henryiv/full.html.

———. o. J. „Shakespeare's Sonnets". Shakespeares-Sonnets.Com. Zugegriffen 25. Dezember 2020c. http://shakespeares-sonnets.com/sonnet/111.

Shakespeare, William, und Philip Weller. o. J. „OTHELLO, Act 1 Scene 3". Shakespeare Navigators. Zugegriffen 31. Dezember 2020. https://www.shakespeare-navigators.com/othello/T13.html.

Stoll, H. George. 1967. „USA_Territorial_Growth". 1967. https://upload.wikimedia.org/wikipedia/commons/8/8d/USA_Territorial_Growth_1820.jpg.

Swift, Jonathan. 1729. „A Modest Proposal". https://www.gutenberg.org/files/1080/1080-h/1080-h.htm.

The Sovereign Grand Lodge Independent Order of Odd Fellows. 2018. „History of American Odd Fellowship". *Independent Order of Odd Fellows* (blog). 6. Januar 2018. https://odd-fellows.org/history/wildeys-odd-fellowship/.

Thoreau, Henry David. 1895. *Poems of Nature*. Herausgegeben von Henry S. Salt und Frank B. Sandborn. Boston and New York: Houghton, Mifflin and Company.

———. 1906. *The Writings of Henry David Thoreau (1906)*. Boston and New York: Houghton, Mifflin and Company. https://www.walden.org/work/the-writings-of-henry-david-thoreau/.

———. 2011. *The Journal of Henry David Thoreau, 1837-1861*. New York Review of Books.

———. 2013. *Complete Works of Henry David Thoreau*. 1. Edition. Delphi Classics.

Thoreau, Henry David, William Ellery Channing, Ralph Waldo Emerson, und Sophia E. Thoreau. 1866. *A Yankee in Canada, with Anti-Slavery and Reform Papers*. Boston, Mass.: Ticknor and Fields. http://archive.org/details/yankeeincanada00thorrich.

Thoreau, Henry David, und Jeffrey S. Cramer. 2004. *Walden: a fully annotated edition*. New Haven: Yale University Press.

Thoreau, Henry David, und Jeffrey S Cramer. 2006. *Walden*. New Haven [Conn.: Yale University Press.

Thoreau, Henry David, und Jeffrey S. Cramer. 2013. *Essays: a fully annotated edition*. New Haven: Yale University Press.

Thoreau, Henry David, Peter Kleinhempel, und Frank Schäfer. 2017. *Leben ohne Grundsätze Essay*.

Thoreau, Henry David, und pananarchy.org. o. J. „Henry David Thoreau, On the Duty of Civil Disobedience (1848)". Zugegriffen 29. November 2020. http://www.panarchy.org/thoreau/disobedience.1848.html.

Thoreau, Henry David, und Walter E. Richartz. 2004. *Über die Pflicht zum Ungehorsam gegen den Staat: ein Essay = Civil disobedience*. Zweisprachige Ausg., 1. Aufl. Zürich: Diogenes.

Urban Dictionary. o. J. „Urban Dictionary: Coggy". Urban Dictionary. Zugegriffen 12. Dezember 2020. https://www.urbandictionary.com/define.php?term=Coggy.

U.S.N, und Lieutenant William Lewis Herndon. 1853. „Exploration of the Valley of the Amazon; Vol. I. by William Lewis Herndon 1853". WASHINGTON: ROBERT ARMSTRONG, PUBLIC PRINTER. Wikisource. https://en.wikisource.org/wiki/Exploration_of_the_Valley_of_the_Amazon,_Vol.I.

Verfassungen.net, und Traugot Bromme. 2006. „Unabhängigkeitserklärung der dreizehn Vereinigten Staaten von Nord-Amerika (1776)". http://www.verfassungen.net/us/unabhaengigkeit76.htm.

Literaturangaben

Volokh, Eugene. 2017. „Opinion | Who First Said, 'The Best Government Is That Which Governs Least'? Not Thoreau.“ *Washington Post*, 6. September 2017. https://www.washingtonpost.com/news/volokh-conspiracy/wp/2017/09/06/who-first-said-the-best-government-is-that-which-governs-least-not-thoreau/.

Wikipedia. 2017. „Merchants Exchange (Boston, Massachusetts)“. In *Wikipedia*. https://en.wikipedia.org/w/index.php?title=Merchants_Exchange_(Boston,_Massachusetts)&oldid=775318062.

———. 2018. „Court of Chancery“. In *Wikipedia*. https://de.wikipedia.org/w/index.php?title=Court_of_Chancery&oldid=183796453.

———. 2020a. „Lajos Kossuth“. In *Wikipedia*. https://de.wikipedia.org/w/index.php?title=Lajos_Kossuth&oldid=201117068.

———. 2020b. „Sacred Band (1821)“. In *Wikipedia*. https://en.wikipedia.org/w/index.php?title=Sacred_Band_(1821)&oldid=972730316.

———. 2020c. „Heilige Schar (Theben)“. In *Wikipedia*. https://de.wikipedia.org/w/index.php?title=Heilige_Schar_(Theben)&oldid=203031689.

———. 2020d. „Parnass“. In *Wikipedia*. https://de.wikipedia.org/w/index.php?title=Parnass&oldid=204405890.

———. 2020e. „Plotin (Plotinus)“. In *Wikipedia*. https://de.wikipedia.org/w/index.php?title=Plotin&oldid=205118433.

———. 2020f. „Makadam“. In *Wikipedia*. https://de.wikipedia.org/w/index.php?title=Makadam&oldid=205204209.

———. 2020g. „Independent Order of Odd Fellows“. In *Wikipedia*. https://de.wikipedia.org/w/index.php?title=Independent_Order_of_Odd_Fellows&oldid=205340634.

———. 2020h. „Brett des Karneades“. In *Wikipedia*. https://de.wikipedia.org/w/index.php?title=Brett_des_Karneades&oldid=205930675.

———. 2020i. „Frederick Douglass“. In *Wikipedia*. https://en.wikipedia.org/w/index.php?title=Frederick_Douglass&oldid=993353667.

Wilkins, Charles. 1885. *Hitopadesa: Fables and Proverbs from the Sanskrit*. London : George Routledge and Sons. http://archive.org/details/fablesandproverb00unknuoft.

Wolfe, Charles, und Caesar Litton Falkiner. 1909. *The Burial of Sir John Moore, and Other Poems. With a Collotype Facsimile of the Original Manuscript of „The Burial of Sir John Moore“ and an Introductory Memoir by C. Litton Falkiner*. London Sidgwick & Jackson. http://archive.org/details/burialofsirjohnm00wolfuoft.

Literaturangaben

Literaturangaben

Literaturangaben